AF635334

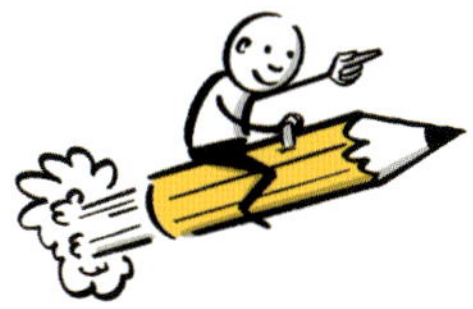

# Inhaltsverzeichnis

# Wie alles begann

WOW, was soll ich sagen – als ich 2013 meine erste Sketchnote anfertigte, hätte ich nie zu träumen gewagt, dass ich acht Jahre später ein Buch darüber schreiben würde. Über das Sketchnoten bin ich beim Lesen eines Artikels gestolpert. Das Thema sprang mich sofort an und ich wollte es unbedingt ausprobieren. Als ich kurz darauf an einem Moderationsseminar teilnahm, war das der Anstoß dafür, meine erste Sketchnote live zum Seminar auszuprobieren.
Okay, ästhetisch gesehen war die Sketchnote nicht unbedingt ein Hingucker. Aber aus heutiger Sicht kann ich sagen, dass es sich absolut gelohnt hat, Mut zu beweisen und es mal auszuprobieren. Während des zweitägigen Seminars habe ich dann ein ganzes A6-Heft mit 24 Seiten vollgekritzelt – ohne zu hinterfragen, was ich da tue. Es passierte einfach, denn eines habe ich sofort vom ersten Strich an erkannt – es macht extrem viel Spaß. Ab diesem Tag war ich Feuer und Flamme für das Sketchnoten und mein vernachlässigtes Illustrations-Ich rief ganz laut: „Mehr, ich möchte mehr!"
Für mich war diese erste Erfahrung mit Sketchnotes der spielerische Zugang zu etwas, das ich schon lange verloren geglaubt hatte: zu meiner kreativen Persönlichkeit und zu meinem inneren Kind.

Egal, wo deine Kreativität gerade Urlaub macht, wie weit weg sie zu sein scheint: Es spielt keine Rolle, denn das Sketchnoten ist eine einfache Methode, um sie wieder nach Hause zu holen. Was du dafür tun sollst? Einfach anfangen zu sketchnoten. That's it.

Dieses Buch soll dir dabei helfen, deine Kreativität zu entdecken, damit du die gleiche Erfahrung machen kannst wie ich – wie wunderbar es ist, sich mit dem Stift und einem Blatt Papier kreativ auszudrücken.

An alle Kinder, die sich dieses Buch vornehmen – verzeiht mir meine eingeschränkte Kreativität. Ihr seid die wahren Künstler dieser Welt.

**Keep on DRAWING.**

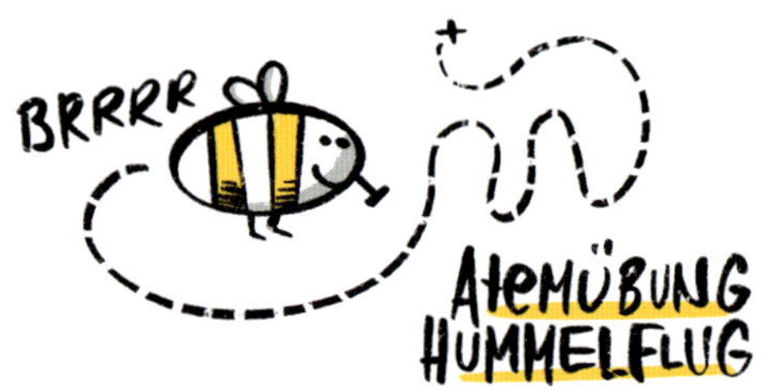


Bildidee Sketchnote 2013 (nachgezeichnet)

Mister Maikel

# Sketchnotes.

## DEIN WORKSHOP

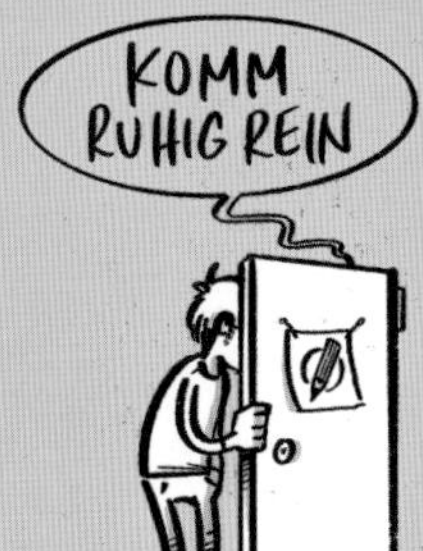

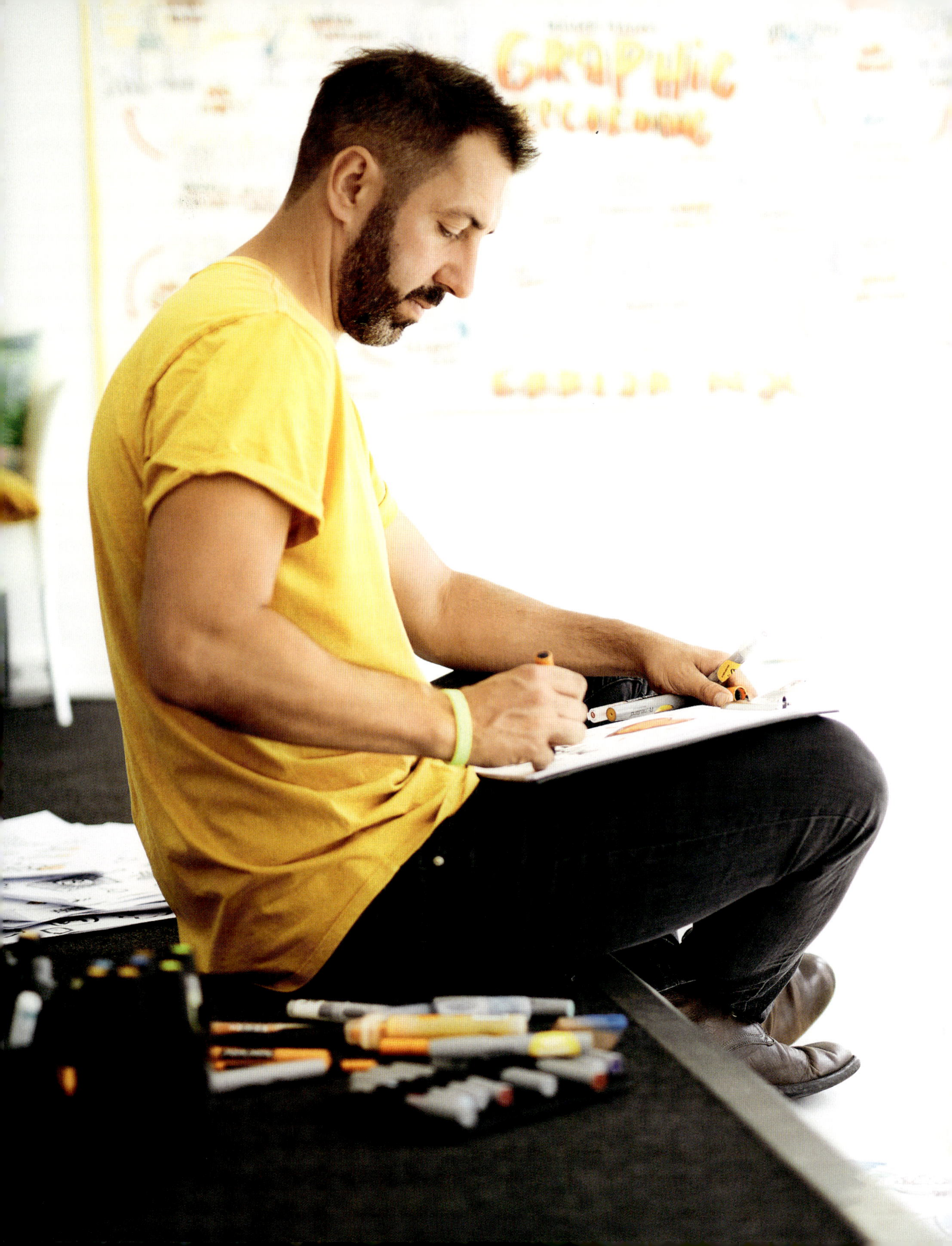
GRAPHIC

# Die Haltung hinterm Stift

Der Ausspruch: „Ich kann doch nicht zeichnen!" begegnet mir in meinen Workshops relativ oft. Dabei hat wirklich jede und jeder in der Kindheit gezeichnet – ohne das Ergebnis zu hinterfragen oder zu bewerten. Dieses unbeschwerte Draufloszeichnen verliert sich oft mit dem Erwachsenwerden. Die Gründe dafür sind vielfältig, aber sie führen leider sehr oft zu dem oben genannten Glaubenssatz. Obwohl wir uns bewusst sind, dass „noch nie ein Meister vom Himmel gefallen ist", nehmen wir das bei Kreativen ganz selbstverständlich an. Dass auch diese Menschen enorm viel üben mussten, ist für viele kaum vorstellbar. Ich habe vor acht Jahren mit dem Sketchnoten angefangen und ich bin jetzt nur hier, weil ich jeden Tag etwas dafür getan habe. Die Formel für deinen persönlichen Erfolg im kreativen Bereich ist daher denkbar einfach:

**Anfangen x Üben = Können.**

Also, wenn du es schaffst, diesen doofen Glaubenssatz umzudeuten in: „Ich kann NOCH nicht zeichnen!" – dann kann die Lernreise jetzt beginnen.

# Wie funktioniert dieses Buch?

Ganz einfach – es funktioniert nach dem Workshop-Prinzip. Das Buch ist in sechs Workshop-Kapitel mit unterschiedlichen Themen eingeteilt. Das heißt, ich zeige dir sechs Wochen lang jeden Tag Übungen, die deine Zeichenfähigkeiten verbessern und dich in dein kreatives Potenzial bringen. Für jedes Kapitel ist eine Woche vorgesehen. Am besten blätterst du das Kapitel immer zuerst einmal durch und liest dich ein. Vielleicht bekommst du sofort Lust auf die ein oder andere Übung? Am Ende jedes Kapitels findest du dann einen Vorschlag für deine tägliche Übungsroutine. Du wirst sehen, das macht Spaß und du wirst im Verlauf des Workshops immer mehr dazulernen.

**TIPP: Regelmäßigkeit**

***Du wirst nur dabeibleiben, wenn du ausreichend ÜBST. Ein- oder zweimal die Woche zu üben, ist okay. Schneller zum Ziel kommst du, wenn du jeden Tag übst, auch, wenn es nur fünf Minuten sind. Die beste Motivation, um dranzubleiben, sind die kleinen Erfolge, die sich sehr schnell einstellen.***

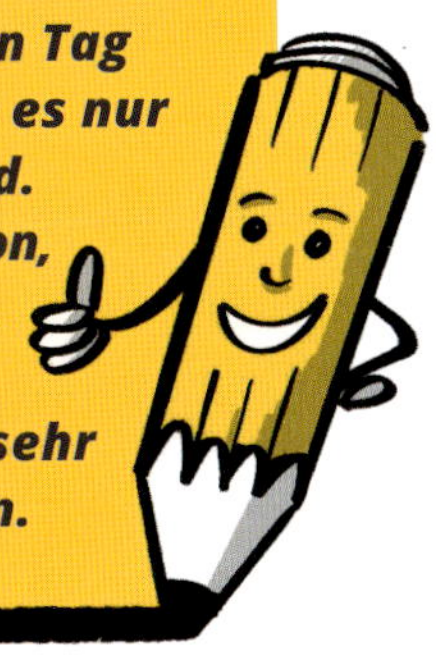

**Es darf ab SOFORT mit- und abgezeichnet werden.**

# MEINE Starter-TIPPS

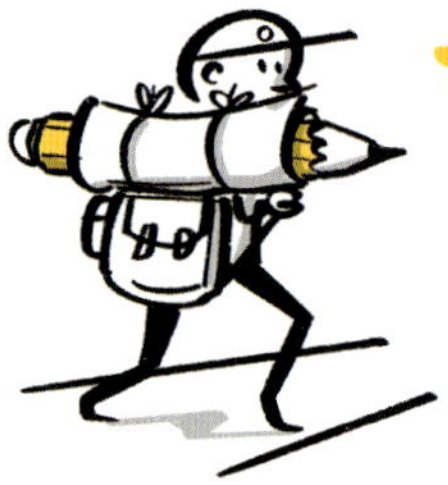

## Beginner beginnen

Starte jetzt und leg einfach los – je schneller du deine Vorbehalte über Bord wirfst, umso schneller bist du auf großer Reise.

## Auge in Auge mit deinem inneren Kritiker

Heiße deinen inneren Kritiker willkommen und trinke ruhig eine Tasse Tee mit ihm. Er ist auf besondere Art weise und hilft dir, dich weiterzuentwickeln. Aber Achtung – lasse dir nicht von ihm auf der Nase rumtanzen und zum Aufhören ermutigen.

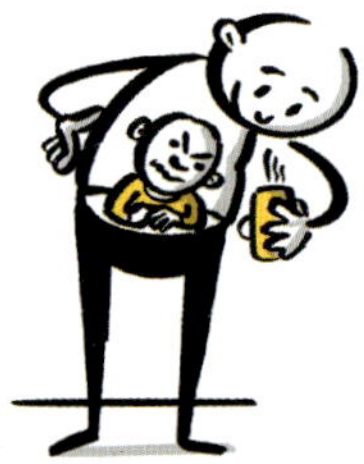

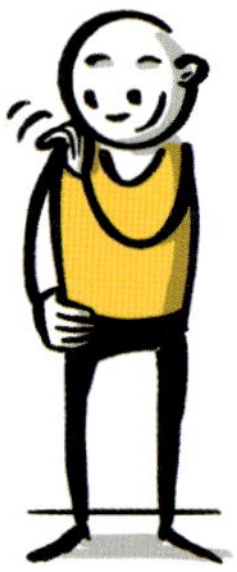

## Lobe dich selbst

Feiere jeden Erfolg, jeden Entwicklungsschritt und jede gelungene Sketchnote oder Teilzeichnung. Wir sollten uns alle mehr loben – es fördert dein kreatives Selbstbewusstsein.

## Ride the Flow

Wenn du das Gefühl hast, du fliegst über das Papier und alles gelingt mühelos – dann bist du im kreativen Flow. In diesem Zustand schöpfst du voll aus deinem kreativen Potenzial – bleibe so lange wie möglich dort. Es ist schwer zu beschreiben, wie sich das anfühlt und kann eigentlich nur erlebt werden. Nahe der perfekten Performance.

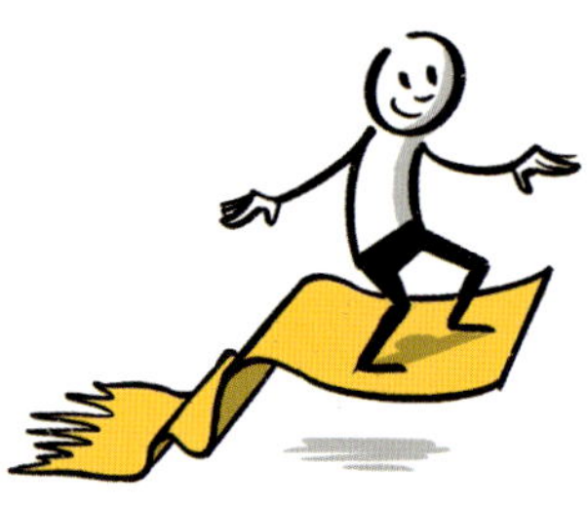

### Kick Ass Perfektion

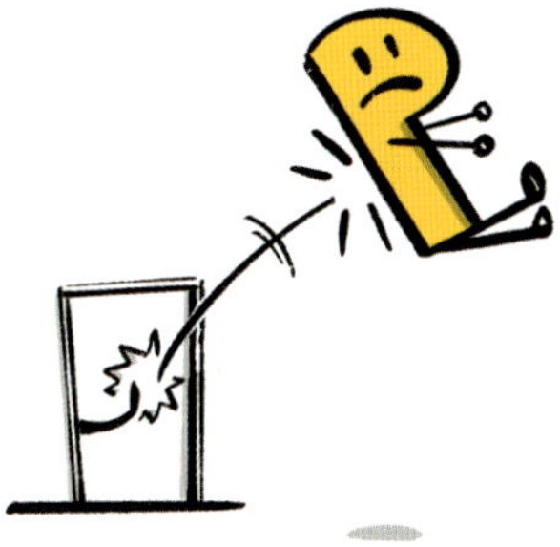

Von dem bekannten koreanischen Videokünstler Nam June Paik gibt es ein schönes Zitat: „When too perfect lieber Gott böse!" Und so solltest du auch deine Sketchnotes sehen – jeder Fehler, jeder nicht so perfekte Strich bringt dich deinem eigenen Stil näher. Was allerdings nicht heißen soll, sich nicht der Perfektion anzunähern – das ist allerdings ein langer, lehrreicher, nie endender Weg.

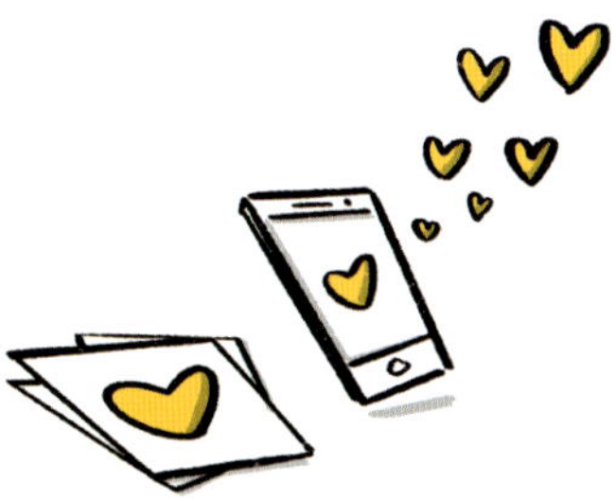

### Teile deine Arbeit

Sei mutig und zeige deine Arbeit. Wertvolles Feedback, konstruktive Kritik und Wertschätzung für das, was du tust, kann ein starker Treibstoff sein, der das Feuer deiner kreativen Arbeit am Lodern hält. Möchtest du erstmal für dich sein und dich ausprobieren, ist das auch okay. Aber den nächsten Schritt machst du erst, wenn du für andere sichtbar bist. Glaube mir – ich beobachte das ständig.

### Lerne von jedem und bleibe bei dir

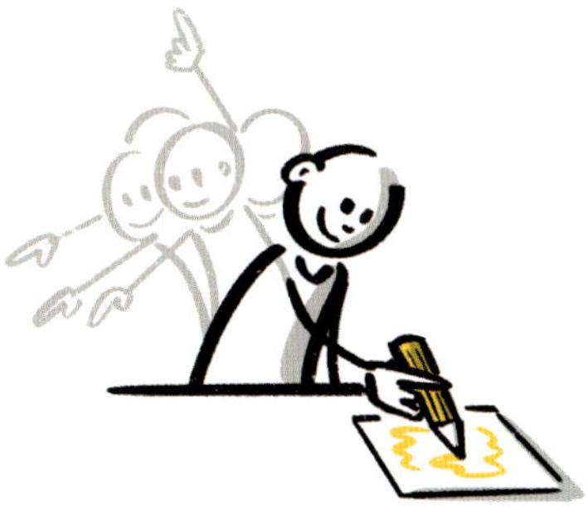

Schau dich um und lerne von anderen Sketchnotern – abkupfern und kopieren ist am Anfang eine einfache Möglichkeit, um Erfolge zu sehen. Besser ist es allerdings, sich von anderen inspirieren zu lassen und dann das Gesehene in die eigene Arbeit einfließen zu lassen. Nicht 1:1 kopieren, sondern neu kombinieren ist das Stichwort – dadurch manifestierst du deinen Stil. Du wirst sehen, das passiert ganz von allein, wenn du es zulässt.

# Material – weniger ist mehr

Kennt ihr das? Da kauft man sich ein ganz tolles und teures Skizzenbuch, dazu ein paar richtig coole Stifte. Und dann traut man sich nicht loszulegen – man könnte die Seiten dieses schönen Buchs ja mit seinem Gekritzel verunstalten. Skizzenbuch und Stifte landen dann oft in der Schublade und fristen ein ungenutztes Dasein. Schade.
Viele Anfänger tun gut daran, sich zunächst keine teuren Materialien anzuschaffen. Dann ist die Hürde nicht zu groß, um ungezwungen loszulegen. Meine Empfehlung: Gib nicht zu viel auf einmal für Material aus – dein Bestand an Stiften und Skizzenbüchern wächst mit den Jahren von ganz allein. Mit einem Stapel Papier, einem Stift und null Erwartungen lässt sich wunderbar der erste Schritt machen.

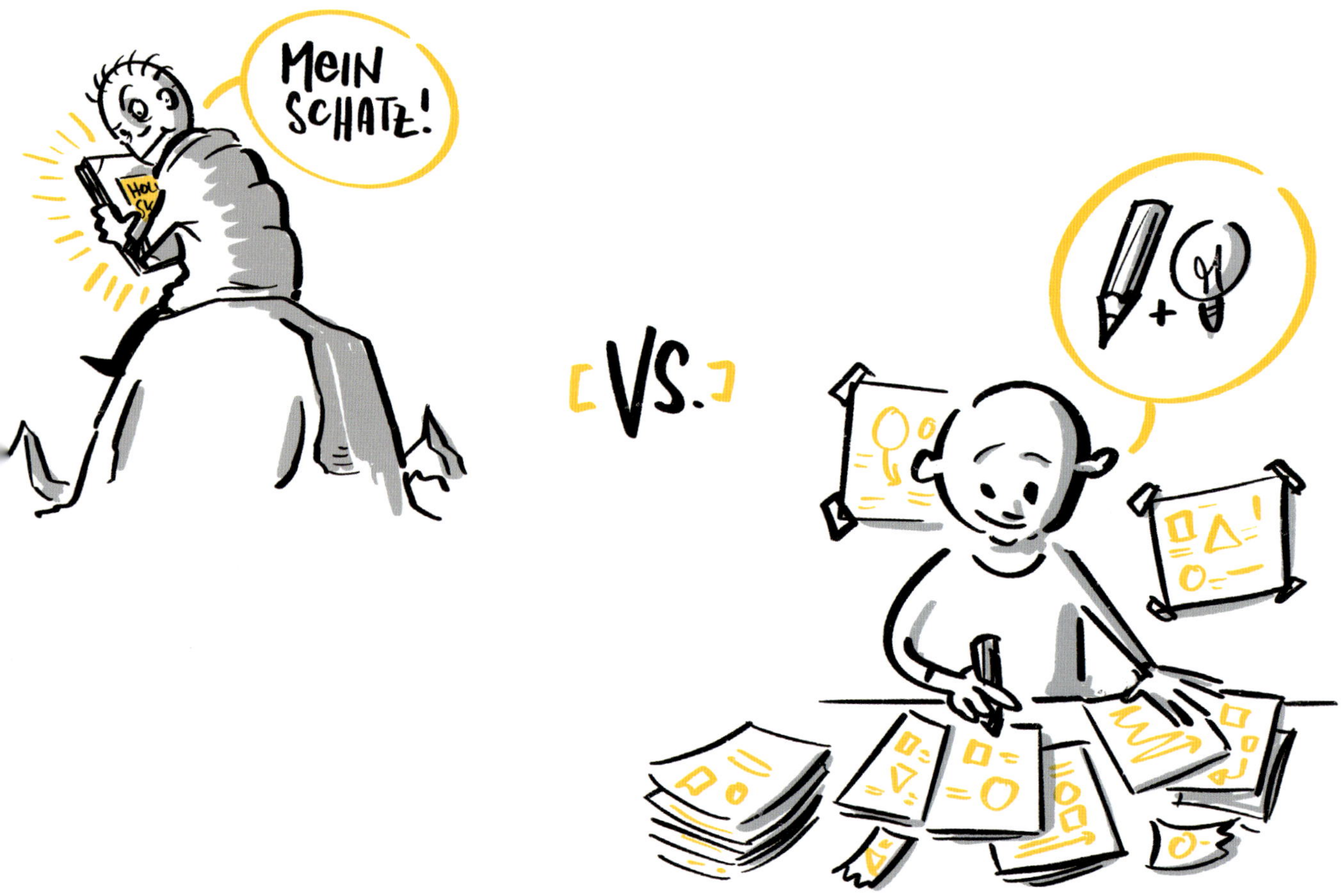

# Dein Einstiegsmaterial

Für diesen Workshop brauchst du einen Stapel A4-Papier oder ein normales Skizzenbuch (blanko, mindestens A5), zwei bis drei schwarze Stifte (unterschiedliche Stärken zum Ausprobieren) und ein paar Farbstifte.
Hier unten siehst du eine Liste mit den Materialien, die ich zum Sketchnoten benutze. Ich verwende oft zwei Sets, die ich gern farblich erweitere. Experimentiere ruhig mit den Stiften herum, nur so findest du deine Vorlieben heraus. Dabei kann auch mal eine Stiftspitze kaputtgehen – das ist ganz normal und passiert uns allen.

**Stiftset Marker (Rund- oder Keilspitze):**

1 schwarzer Pen (wenn möglich wasserfest)
1 grauer Brush Pen
1-3 Filzstifte aus der Kiste der Kinder

**Stiftset Pinselspitze (Brush Pen) :**

1 schwarzer Brush Pen
1 grauer Brush Pen
1-3 Brush Pens zum Kolorieren

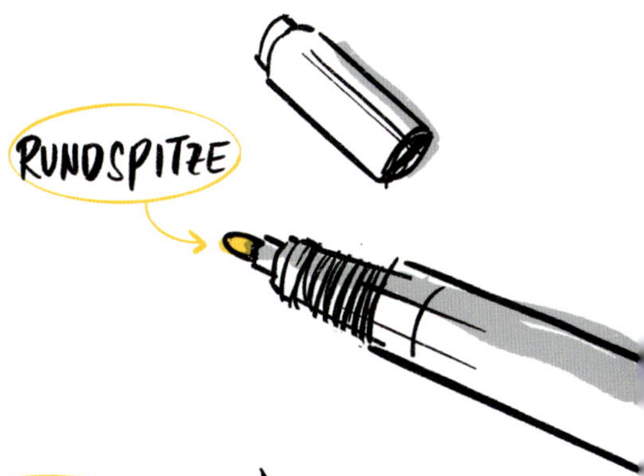


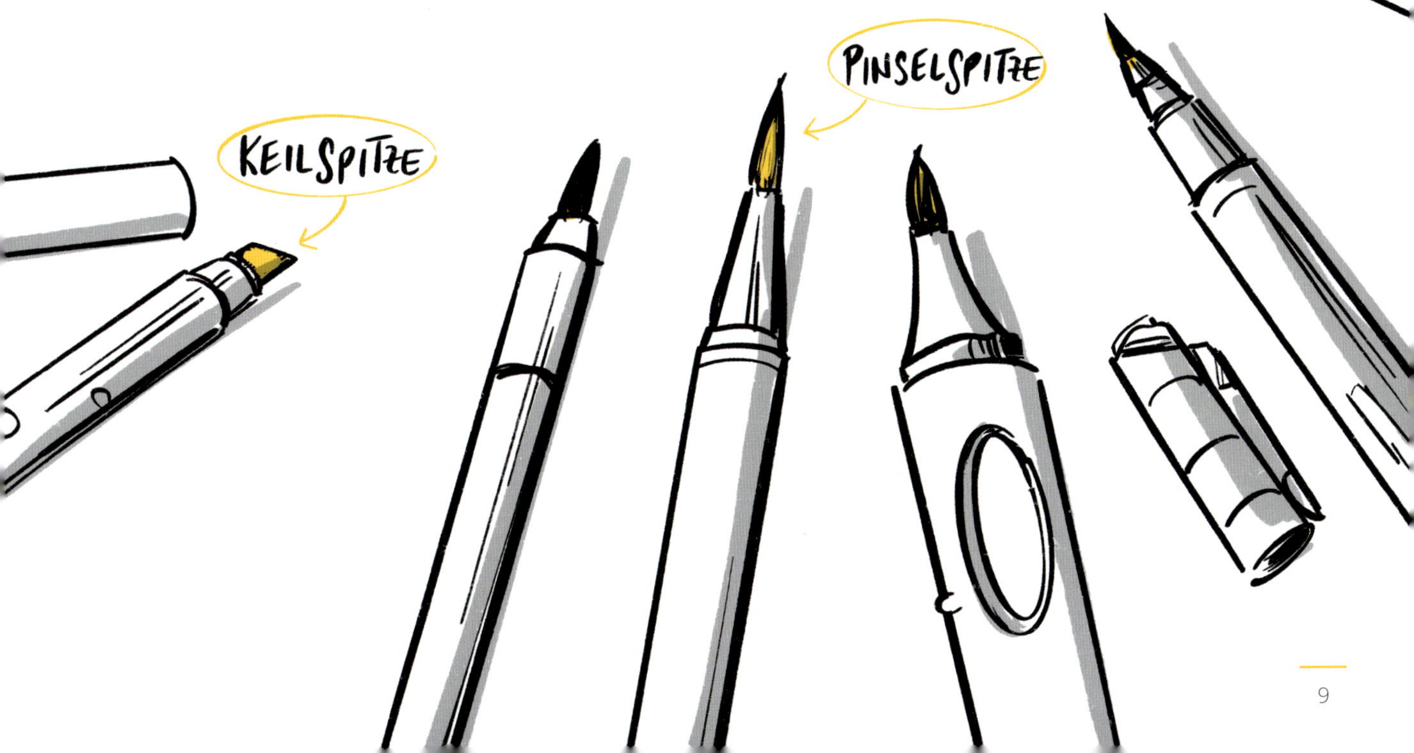

# Sketchnotes... Was, Wie und Warum?

## Was ist eigentlich eine Sketchnote?

Eine Sketchnote ist die Kombination von kleinen Skizzen, den „Sketches", mit den eigenen Notizen, den „Notes", zu einem Thema. Die Skizzen begleiten die Notizen und verstärken den Inhalt. Auf diese Weise entsteht ein visuelles Protokoll des eigenen Gedankenpfades. Die Methode lässt sich universell einsetzen, sei es, um zu lernen, zu planen, sich zu erinnern, um zu verstehen oder einfach nur, um kreativ zu sein.

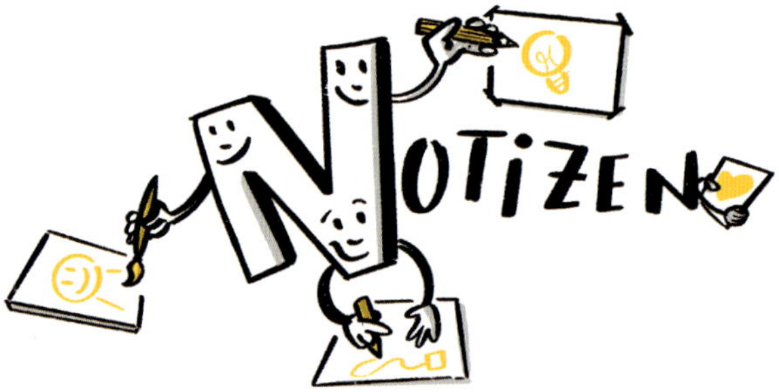


## Wie geht das jetzt genau?

Der Einstieg in diese Methode ist so niederschwellig, dass eigentlich keine festen Regeln dafür existieren. Es gibt hier kein richtig oder falsch. Sobald Sketches und Notes in Kombination auftauchen, hast du eine einfache Sketchnote angefertigt. Dabei ist das Notizenmachen oft nicht das Problem, sondern eher das Zeichnen. Und genau hier hilft dir mein Workshop weiter: Wenn du besser und selbstsicherer visualisieren kannst, werden deine Sketchnotes mit der Zeit gehaltvoller und gehen mehr in die Tiefe – gerade in den Bereichen Verständnis, Emotionalität und beim Verknüpfen von Zusammenhängen.

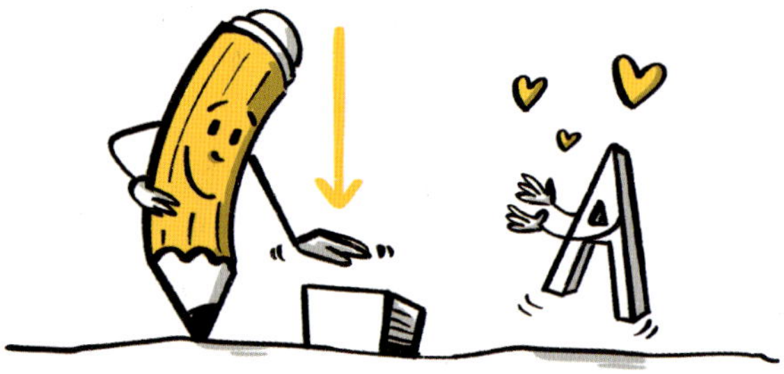

## Warum bringen mich Sketchnotes weiter?

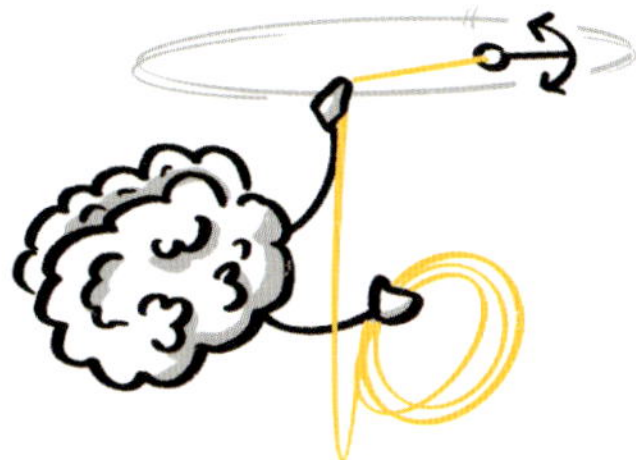

**1.** Sie helfen, sich Informationen besser zu merken. Bilder bleiben länger im Kopf dank des visuellen Ankers.

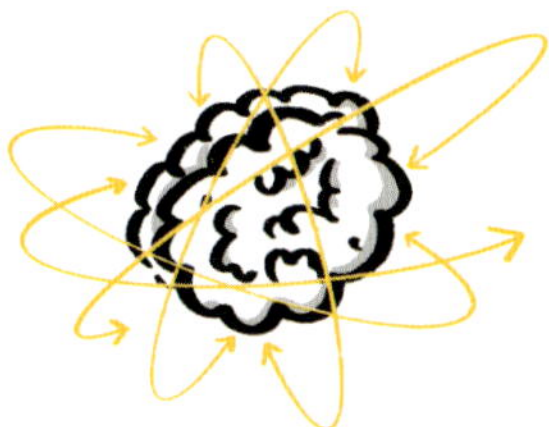

**2.** Sie fördern das nicht-lineare Denken und ermöglichen auf diese Weise neue Wege, um ein „Thema" zu durchdringen oder zu erfassen.

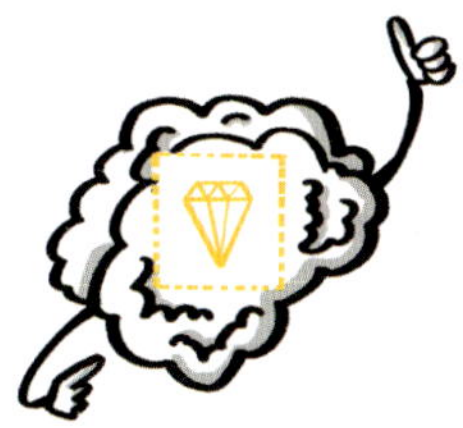

**3.** Sie schaffen Klarheit – ein Begriff, viele mögliche Interpretationen. Eine Sketchnote macht das oft sichtbar.

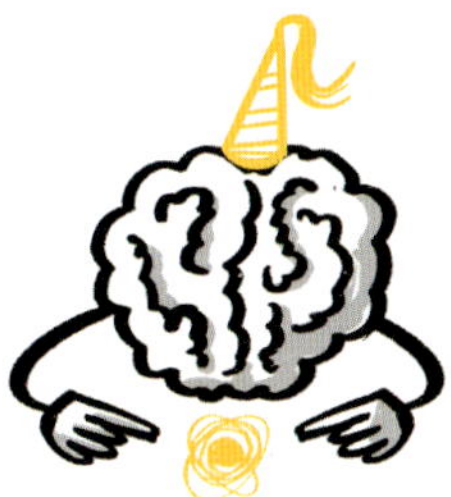

**4.** Sie machen Spaß und erhöhen so die eigene Aufmerksamkeit. Fokussierung und Konzentration steigen.

**5.** Sie sind der Zugang zu unserer Kreativität – wir zapfen dadurch tieferes Wissen an und verknüpfen Informationen neu. So können ganz neue Dinge entstehen. Kreativität ist heute als Lösungskompetenz mehr denn je gefragt.

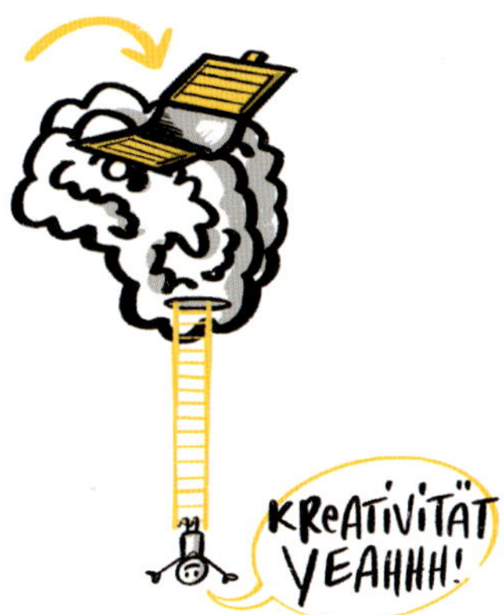

# Zwischen Idee und Kunst

**„Es geht um die Idee, nicht um Kunst!"** Diese Meinungsäußerung hört und liest man oft, wenn es um Sketchnotes geht. Es scheint ein unumstößliches Gesetz zu sein. Der Anspruch an eine Sketchnote ist es, viele Facetten und Möglichkeiten eines Themas grafisch so einzufangen, dass man möglichst viel versteht und sich merken kann. Da die Geschwindigkeit des Inputs, den man verarbeiten muss, oft hoch ist – beispielsweise bei einem Vortrag – sind die Stilelemente einer Sketchnote einfach, damit sie klar und verständlich bleibt. Einfache Zeichnungen sind schnell angefertigt. Deshalb ist der Einstieg in die Welt der Sketchnotes auch so niederschwellig. Denn niemand soll beim Erstellen einer Sketchnote an dem Anspruch scheitern, wie ein Künstler oder Illustrator zeichnen zu wollen.

Trotzdem sehen Sketchnotes mittlerweile aus ästhetischer Sicht immer öfter wie kleine Kunstwerke aus.

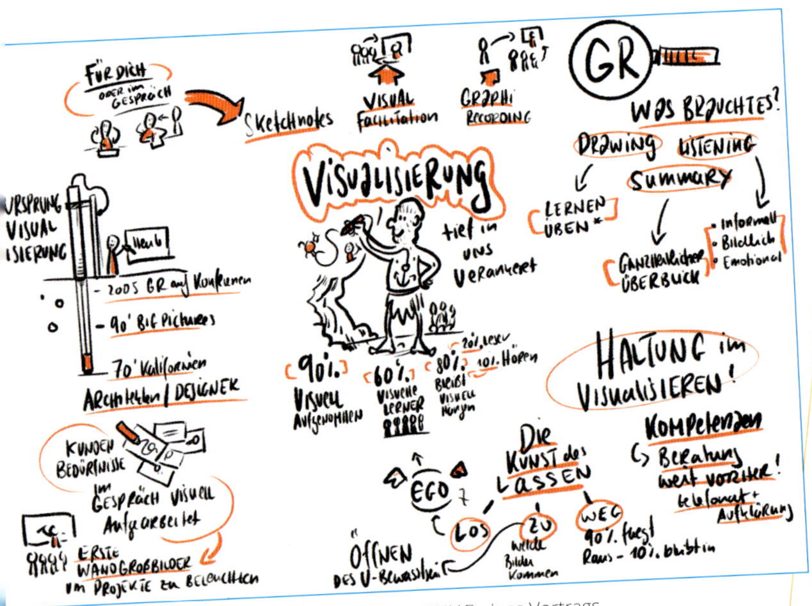


Sketchnote für die VORBEREITUNG eines Vortrags

Sketchnotes

„IDEE – KEINE KUNST"

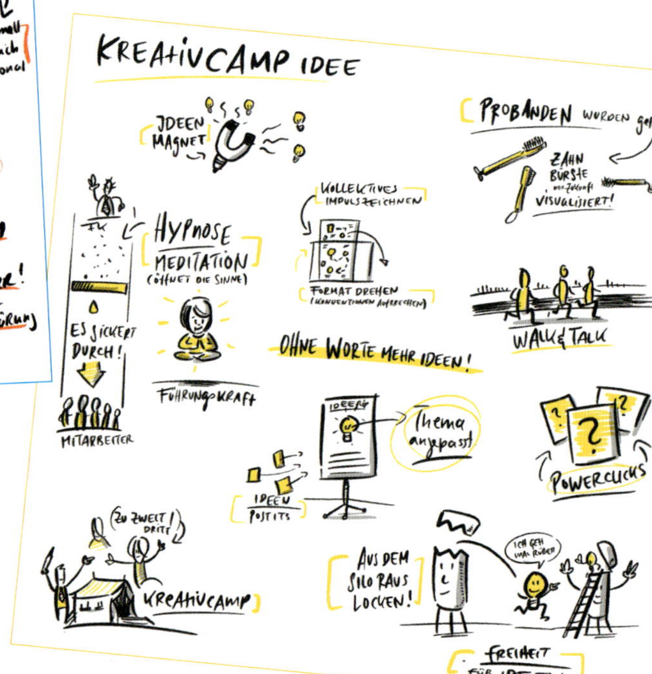


Live-Sketchnote IDEEN SAMMELN

Warum ist das so? Meine Antwort darauf ist: Es macht einfach Spaß, seine geballte Kreativität in eine Sketchnote zu stecken. Je mehr du geübt hast, umso mehr kannst du deine Visualisierungs-Muskeln spielen lassen und richtig kreativ werden. Deine Schnelligkeit nimmt zu – damit rufst du auch Gelerntes einfach schneller ab. Der Ursprungsgedanke einer Sketchnote bleibt dabei bestehen. An dieser Stelle kommt für mich doch die Kunst ins Spiel. Deshalb würde ich die oben genannte Ansicht gern abwandeln in: **„Es geht um die Idee, und die wird kunstvoll verpackt."** Viele Sketchnoter beschränken sich nicht mehr nur auf das reine Verarbeiten von Informationen, sondern ermöglichen durch ihre Kreativität einen einfachen und angenehmen Einstieg in das Lesen der Sketchnotes. Das ist wie bei einem ansprechend und kreativ verpackten Geschenk: Schon das Anschauen macht Lust auf den Inhalt.

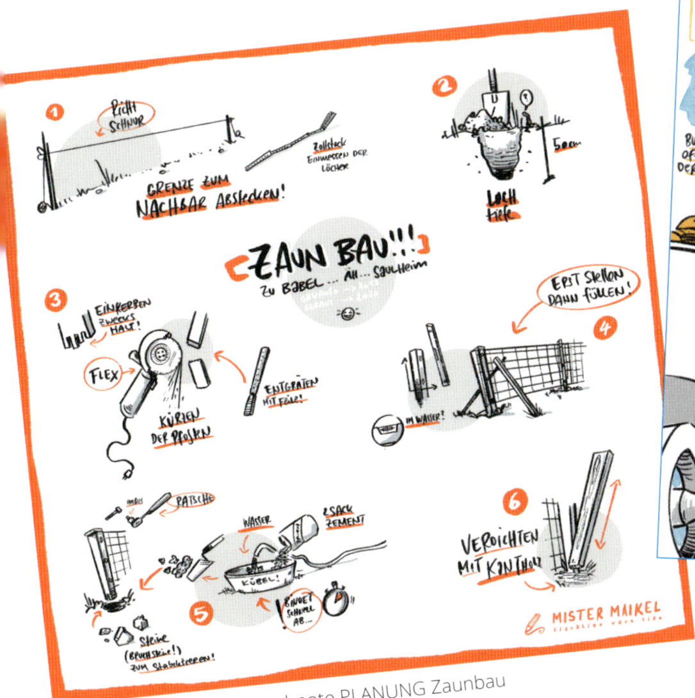


Sketchnote PLANUNG Zaunbau

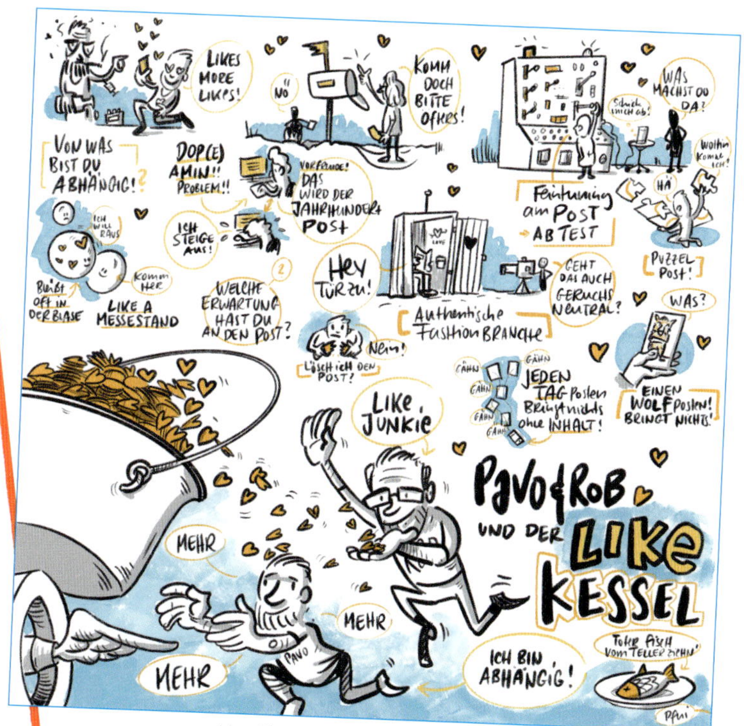


Live-Sketchnote INSTAGRAM-TALK

**Sketchnotes „Idee – Trifft auf Kunst"**

# DIE Sketchnote gibt es nicht

Meine intensive Beschäftigung mit Sketchnotes und meine Workshops zu diesem Thema haben mich dazu gebracht, Sketchnotes in unterschiedliche Formen der Anwendung aufzuteilen. Ich nenne diese unterschiedlichen Formen auch Zonen.

**Zone EINS** beinhaltet das Zeichnen für dich und in deinem Lernrhythmus – da liegt dein Start. Hier kannst du üben, dir Zeit nehmen, ohne Zwang scheitern und dich dabei weiterentwickeln. Beispiele für Sketchnotes in Zone EINS können sein: das Planen einer Reise, das Durchdringen eines Projekts oder das Aufzeichnen deines Lieblingsrezepts.

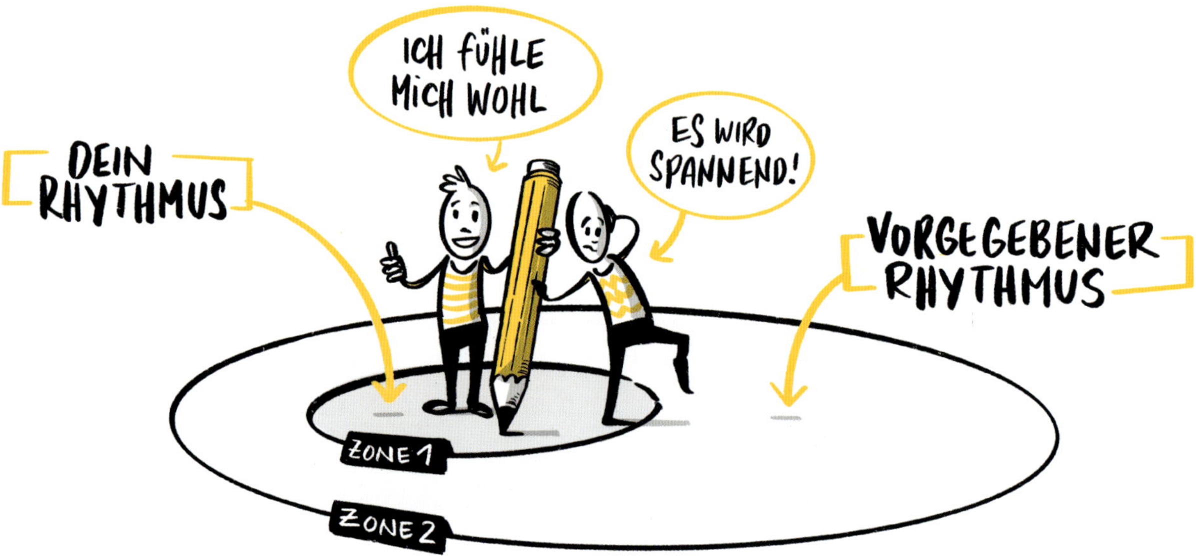


Wenn du genug Übung und Vertrauen in deine Fähigkeiten hast, kannst du in **Zone ZWEI** eintauchen. Darunter verstehe ich das Zeichnen für dich in einem vorgegebenen Zeitrahmen – meistens live. Hier herrschen ganz andere Voraussetzungen, denn du kannst nicht auf Pause drücken.
Nehmen wir als Beispiel einen Live-Talk. Vielleicht kannst du im Vorfeld einige Elemente vorbereiten, etwa ein Porträt deines Gegenübers anfertigen – das muss aber nicht sein. Den Inhalt zeichnest du live. In den Gesprächspausen oder nach der Talkrunde vervollständigst du dann die Sketchnote.

Die zwei Zonen lassen dir trotzdem noch genug Raum, um deine Arbeit zu reflektieren. Wenn du dich in den Zonen wohlfühlst und sie beherrschst, kannst du den nächsten Schritt gehen und den Bereich außerhalb der Zonen betreten – das Zeichnen für andere, zum Beispiel für Kunden, dein Team oder für deine Organisation.

Auf den folgenden Seiten vermittle ich dir die Grundlagen, die du brauchst, um deine erste Sketchnote zu zeichnen. Schritt für Schritt nähern wir uns diesem Ziel. Wir verlassen dabei nie Zone EINS, sondern bleiben immer bei dir und deinem Rhythmus.

Um zu verstehen, was du in den **sechs folgenden Kapiteln** lernst, schauen wir uns eine Sketchnote und ihre Bestandteile genauer an.

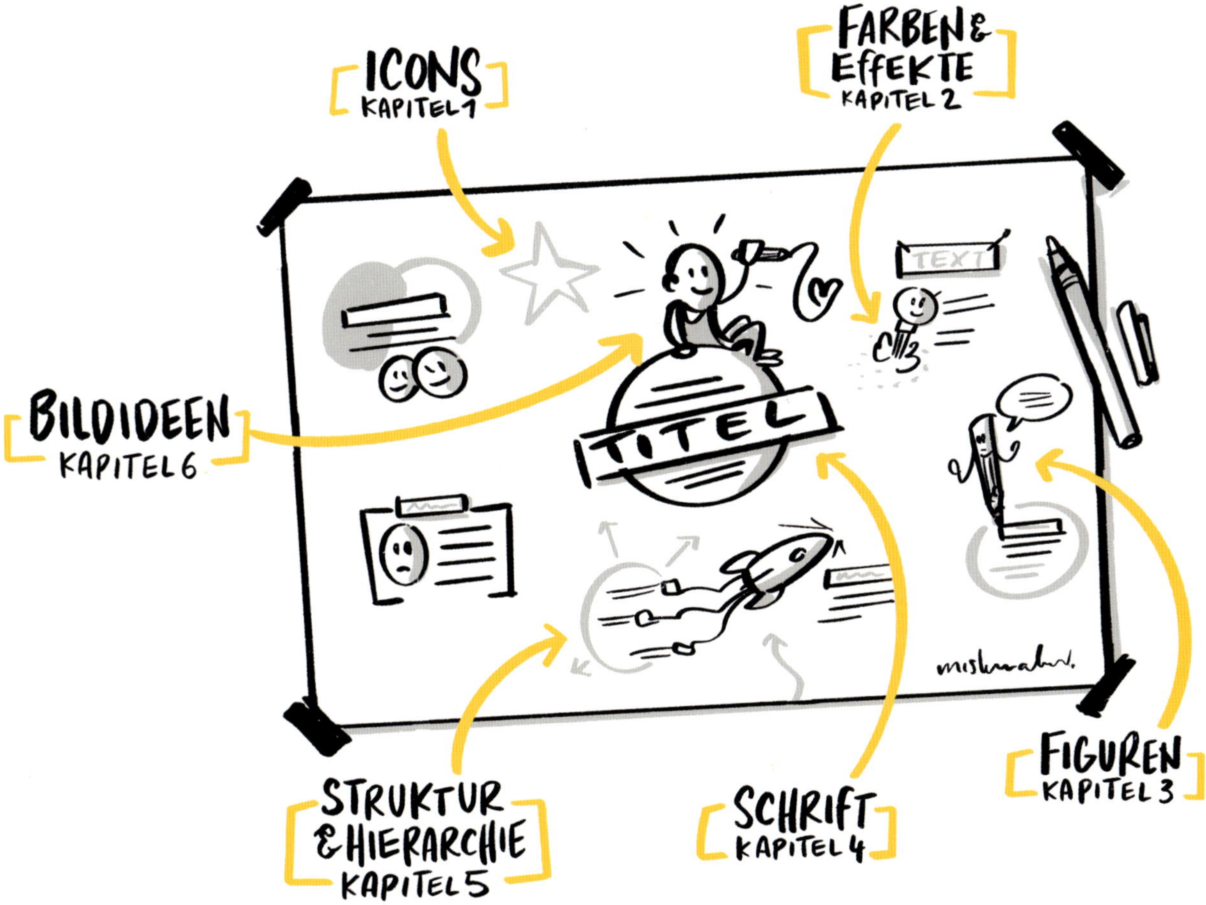

LOS GEHT'S

Woche EINS

# BASICS

## » Die GRUNDFORMEN der Visualisierung

Visualisieren bedeutet, etwas optisch darzustellen, zum Beispiel eine Idee oder eine Aussage. Beim Sketchnoten visualisierst du also einen Inhalt und bringst ihn in eine Form. Deshalb ist es wichtig, dass du die Grundformen der Visualisierung beherrschst – das sogenannte Visuelle Alphabet. Es enthält fünf Grundformen, mit denen dir die ersten Icons mühelos gelingen.
Diese fünf Grundformen sind: Kreis, Dreieck, Rechteck, Linie und Punkt.

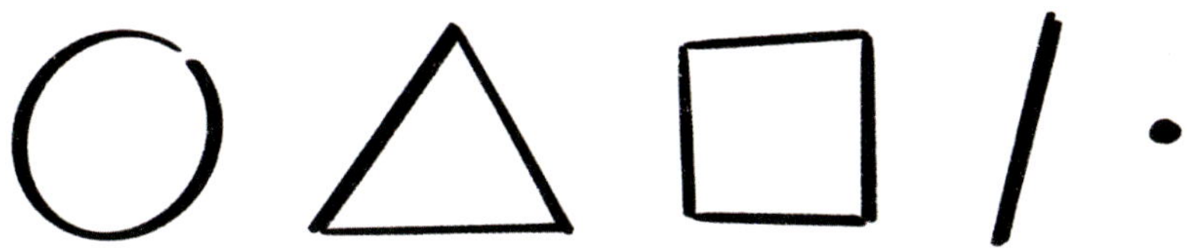

Aus diesen Grundformen kannst du bereits eine Menge Gegenstände „konstruieren". Ich sage bewusst konstruieren, denn mit diesen einfachen, geometrischen Formen lassen sich nur abstrahierte Formen des realen Gegenstandes abbilden. Trotzdem erkennen wir die Gegenstände, auch wenn sie sehr vereinfacht dargestellt sind. Das liegt an unserem manchmal etwas faulen Gehirn, das gern mal auf Energiesparmodus läuft – wenn es die Möglichkeit dafür sieht. Genau das machen wir uns beim Visualisieren zunutze. Wir vertrauen darauf, dass unser Gehirn vertraute Muster erkennt und richtig entschlüsselt. Deshalb ist es wichtig, dass du die Dinge in deinem Umfeld gut beobachtest. Genaues Hinschauen hilft, die wesentlichen Erkennungsmerkmale zu sehen und später abzubilden.

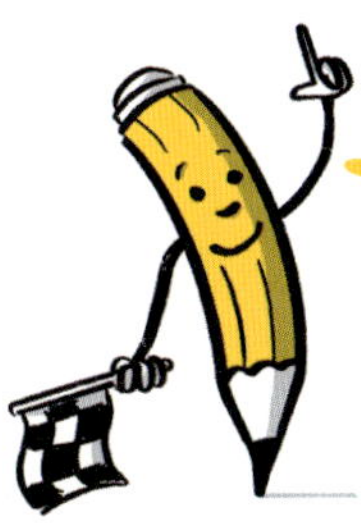

**Meine erste Workshop-Woche – das erwartet mich**

Du lernst und verfestigst die Grundformen.
Du wendest sie an und erstellst erste Icons für deine visuelle Bibliothek.

Mike Rohde hat den Begriff „Sketchnote" geprägt und die Methode weltweit bekannt gemacht. Das visuelle Alphabet mit fünf Grundformen geht auf ihn zurück. Es existieren parallel noch weitere mit mehr Formen - mehr darüber findet sich im WWW.

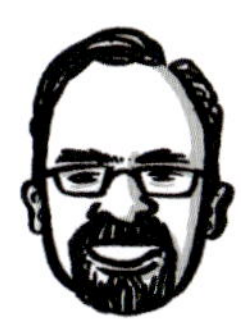

# Warm-up ABSTRAKTE FORMEN

Wir starten mit einem Warm-up, um uns locker zu machen. Nimm dazu ein A4-Blatt und fünf Farbstifte. Du kannst auch weniger Farben verwenden oder nur Schwarz.

**1.** Wir starten mit der starken Hand und zeichnen Kreise – große, kleine, sich überschneidende Kreise. Wechsle ruhig auch mal die Führungsrichtung des Stifts und brich mit der ersten eigenen Gewohnheit. Nimm dann den Stift in die schwächere Hand und zeichne weitere Kreise.

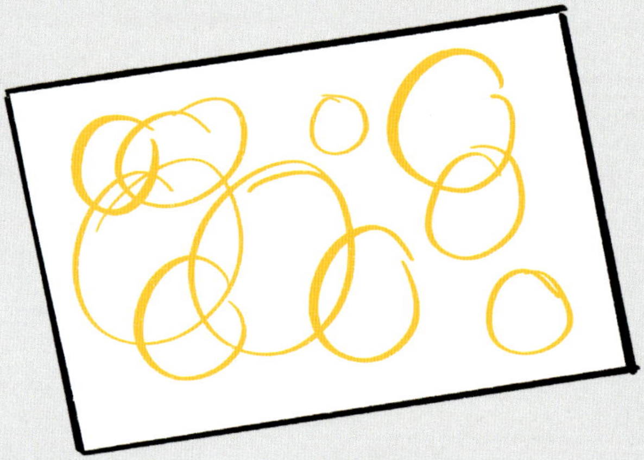

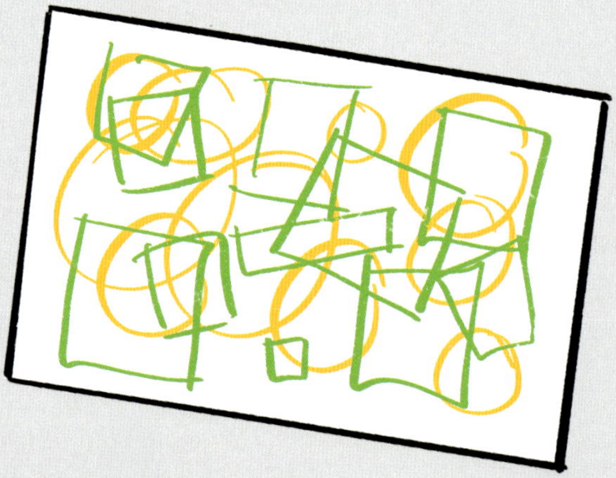

**2.** Wiederhole diese Übung dann mit dem Rechteck und einer anderen Farbe. Trau dich, über die Kreise zu zeichnen. Zeichne große und kleine Rechtecke und denke auch an den Richtungs- und Handwechsel.

**3.** Nun ist das Dreieck an der Reihe. Nimm eine andere Farbe und wiederhole alles mit der Dreiecksform.

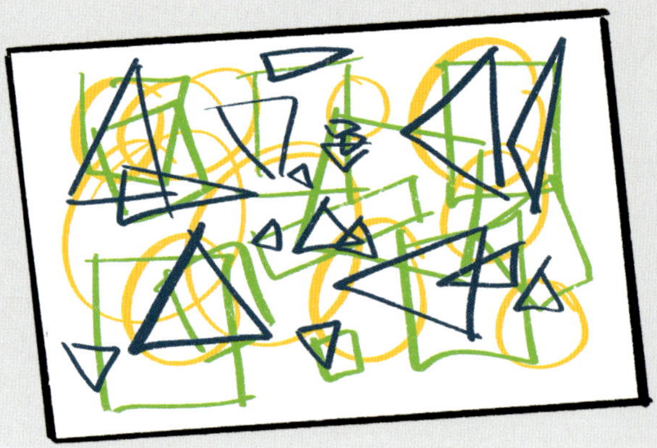

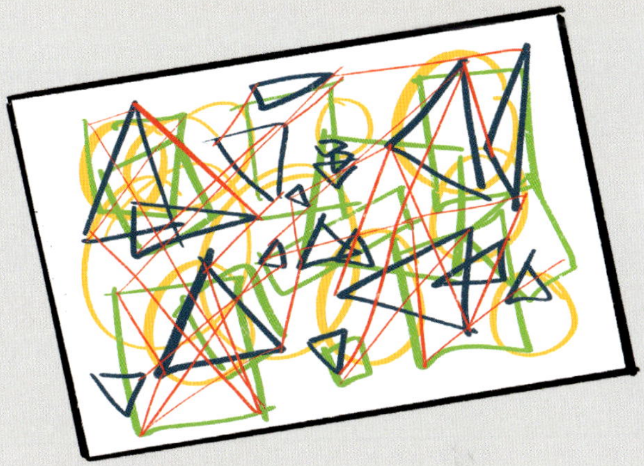

**4.** Nimm jetzt eine neue Farbe und widme dich der Linie. Verbinden die Ecken der Formen – kreuz und quer. Und vergiss NICHT, die Hand zu wechseln!

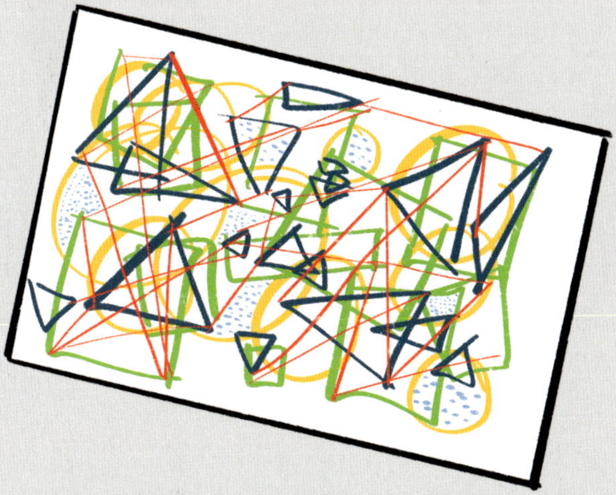

**5.** Zum Abschluss folgt der Punkt. Setze mit deiner letzten Farbe Punkte in einige der entstandenen Flächen. Achtet mal darauf, was passiert, wenn du alle Punkte in einer Fläche eng beieinander und in einer anderen Fläche eher weit auseinander setzt. Es sollte ein Hell-Dunkel-Kontrast entstehen.

So, nun hältst du dein erstes abstraktes Kunstwerk aus fünf geometrischen Grundformen in Händen. Diese Übung schult das Muskelgedächtnis deines Arms. Durch den Wechsel der Zeichenhand regst du verschiedene Areale im Gehirn an. Es läuft quasi warm.

**TIPP: Sich der eigenen Gewohnheiten bewusst werden**

***Du hast dich jetzt intensiv mit den Grundformen beschäftigt. Bitte achte mal darauf, wie du die Grundformen zeichnest. Setzt du ab oder erledigst du alles mit einer Linie? Probiere dich da aus – es schult deine eigene Wahrnehmung und hilft dir, herauszufinden, was du magst.***

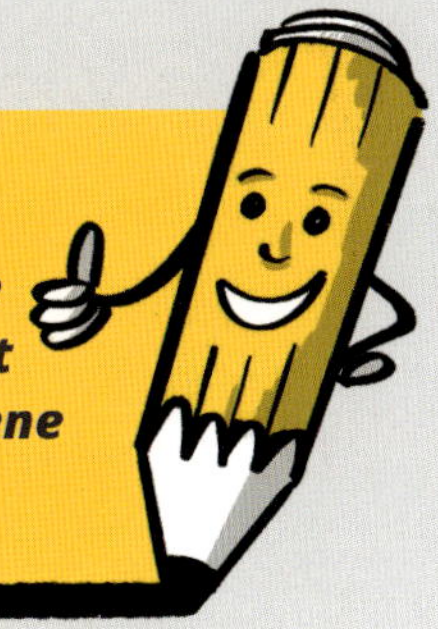

# Warm-up BLINDZEICHNEN

So, wir kommen schon zur nächsten Übung. Du trainierst damit deine Wahrnehmung und das Erkennen von Merkmalen. Du brauchst dazu ein Gegenüber, ein Porträtfoto oder einen Spiegel, der sich auf dem Tisch aufstellen lässt. Achte darauf, dass sich das Gesicht deines Partners oder deines Spiegelbilds direkt gegenüber von dir befindet. Auf dem Tisch liegen mehrere Blatt Papier. Diese Übung sorgt regelmäßig für Gelächter in meinen Workshops.

1. Du schaust dich im Spiegel, deinen Partner oder alternativ das ausgewählte Bild an.

2. Schaue nur auf das Gesicht, nicht auf das Papier – das ist wichtig.

3. Zeichne jetzt das, was du siehst, auf dein Blatt – und zwar OHNE auf das Papier zu schauen.

4. Es spielt keine Rolle, ob du Augen, Nase, Mund & Co. an die richtige Stelle zeichnest. Mache dich davon frei.

5. Probiere anschließend noch zwei Varianten aus: Zeichne einmal, ohne abzusetzen und ein weiteres Mal mit deiner schwachen Hand.

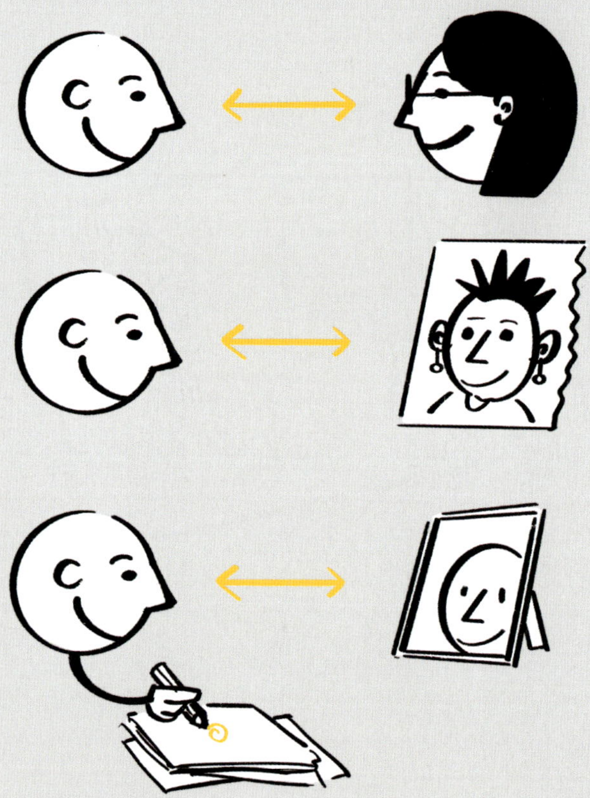

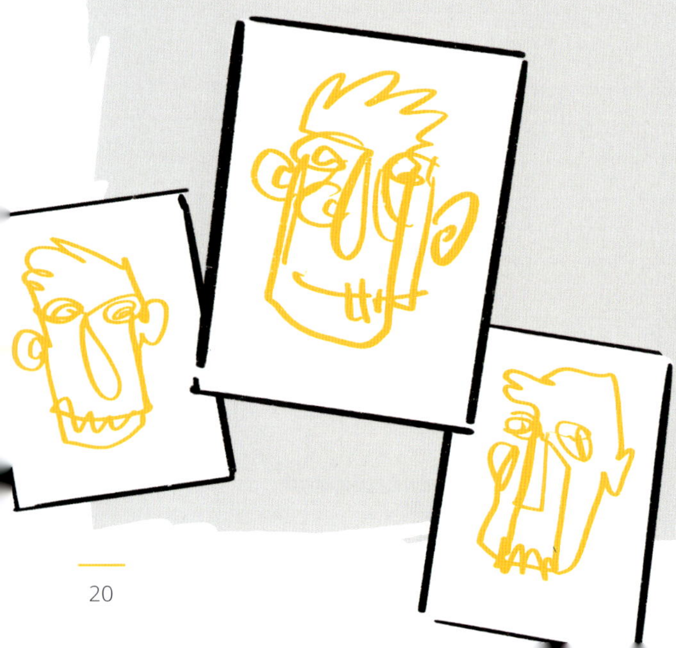

**TIPP: Beobachtung**

***Achte auf die charakteristischen Merkmale deines Gegenübers. Was ist das Besondere an der Person? Vielleicht eine Glatze, lange Haare, Ohrringe, ein Bart oder eine Brille?***

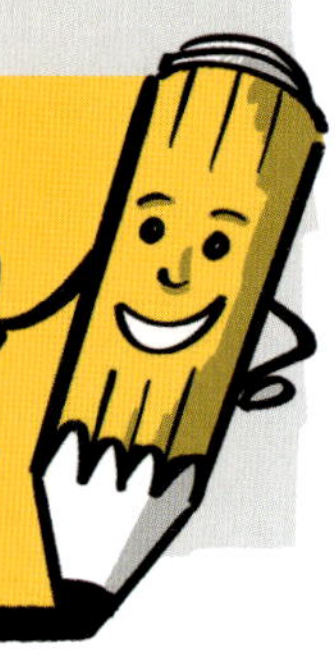

# Warm-up TÜRME BAUEN

Es geht gleich weiter mit einem weiteren Warm-up. Du kennst jetzt die Grundformen und wirst daraus kleine Türme auf Papier bauen. Alles, was du dafür brauchst, sind mehrere A4-Blätter und ein Stift.

**TIPP: Übungseffekt**
***Baue mehrere Türmchen, so machst dudichmitdenGrundformenvertraut.***

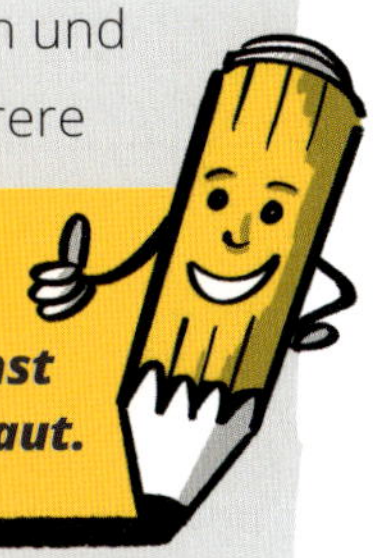

**1.** Zeichne ein Rechteck auf dein Blatt.

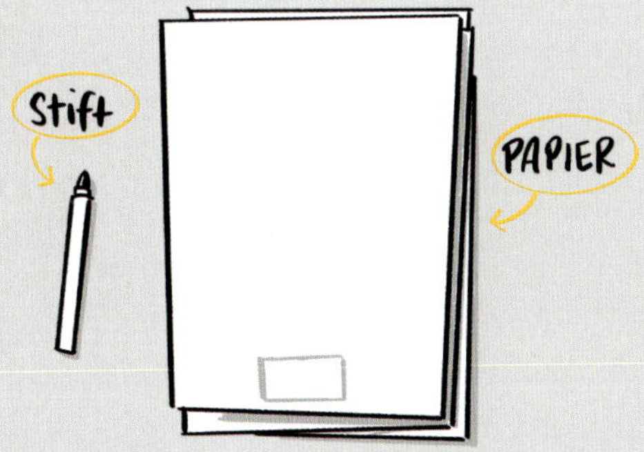


**2.** Staple dann weitere Grundformen darauf. Auf diese Weise entsteht ein Turm.

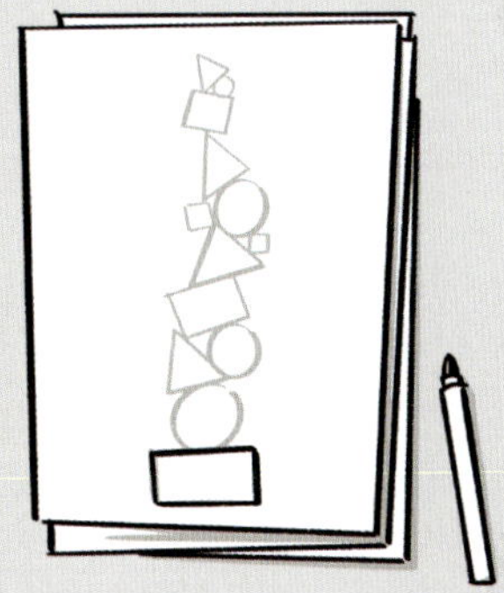

**3.** Fülle die Zwischenräume mit weiteren Formen auf.

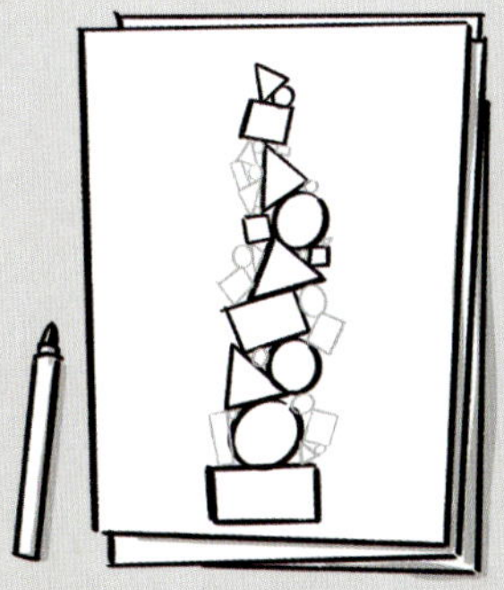

**4.** Droht der Turm zu kippen, stützt du ihn mit Linien ab.

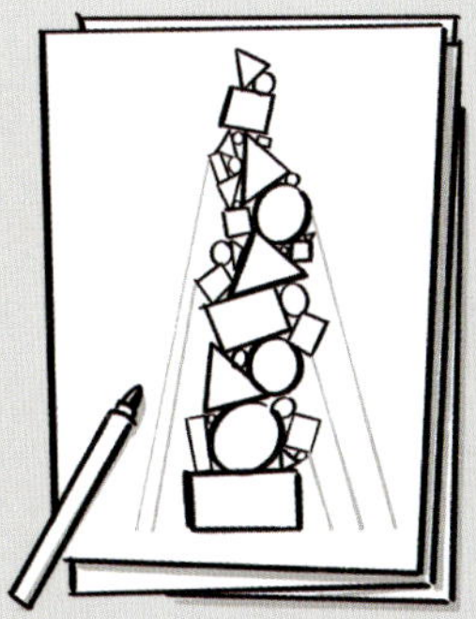

Baue auf diese Art und Weise einige Türme. Das Gute an deinen Türmen ist: Sie gehorchen keiner Schwerkraft und fallen niemals um.

# ÜBUNG Deine Starter-Icons

Wir zeichnen jetzt zusammen deine ersten Icons. Schnapp dir ein Blatt Papier und einen Stift und los geht's! Ich fange gleich mal mit einem altbekannten Symbol an – der Sonne. Die hast du bestimmt schon als Kind gezeichnet.
An den grauen Strichen kannst du nachvollziehen, welche Grundformen in den Icons drinstecken – im Fall der Sonne ein Kreis und mehrere Striche. Nimm deinen Stift und zeichne alle zehn Icons Schritt für Schritt mit einem schwarzen Stift nach.

## Sonne

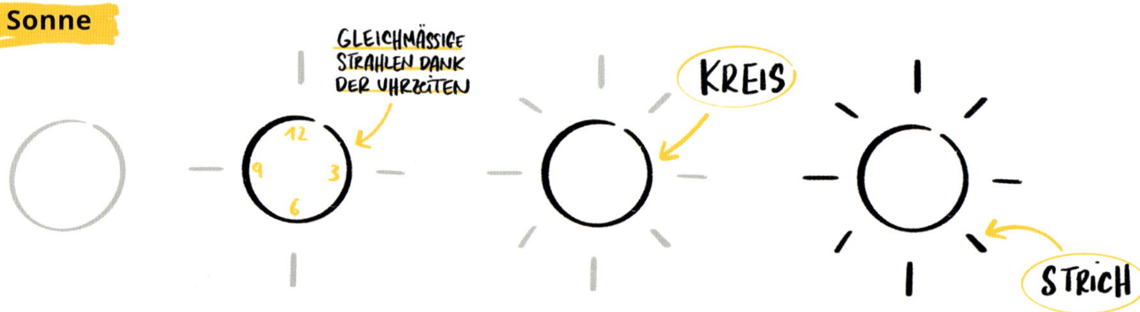


## Smartphone

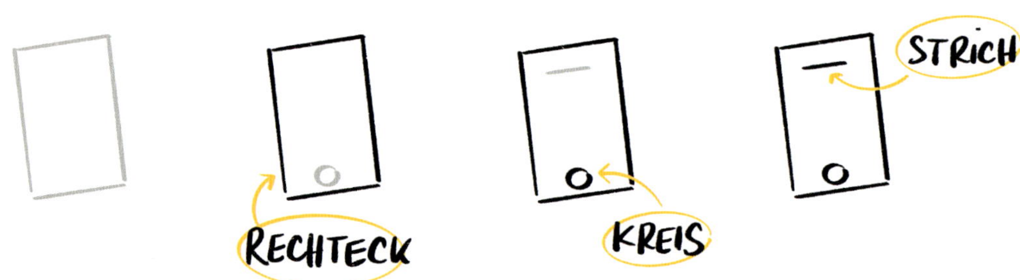


## Hochhaus

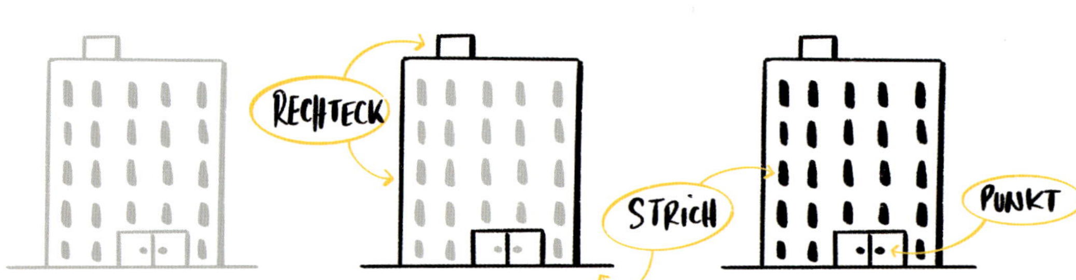

## Einfamilienhaus

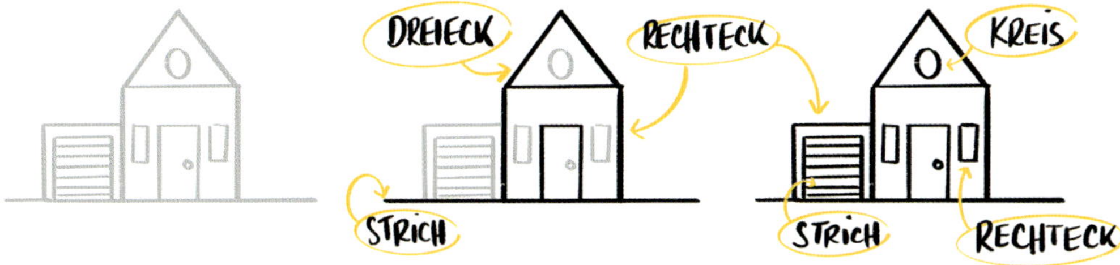


## Diamant

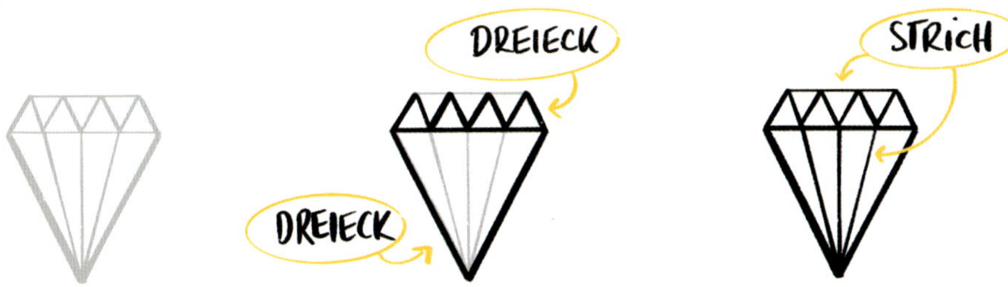


## Tasse Kaffee oder Tee

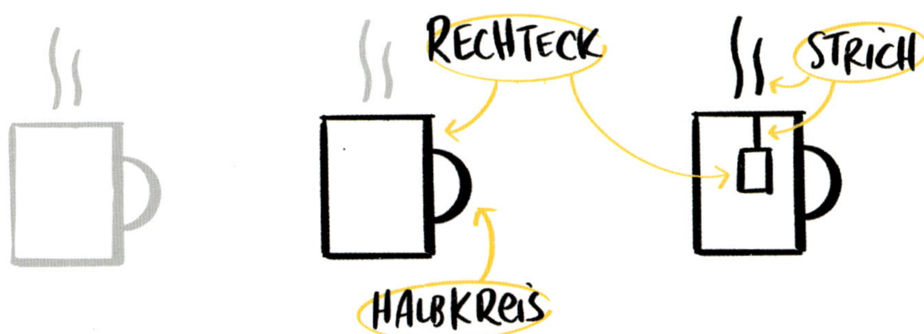


## Auto

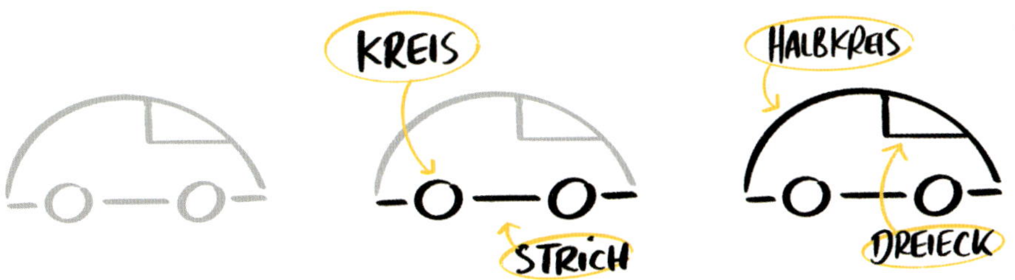

## Tür

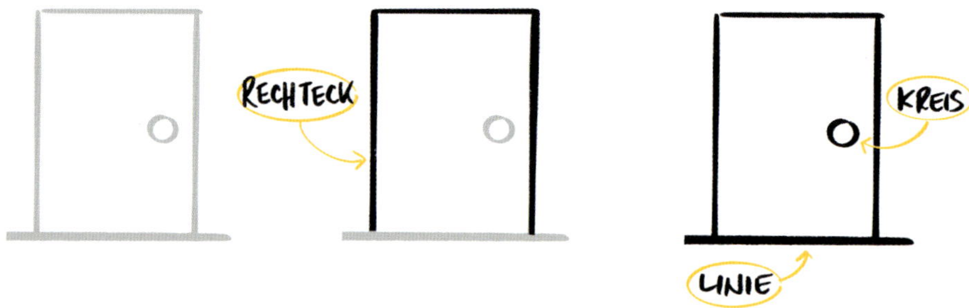


## Bus/Lastwagen

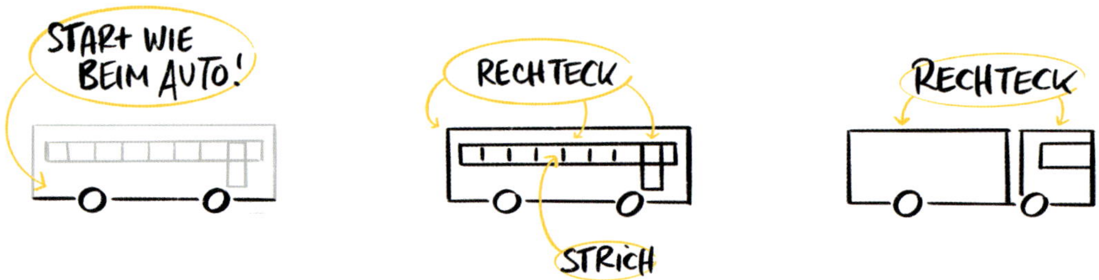


## Glühbirne

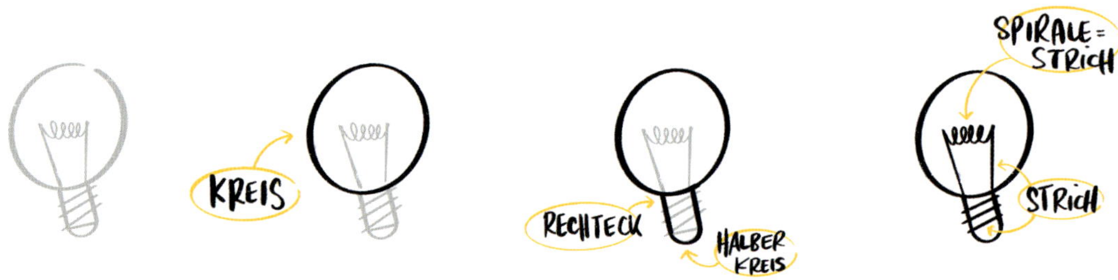


**TIPP: Mut zur Lücke**

***NichtjedeFormmussgeschlossenwerden–einschnellerStrichvermitteltMut undKönnen.SelbstÜberschneidungenkommenvor.MancheZeichnungen erweckstduerstdamitrichtigzumLeben.SchnelleZeichnungenmitEckenund Kantenladendazuein,überdieBedeutungzureden–dubeziehstdenBetrachter, weil es noch nicht zu Ende gedacht ist, mit in deine Überlegungen ein.***

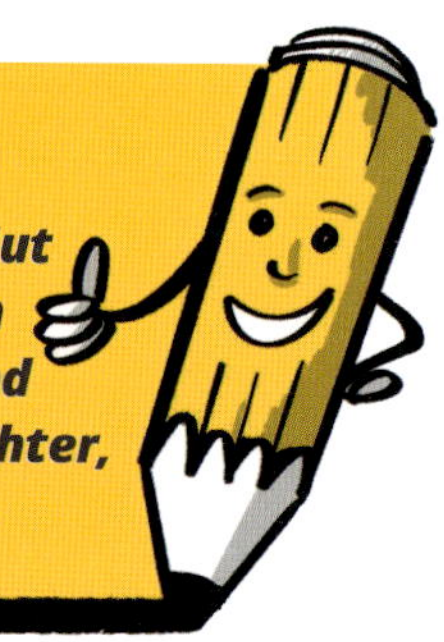

# » Die Verortungslinie

Die Linie, die unter dem Einfamilienhaus, dem Hochhaus und der Tür auftaucht, ist eine sehr „mächtige" Linie. Sie sorgt dafür, dass deine Gegenstände oder Figuren nicht ziellos im Raum herumschweben. Im Gegenteil, sie gibt den Dingen einen sicheren Platz, einen Ort. Ich nenne sie deshalb auch „Verortungslinie". Die Linie eignet sich auch, um mehrere Zeichnungen mit einem Strich zusammenzuhalten.

**1.** Laptop und Tasse auf dem Tisch

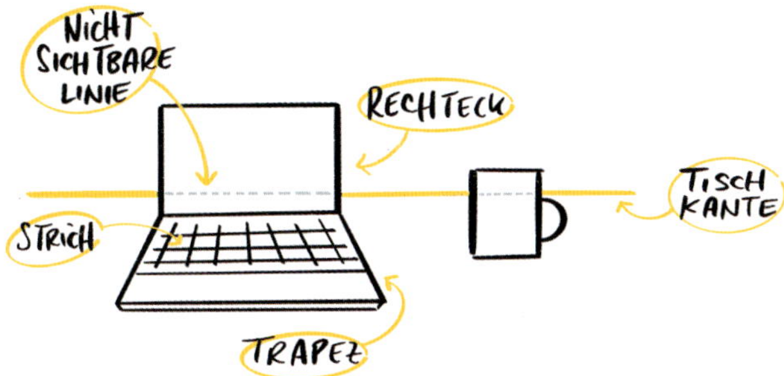


**2.** Auto auf der Straße

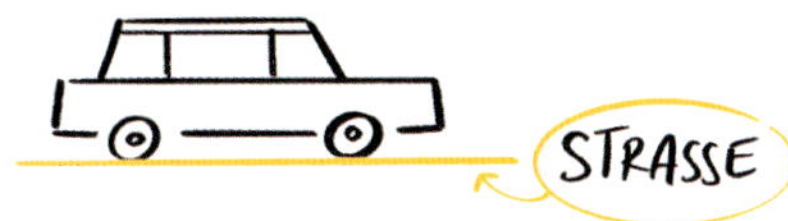


**3.** Berge mit Landschaft

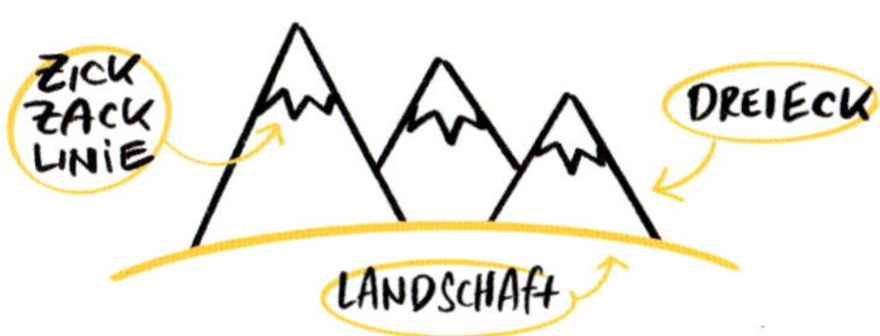


**4.** Pyramide in der Wüste

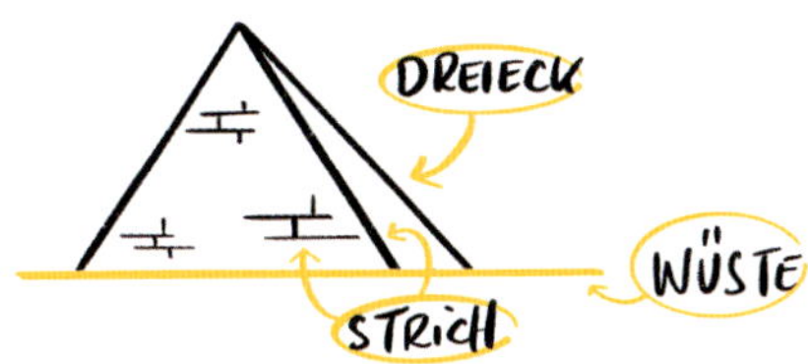


**5.** Apfelbaum auf Wiese

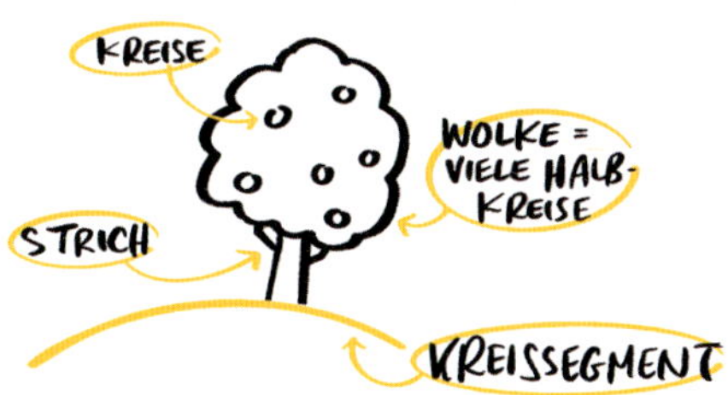


**TIPP: Verortungslinie zuerst**

***WennetwasaufderLiniestehensoll,wiez.B.dasAuto, zeichnest du zuerst die Linie.DasgibtdirOrientierung und deiner Zeichnung Halt.***

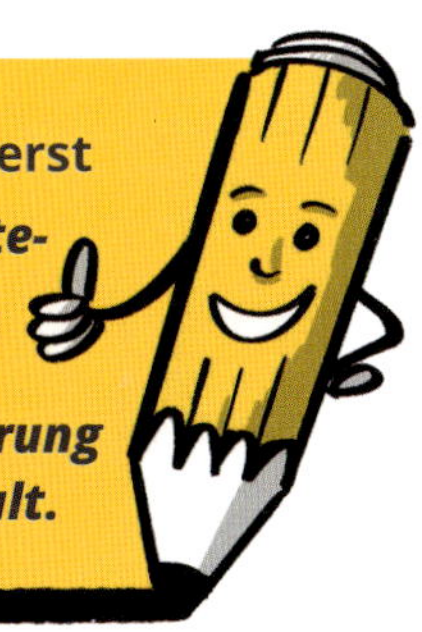

# ÜBUNG Visuelle Bibliothek

Diese Übung ist eine wirksame Methode, um deine Icons zu verinnerlichen. Die schlechte Nachricht dabei: Es erinnert stark ans Vokabelpauken. Die gute Nachricht ist allerdings, dass es viel mehr Spaß macht, visuelle Vokabeln zu lernen!

Nimm ein Blatt und unterteile es in neun Felder. Du kannst auch mehr Felder anlegen, je nachdem, wie viel du täglich üben möchtest.
Suche dir neun Icons aus der vorigen Übung aus oder nimm eigene Ideen. Schreibe in die einzelnen Felder der Matrix die passenden Begriffe zu den Icons.
Kopiere dann das Blatt 21 Mal und lege den Stapel in Reichweite auf deinen Schreibtisch. Jetzt hast du Übungsstoff für drei Wochen (oder 21 Tage) – so lange dauert es mindestens, bis sich die Wiederholungen gut in deinem Muskelgedächtnis verankert haben.

**Los geht's.**

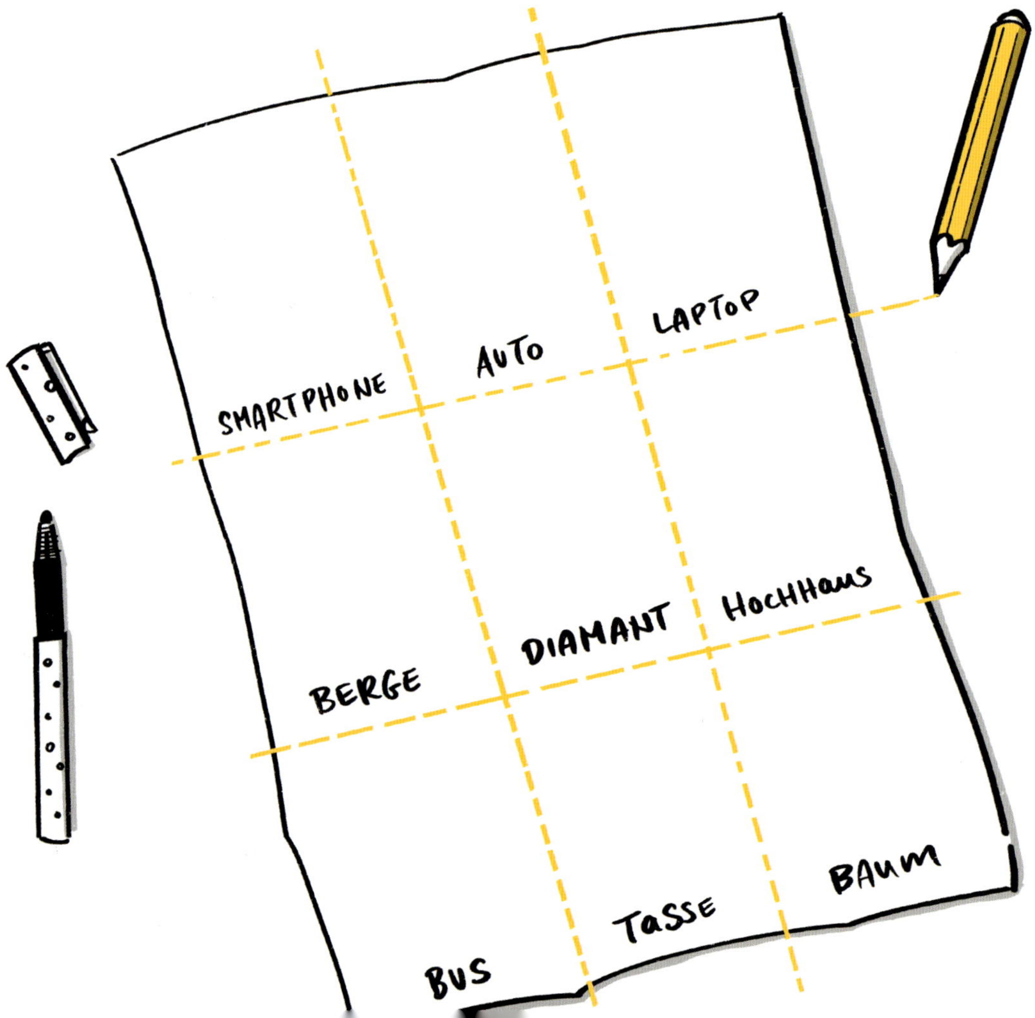

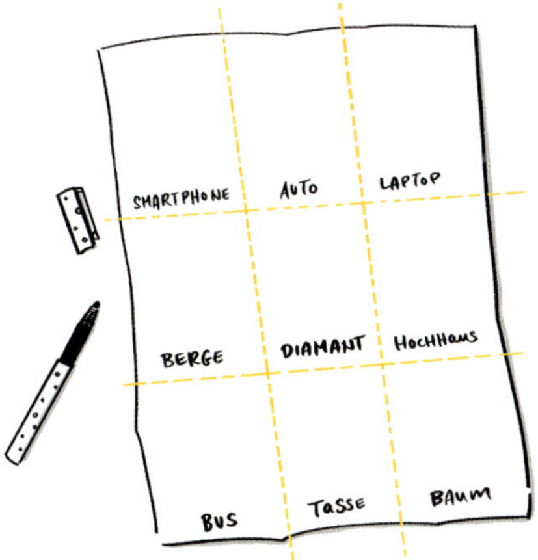


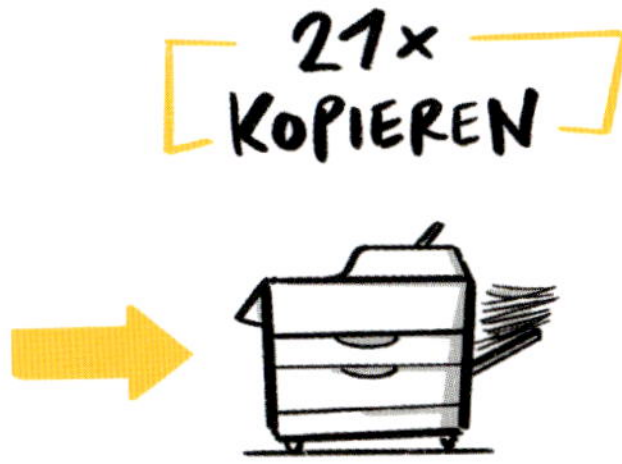


**1.** Nimm dein erstes Blatt und zeichne die Icons. Versuche, sie so einfach wie möglich zu zeichnen.

**2.** An Tag 2 zeichnest du deine Icons erneut. Das machst du nun 21 Tage lang jeden Tag. Die Übung nimmt nur wenige Minuten in Anspruch, aber die Icons gelingen dir jeden Tag besser. Genau das ist das Ziel der Übung.

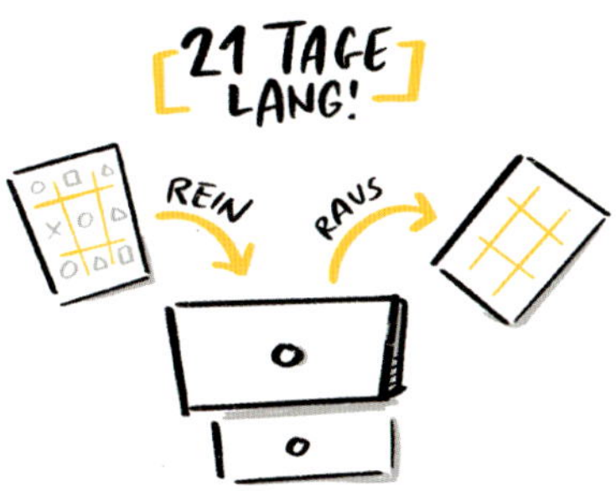


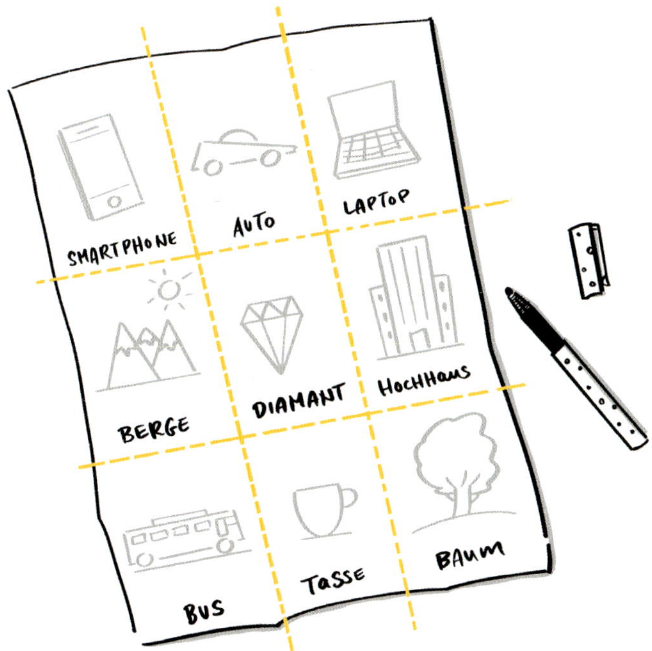


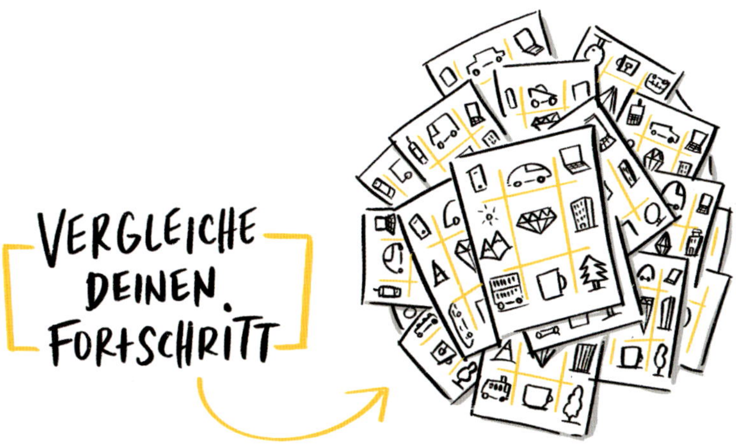


**3.** Vergleiche deine gesammelten 21 Blätter. Im besten Fall hast du sie auch datiert. Siehst du den Fortschritt oder die Veränderung?

# ÜBUNG Eigene ICONS dank VISS-Prinzip

Kennst du das KISS-Prinzip? Aus „Keep it simple & smart", also: Mach es einfach und schlau, habe ich das VISS-Prinzip abgeleitet. Es heißt „Visualize it simple & smart" und bedeutet nichts anderes, als dass ich Gegenstände, die ich zeichne und zu Icons machen möchte, in ihre Grundformen zerlege. Ich suche also wie mit einem Röntgenblick nach den Formen Kreis, Rechteck, Dreieck, Linie und Punkt. Das funktioniert mit fast allen Dingen – wichtig ist dabei nur der 2D-Blick. Ich zeige das Prinzip hier anhand der Ostfront des Mainzer Doms.

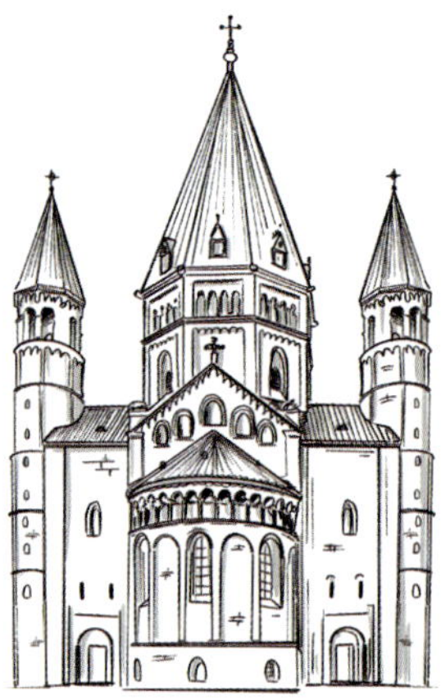

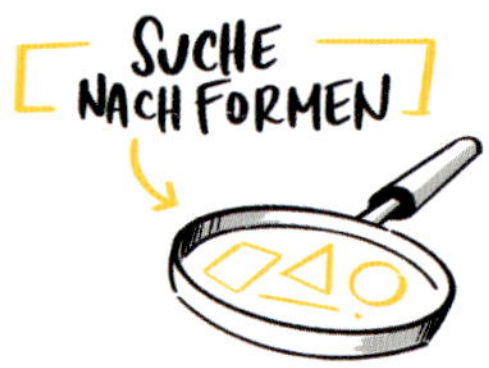


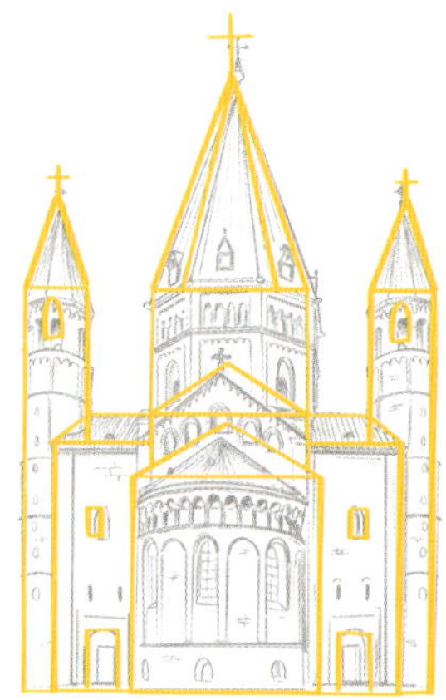

**1.** Für diese Illustration brauche ich fast 45 Minuten. Das wäre für einen Icon in einer Sketchnote definitiv zu lange.

**2.** Ich versuche zuerst, ganz viele Grundformen zu entdecken. Mit der Zeit klappt das vor dem inneren Auge ziemlich gut.

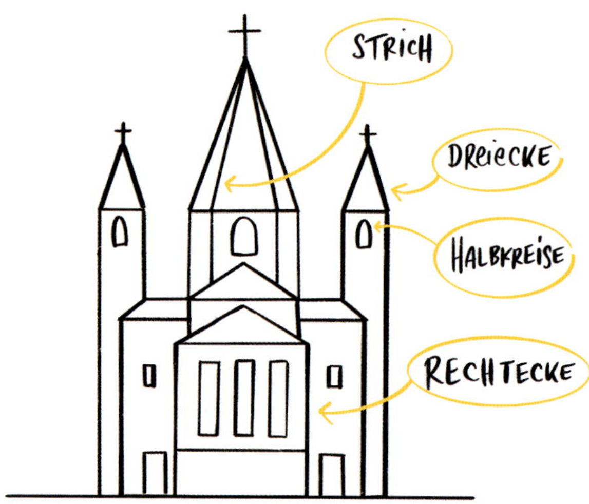


**3.** Dann abstrahiere ich aus den Formen den Dom zu einem Icon und füge noch Fenster hinzu. Es geht nicht darum, die Realität abzubilden. Wir schaffen durch die Einfachheit ein Icon, das stellvertretend für jeden Dom auf der Welt stehen könnte.

**TIPP: Wiedererkennung**

***Achte auf die Hauptmerkmale. Hier sind das die Türme, das Kreuz, die Staffelung der Gebäude und das Dach.***

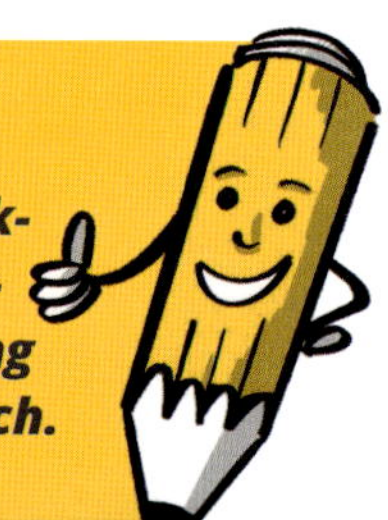

Hier siehst du weitere drei Beispiele:

**1.** Kamera

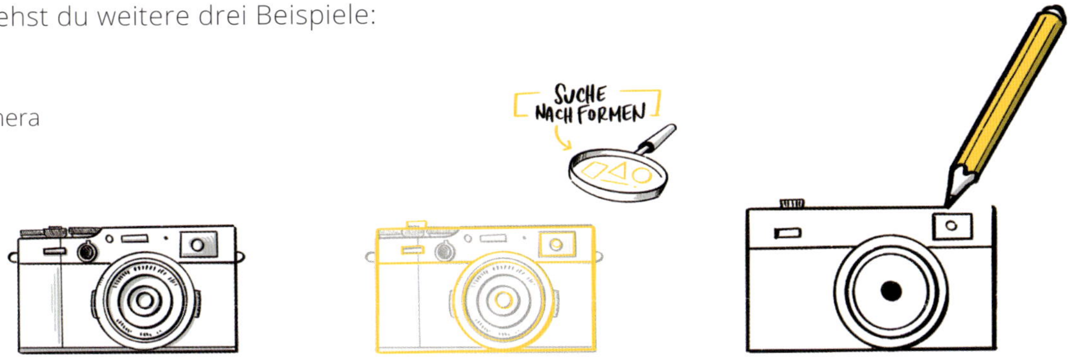


**2.** Flasche

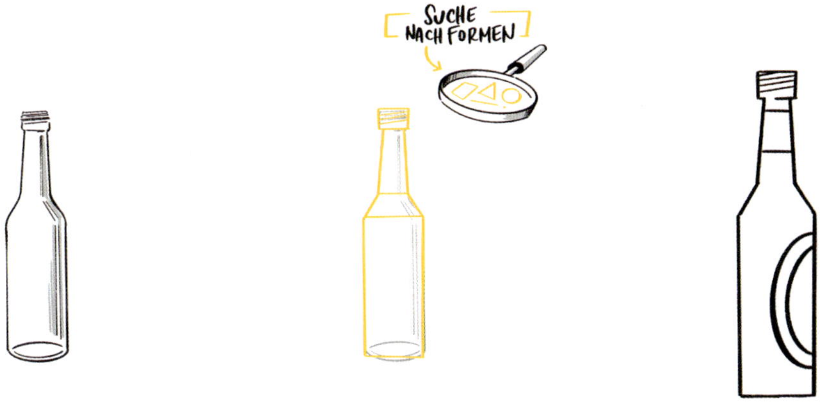


**3.** Marker

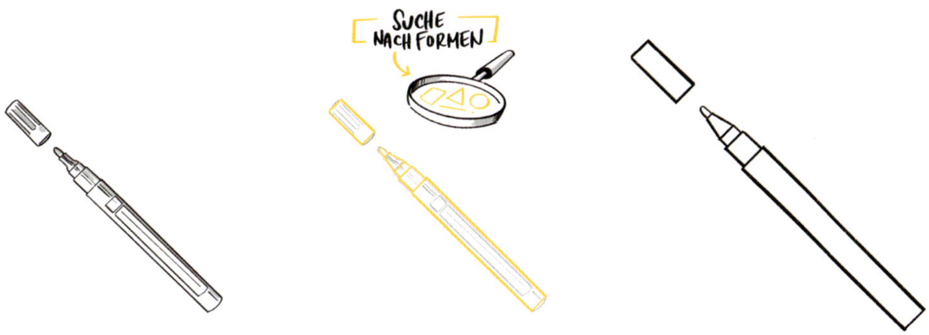


**Versuche es nun selbst – so füllst du deine eigene Bibliothek schnell mit individuellen Icons.**

# » Tägliche Routine für Woche EINS

Zum Abschluss des Kapitels gibt es meine persönlichen Tipps für eine tägliche Routine in deiner Woche EINS.

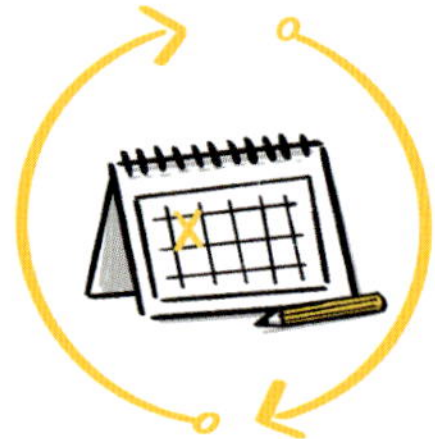

**Zum Warmwerden:**

1. Zeichne an jedem Tag der Woche einen der drei **Warm-ups** (S. 18-20), um ins Tun zu kommen. So trainierst du deine Motorik und lernst deine Art zu zeichnen besser kennen.

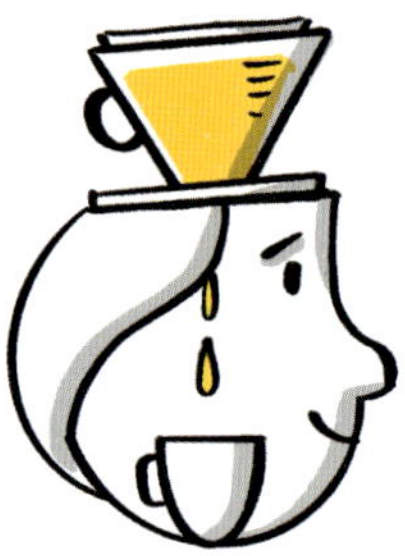

**Zum Vertiefen:**

2. Starte mit der Übung **Visuelle Bibliothek** (S. 26) an Tag 1 und führe sie jeden Tag fort – mindestens 21 Tage lang.
3. Erarbeite dir jeden Tag mit Hilfe des **VISS-Prinzips** ein eigenes Icon (S. 28). Suche dir dafür die passenden Gegenstände und abstrahiere sie durch das Zerlegen in ihre Grundformen zu einem Icon oder einer Zeichnung.
4. Spiele mit der **Verortungslinie** (S. 25) und füge sie deinen Icons, wenn möglich, dazu.

**Und jetzt viel Spaß beim Training!**

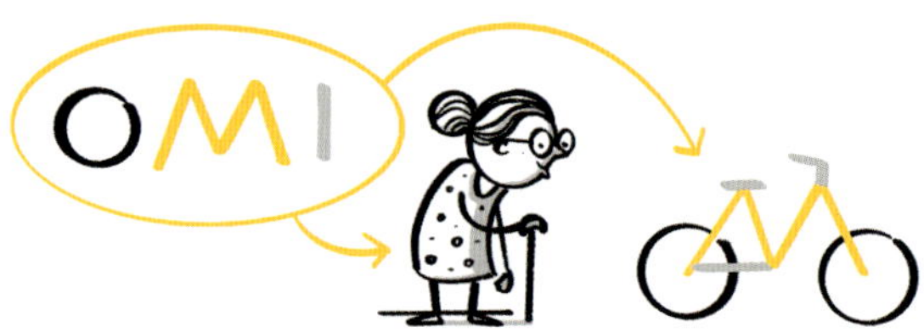


OMI macht das Fahrrad - zwei O + ein M + vier I.

# » CHECK OUT

## Rückblick auf die Woche

Durch das spielerische Erlernen der Grundformen trainierst du das Muskelgedächtnis deiner Arme und Hände. Das ist die Grundlage, um einfache Icons und Zeichnungen motorisch zu beherrschen. Das genaue Beobachten der Dinge, die dich im Alltag umgeben, ist wichtig, damit du weißt, wie du etwas nach dem VISS-Prinzip zeichnen könntest. Denke daran, die Dinge zunächst zweidimensional zu betrachten und nicht gleich mit dreidimensionalen Zeichnungen loszulegen – das frustriert dich nur. Bleibe lieber erstmal bei dir und übe deine Icons so lange, bis sie ohne nachzudenken aufs Papier fließen. Dank der Starter-Icons und der visuellen Bibliothek hast du eine gute Ausgangsposition. Mit dem VISS-Prinzip kannst du dein Repertoire um eigene Icons erweitern – probiere es aus. Setze deine Röntgenbrille auf und suche nach den Grundformen in den Gegenständen.

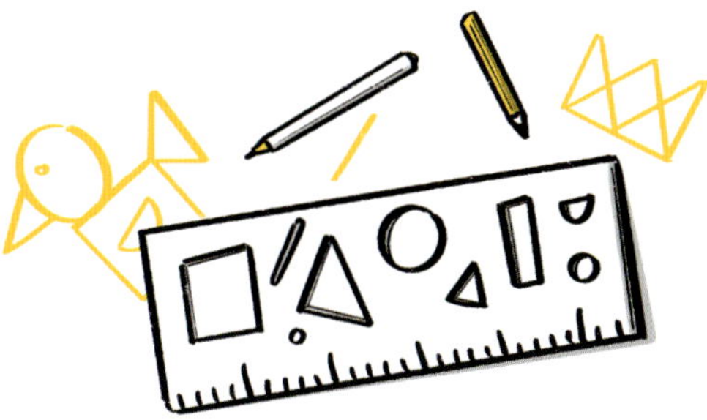

Zum Abschluss noch eine kleine Übung, mit der du deine Erfolge der ersten Workshop-Woche sichtbar machen kannst.

## Dein persönliches Highlight der ersten Woche

Zeichne auf ein A4-Blatt dein persönliches Highlight der Woche. Was ist dir gut gelungen? Du hast mehr als ein Highlight? Super, dann zeichne alle auf. Das Blatt platzierst du gut sichtbar für dich an einen Ort deiner Wahl. So hast du immer alles im Blick.

**Im nächsten Kapitel und Woche ZWEI dreht sich alles um Farben und Effekte.**

Woche ZWEI

# Farben und Effekte

# » POWERDUO: Farben und Effekte

In der letzten Einheit hast du gelernt, deine ersten Icons zu zeichnen. Jetzt zeige ich dir, wie du sie visuell noch verstärken kannst – durch den Einsatz von Farbe und Effekten. Farbe verleiht deiner Zeichnung eine neue Bedeutung. Sie kann ein Detail gezielt herausstellen und den Fokus darauf lenken.
Farbe dient darüber hinaus zur Orientierung oder als ordnendes Element. Manche Sketchnotes brauchen Farbe für den inneren Zusammenhalt. Damit meine ich, dass die Farbe wie eine Art visueller Kleber verhindert, dass die Zeichnungen in ihre Einzelteile zerfallen.

In diesem Workshopkapitel der Woche Zwei erfährst du, was Farbe alles kann. Und du lernst ein paar spezielle Effekte kennen und sie gezielt einzusetzen. Visuelle Effekte bringen Leben in die Bude und erweisen sich als wahre Turbo-Booster für deine Zeichnungen. Stichwort Bewegung: Speedlines helfen, die Zeichnungen nicht nur zu sehen, sondern auch zu erleben. Ein ganz bemerkenswerter Effekt – im wahrsten Sinne des Wortes.

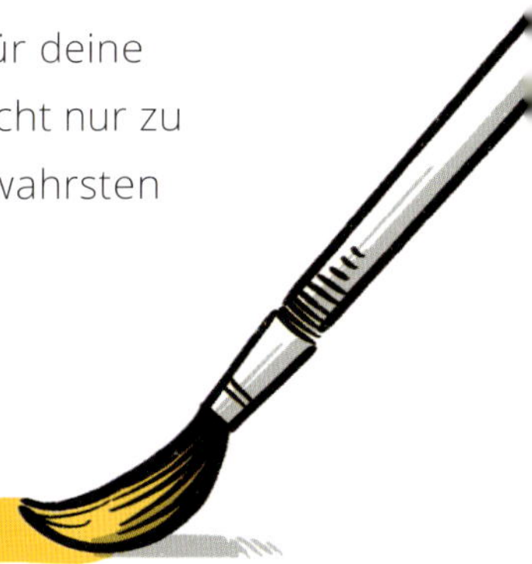

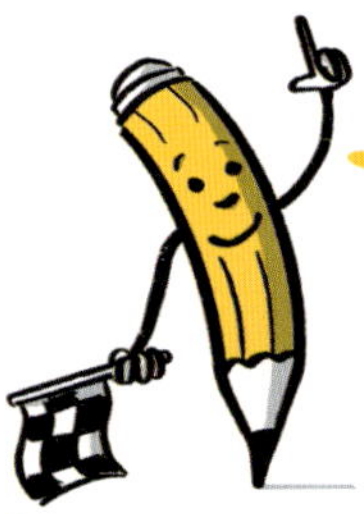

**Meine zweite Workshop-Woche – das erwartet mich**

Du lernst, in deinen Sketchnotes Farben und Effekte gezielt einzusetzen.

# Warm-up KREATIVBOOST

Mit dieser 3x10-Grundformenübung trainierst du deine Kreativität. Wichtig: Höre nicht nach zehn Ideen pro Form auf, wenn du im Flow bist und merkst, es kommen noch mehr Ideen.

1. Lege drei A4-Blätter bereit. Zeichne auf jedes Blatt jeweils eine Gruppe mit mindestens zehn der folgenden Grundformen: Rechteck, Dreieck, Kreis.

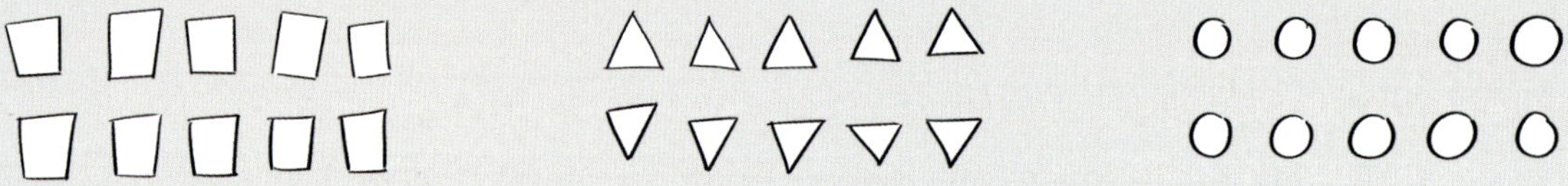

2. Verwandle die leeren Grundformen mit ein paar Strichen in Objekte, Gegenstände oder was auch immer dir einfällt. Ich zeige dir hier pro Grundform drei mögliche Beispiele.

3. Versuche, so schnell wie möglich Ideen zu entwickeln.

## Rechtecke

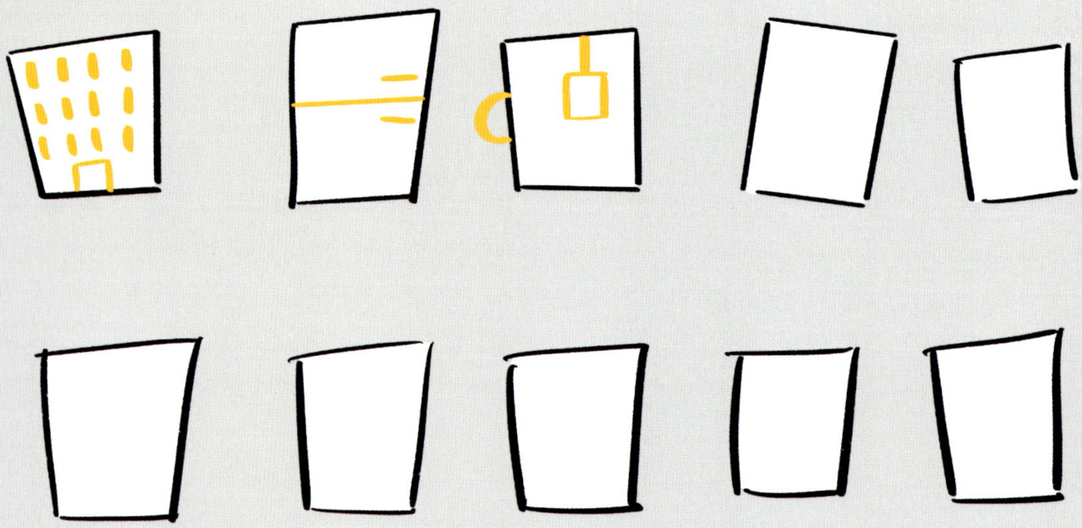

**Dreiecke**

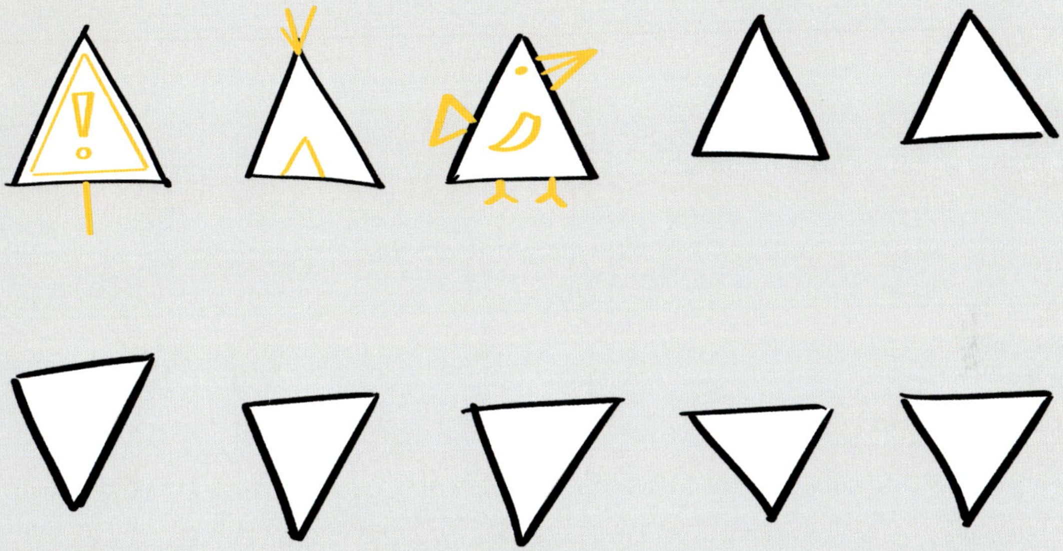

**Kreise**

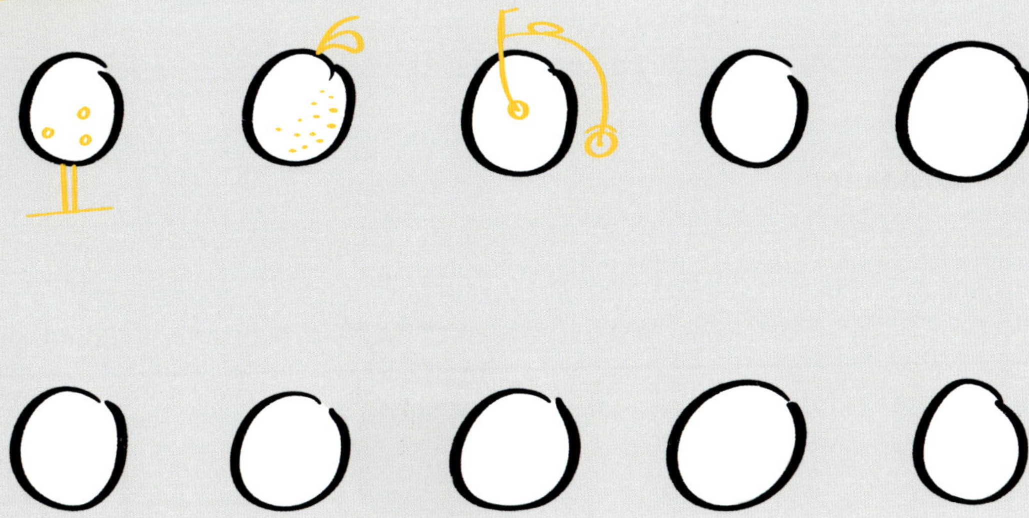

# » Farbe gezielt einsetzen

Es gibt mehrere Möglichkeiten, Farben beim Sketchnoten gezielt einzusetzen. Das oberste Ziel sollte dabei immer sein, die Sketchnote besser zu verstehen oder optimal lesen zu können. Hier siehst du am Beispiel des Kaffeetrinkens fünf Einsatzmöglichkeiten für Farbe, die ich häufig anwende.

**Auf geht's zur ersten Tasse Kaffee.**

## Für einen Prozess

Was ist in einem Prozess besonders wichtig und braucht eine Fokussierung? Welcher Schritt kommt zuerst? Wohin soll der Kaffee in der Kanne? Ganz klar – in die Tasse. Damit ich wach werde.

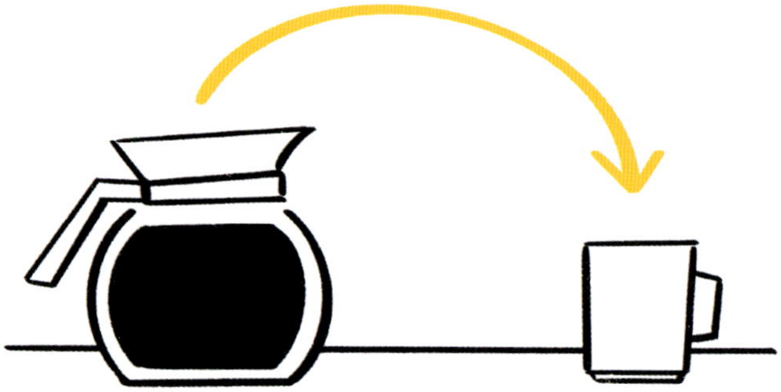

## Für einen Zustand

In welchem Aggregatzustand befindet sich etwas? Flüssig oder fest? Ist etwas in Bewegung? Ist der Kaffee kalt oder warm?

### Für ein Produkt

Farbe kann ein Produkt, eine Methode oder eine Lösung hervorheben. Hier ist es das Produkt Kaffee.

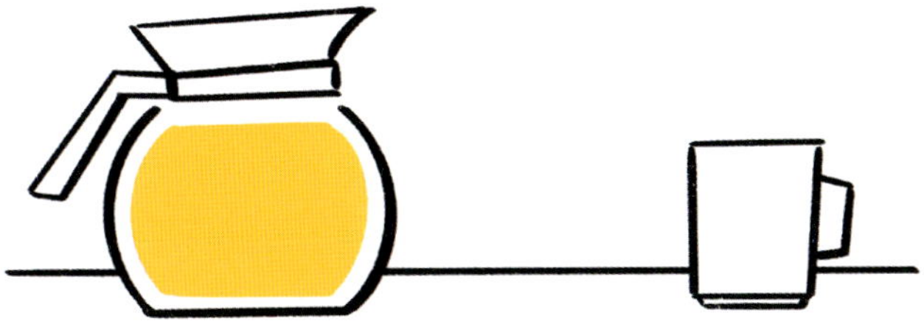

### Für ein Cluster

Was gehört zusammen? Hier hält der farbige Kreis die Kaffeekanne und die Tasse zusammen. Die Farbe funktioniert wie ein inhaltlicher Kleber oder eine Klammer, weil sie beide Icons anschneidet.

### Für eine neue Bedeutungsebene

Kaffee macht dich glücklich? Dann kannst du mithilfe der Farbe dein Geheimnis in Form einer zweiten Bedeutungsebene zeigen.

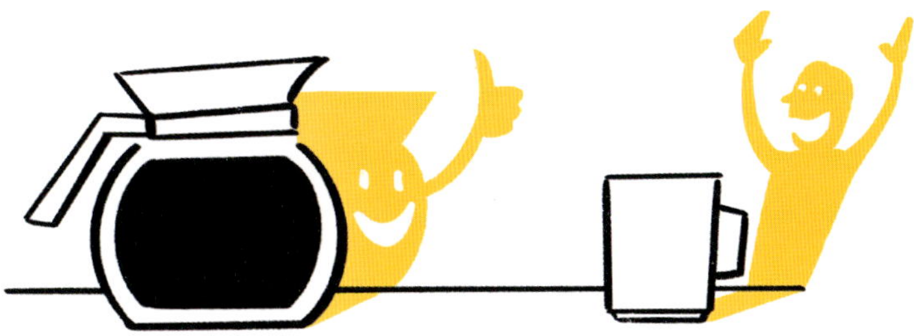

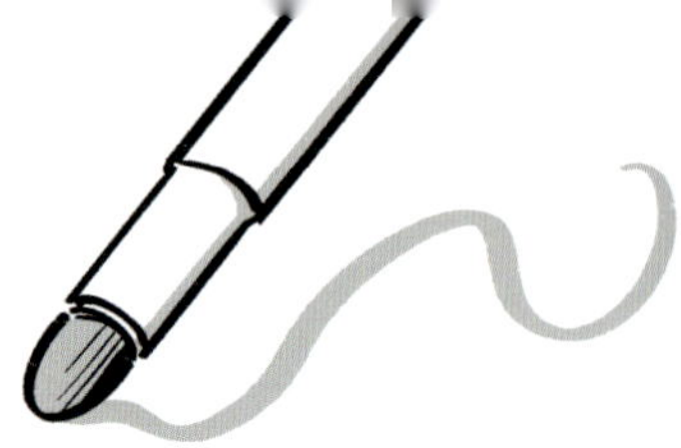

## » Der WOW-Effekt mit Schatten

Schon geht es weiter mit den Effekten. Zuerst widmen wir uns dem Schatten-Effekt. Bevor du loslegst, besorge dir bitte einen grauen oder hellblauen Stift – ohne den geht es leider nicht. Mit einem Schatten wertest du die Zeichnung auf und verhilft ihr zu einer kleinen Illusion. Du gibst dem abgebildeten Objekt mehr Tiefe und erzeugst so einen plastischen Effekt - WOW! Manchmal rette ich auf diese Weise auch eine weniger gelungene Zeichnung. Und so funktioniert der Schatten-Effekt:

**1.** Zeichne die drei Grundformen Rechteck, Dreieck und Kreis auf ein Blatt Papier.

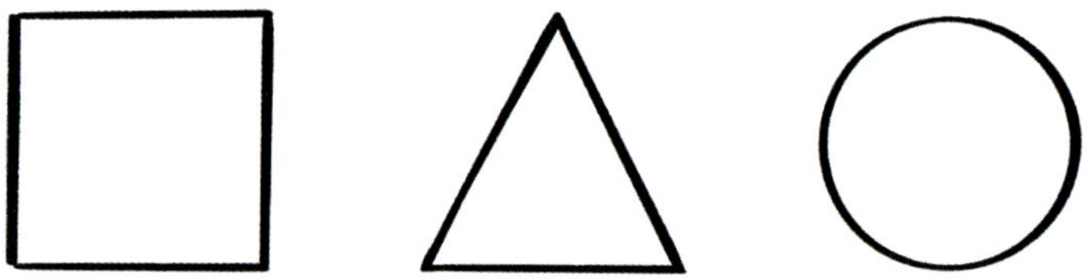

**2.** Wo Schatten ist, ist auch Licht – du brauchst die Sonne als Lichtquelle. Sie hilft dir bei der Orientierung, wo sich die Schattenseiten befinden. Bei mir scheint die Sonne immer links oben. Der Schatten fällt also nach rechts – das entspricht unserer Leserichtung.

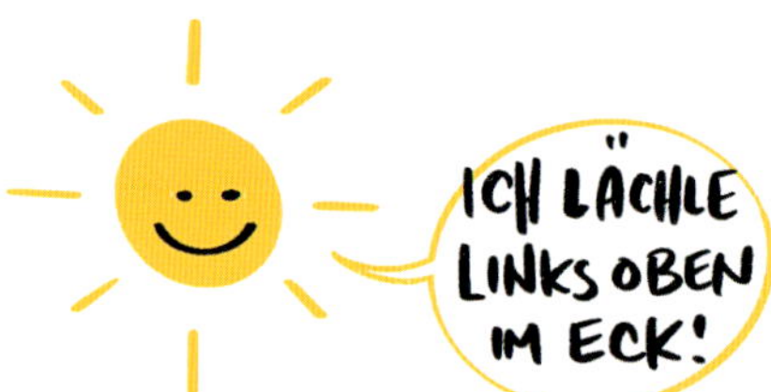


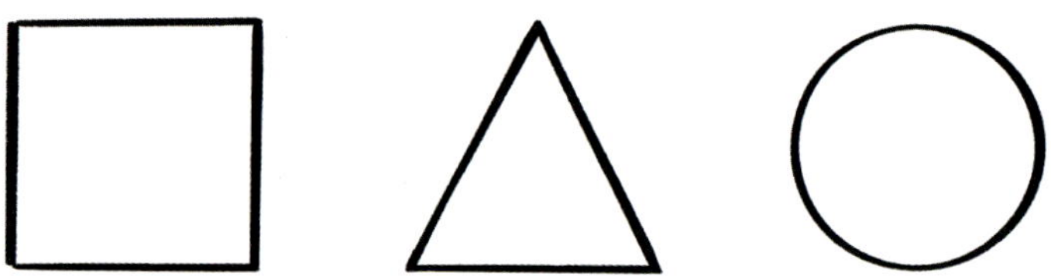

**3.** Die Sonne strahlt die ihr zugewandten Seiten an. Hier ist es schön hell. Da, wo keine Sonne hinkommt, entsteht Schatten. Zeichne die Schattenseiten mit deinem grauen Stift ein.

**Tipp: SCHATTEN**

***BeieinemLichteinfall vonlinksobenliegen dieSchattenimmer rechts und unten. Das lässtsicheinfach merken.***

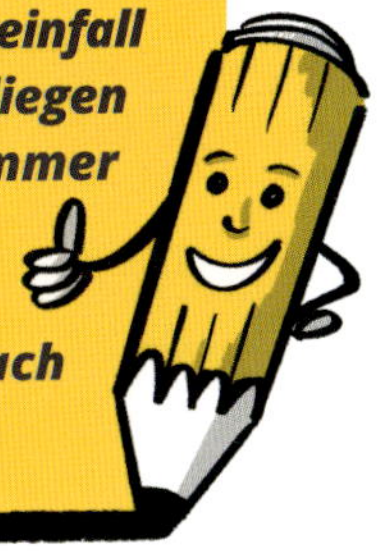

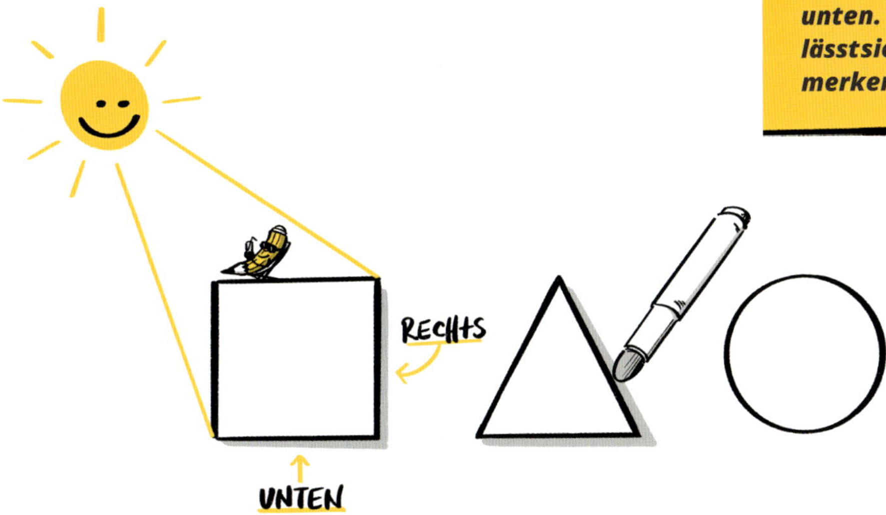


**4.** Du siehst: Durch den Schatten hebt sich das Objekt vom Papier ab. Der Kreis ist eine Sonderform. Hier läuft der Schatten wie eine Sichel aus dem Nichts in den vollen Strich – trotzdem bleibt es bei der Regel: rechts und unten.

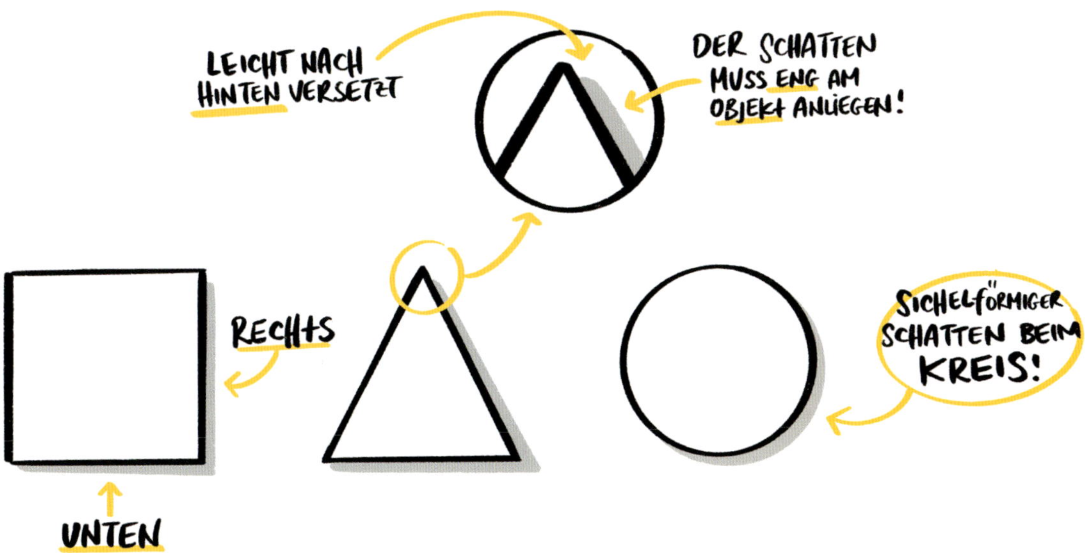

## » Schlagschatten und Körperschatten

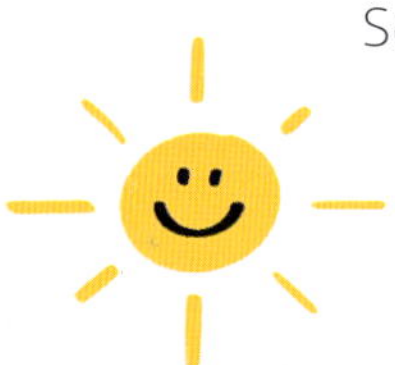

Schatten ist nicht gleich Schatten. Unser Beispiel von der vorherigen Seite ist ein sogenannter Schlagschatten. Dieser Schatten wird vom Objekt auf das Papier geworfen oder geschlagen – daher der Name Schlagschatten. Nun kommt noch ein zweiter Schatten ins Spiel. Stell dir vor, du stehst im Sonnenlicht auf der Straße. Dein Körper wirft einen Schatten. Wenn du auf diesen Schlagschatten schaust, wird dir auffallen, dass ein Teil deines Körpers auch in einem Schatten liegt, den du selbst verursachst. Das ist der sogenannte Körperschatten.

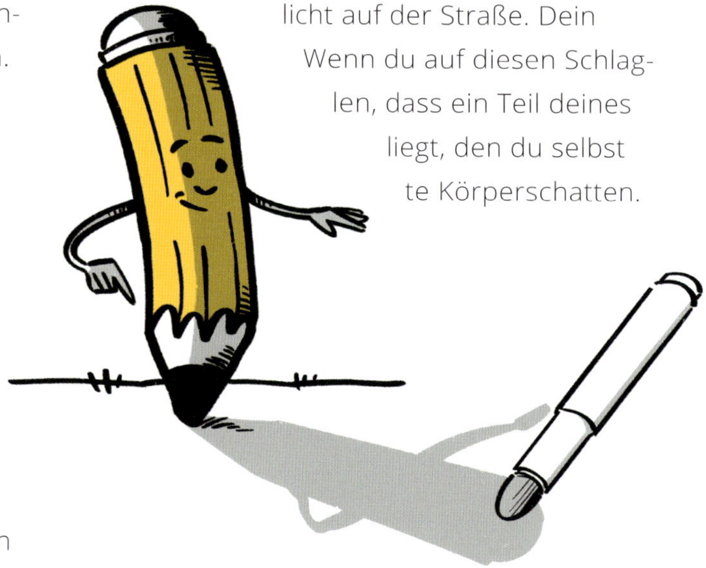

Schau dir die Beispiele unten an: Objekte, die plan auf dem Papier liegen, werden direkt von oben betrachtet. Du siehst dann keinen Körperschatten, denn die Oberfläche ist flach – wie bei einem Bauklötzchen. Die Ansicht von oben zeichnest du vorwiegend zweidimensional, in der Draufsicht. Der Schlagschatten verleiht der Zeichnung die Illusion von Höhe, das Objekt hebt sich vom Blatt ab. Die Seitenansicht zeigt uns die Schattenzone in Form eines Dreiecks. Hier kommt kein Licht hin.
In der 3D-Ansicht siehst du das Zusammenspiel der beiden Schatten – hier sind wir schon im Illustrationsbereich unterwegs.

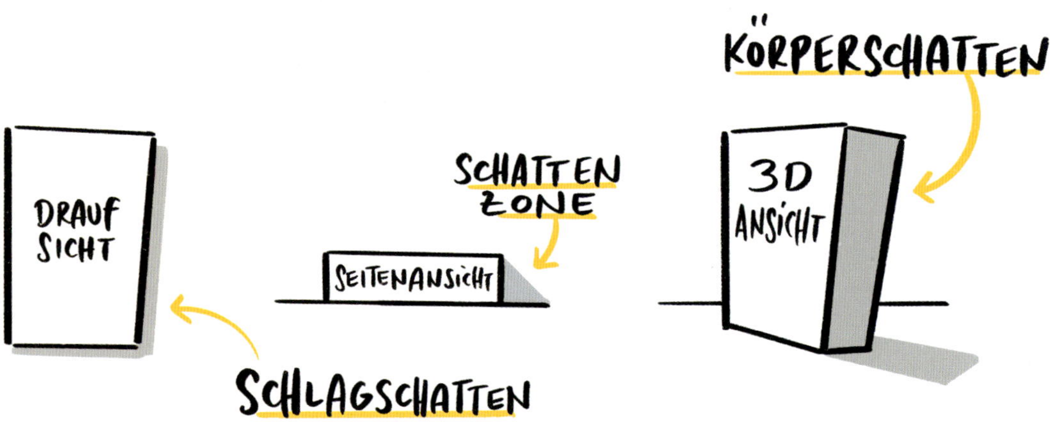

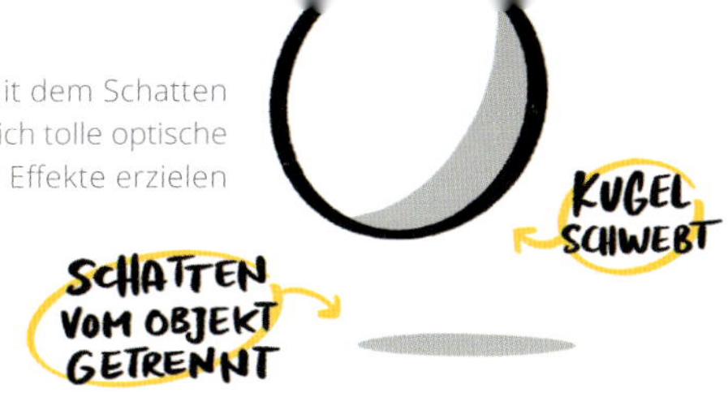


Mit dem Schatten lassen sich tolle optische Effekte erzielen

Bei einer gewölbten Oberfläche sieht das anders aus, besonders bei einer Kugel oder einer Figur. Mehr dazu erfährst du im nächsten Kapitel.
Hier nur soviel: Möchtest du aus einem Kreis oder einer Scheibe eine Kugel machen, legst du den Schatten anders an: entweder an der rechten Innenseite oder innen plus einen Schlagschatten außen.

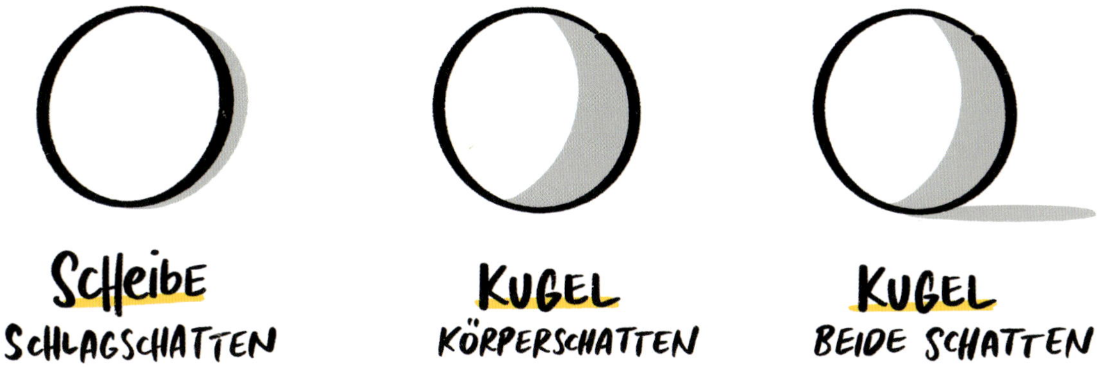


Soll es dagegen so aussehen, als ob das Objekt wie ein Loch oder eine Leerstelle in das Papier eingelassen ist, dann lege den Schatten im Objekt an – oben und links. Soll sich das Objekt allerdings wie ein Podest vom Blatt abheben, dann bleibe beim Schatten rechts und unten.

**Mit der Zeit und entsprechender Übung bekommst du ein Gefühl für das Modellieren von Schatten und dessen richtigen Einsatz.**

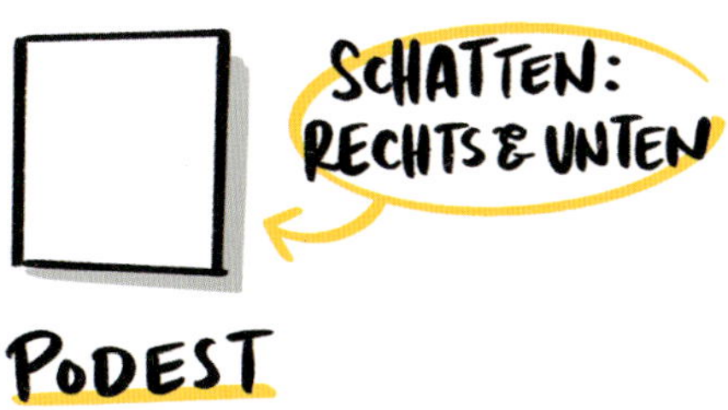


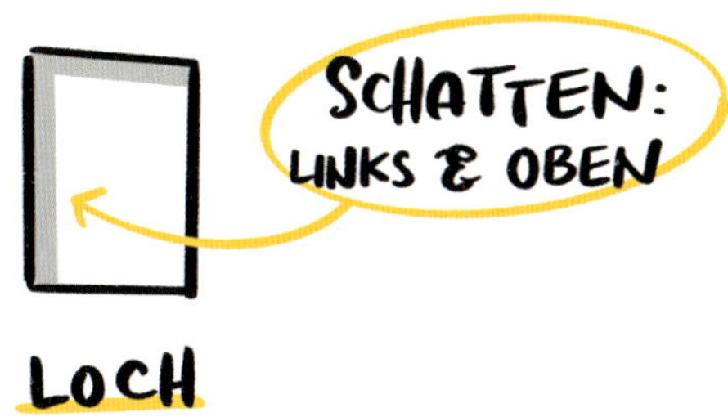

## ÜBUNG Schatten-Starter-Icons

Nimm deinen grauen Stift zur Hand, wir zeichnen jetzt zusammen deine ersten WOW-Schatten an die Starter-Icons aus der ersten Woche. Denke daran: Der Schatten liegt eng am Strich. Nur so kommt der Effekt wirklich zur Geltung. Ich zeichne bei einigen Icons den Körperschatten mit ein – auf diese Weise siehst du die verschiedenen Anwendungsmöglichkeiten.

**Also, lass uns Schatten werfen!**

**TIPP: SCHATTEN**

***DieVerortungsliniebenötigtkeinenSchatten – sie dient als Boden. Sie bietet Raum fürSchlagschatten wie zum Beispiel beim Baum.***

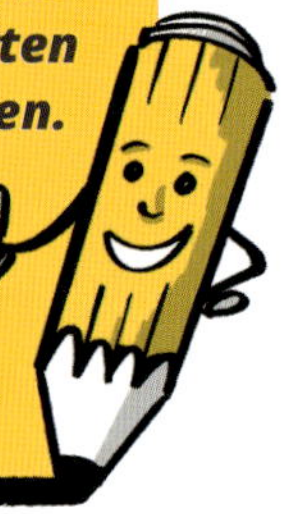

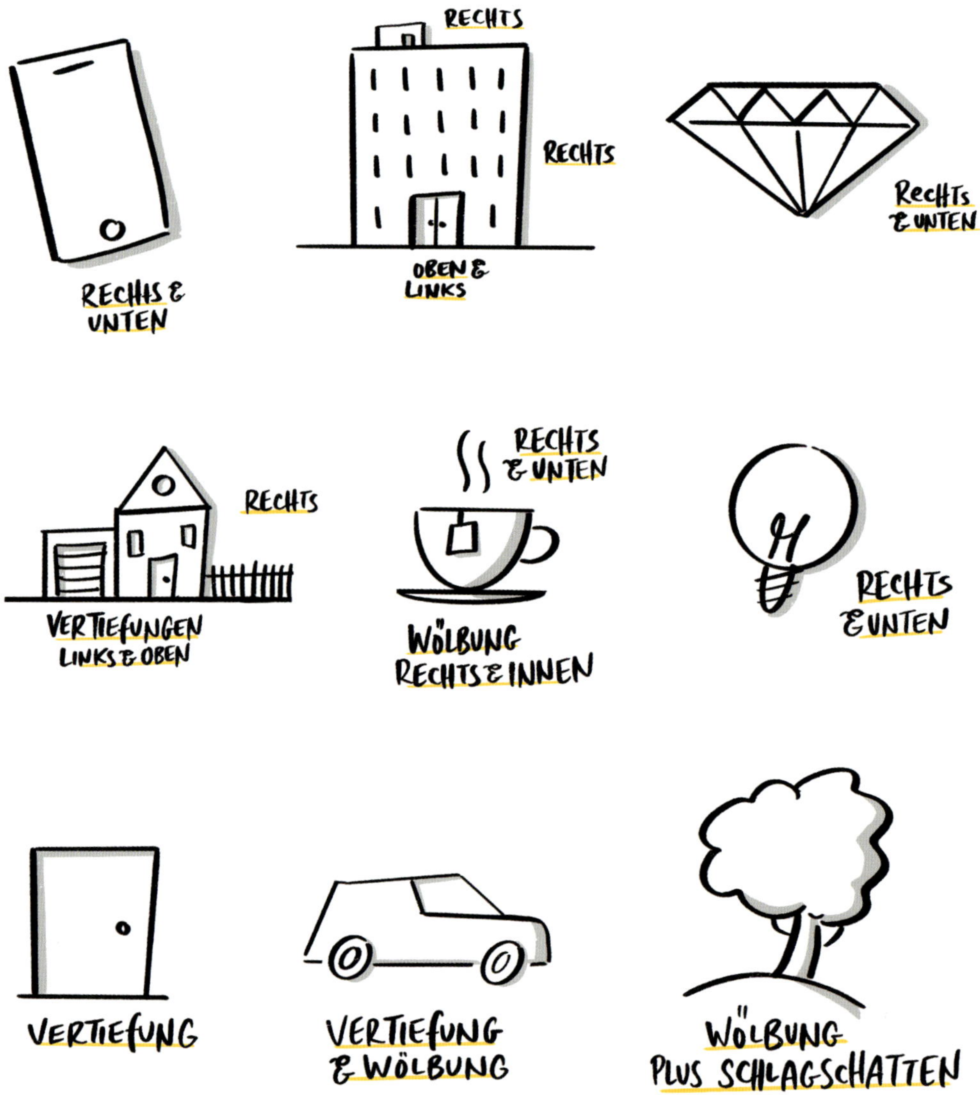

## ÜBUNG Hintergrundstory

Ein Effekt, für den ich ebenfalls gern den grauen Stift verwende, ist das Anlegen eines atmosphärischen Hintergrunds. Die Details meiner Zeichnung, auf die ich den Fokus lenken möchte, zeichne ich mit schwarzem Stift, alles andere in zurückhaltendem Grau. Das sorgt dafür, dass das Auge die wesentliche Information zuerst wahrnimmt und dann erst die Atmosphäre rundherum. Ich lege sozusagen eine zweite Erzählebene fest. Alles klar? Schau dir die Beispiele mit der Parkbank und dem Baum an, dann verstehst du, was ich meine.

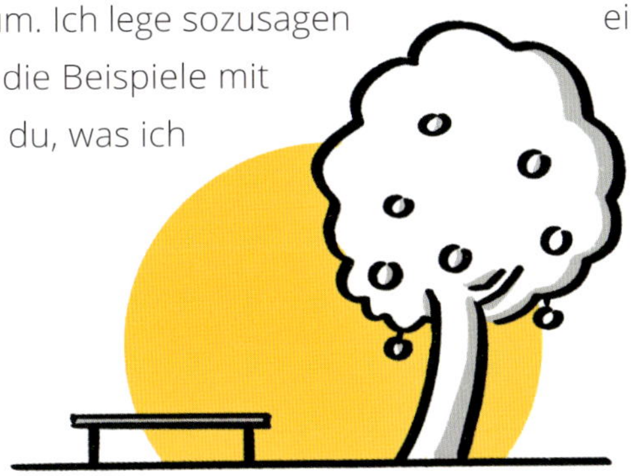

PARKBANK & BAUM

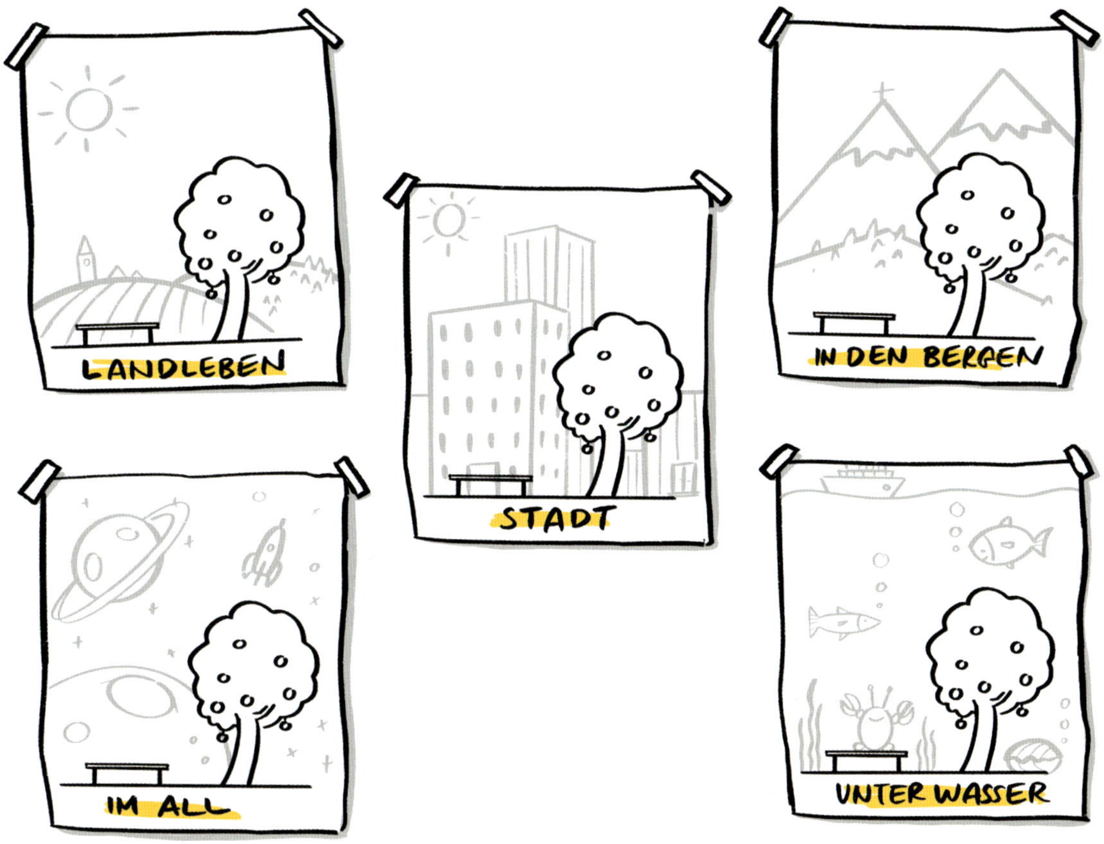

## » In Bewegung – Speedlines

Jetzt zeige ich dir, wie du die sogenannten Speedlines, auf Deutsch: Aktionslinien, richtig zeichnest und einsetzt. Mit Speedlines bringen wir unsere Objekte in Bewegung oder vermitteln einen Zustand, wie bei den kleinen Hitzewellen über dem Kaffee auf S. 36. Die Speedlines kommen aus dem Comicbereich, sehr effektiv werden sie in den japanischen Mangas verwendet. Sie werden für viel Dynamik in deinen Sketchnotes sorgen. Damit du die Speedlines auf dieser Seite besser erkennst, habe ich sie mit gelbem Stift gezeichnet.

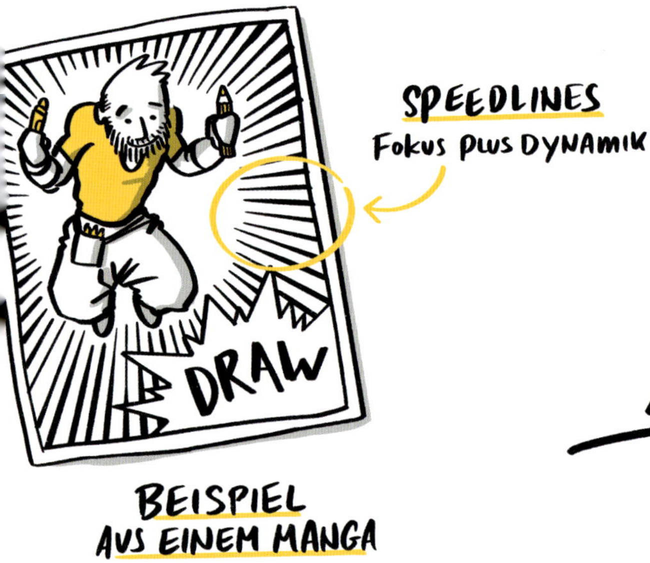


**1.** Nimm das Auto und lasse es mal so richtig schnell fahren.

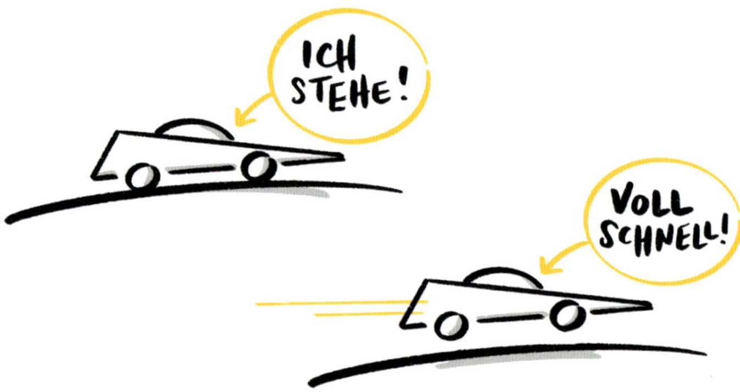


**2.** Das Smartphone vibriert und hat Empfang.

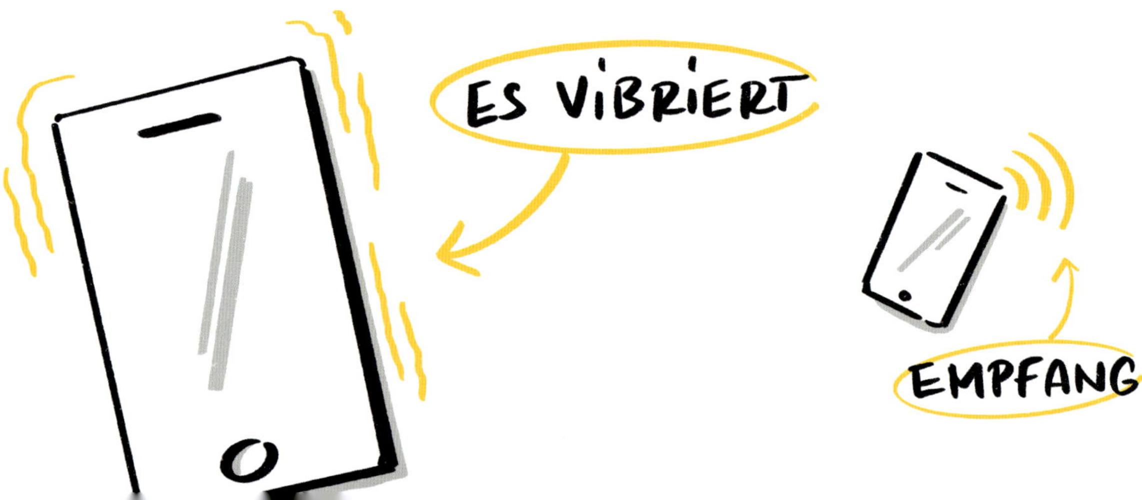

**3.** Die Kugel – eine Position, mehrere Möglichkeiten – dank Speedlines.

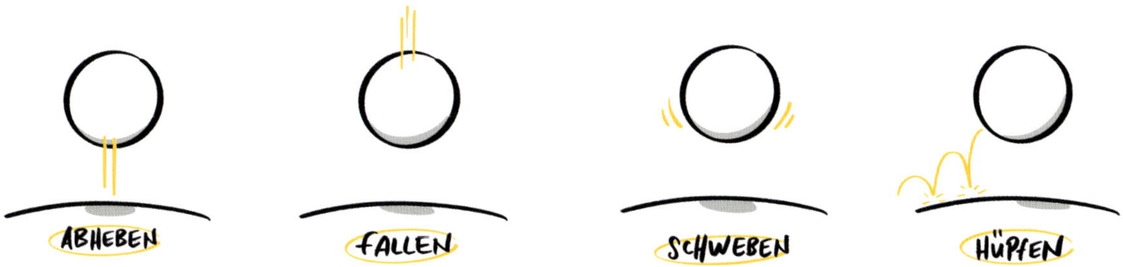


Wie du siehst, können Bewegungslinien die kleinen Storys, die du mit deinen Zeichnungen erzählen willst, wirkungsvoll unterstützen. Sie sind für eine Sketchnote nicht dringend erforderlich, aber unglaublich effektiv, um Aufmerksamkeit zu erzeugen oder den Blick auf etwas im Bild zu lenken.

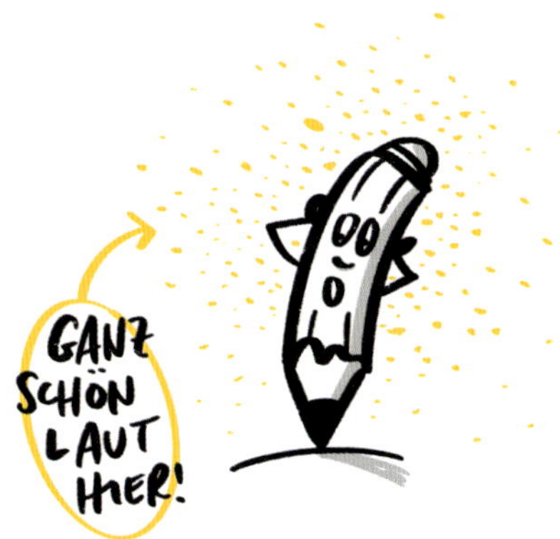


**4.** Mit Speedlines Geräusche oder Störungen sichtbar machen.

**5.** Achtung, am Hochhaus passieren seltsame Dinge …

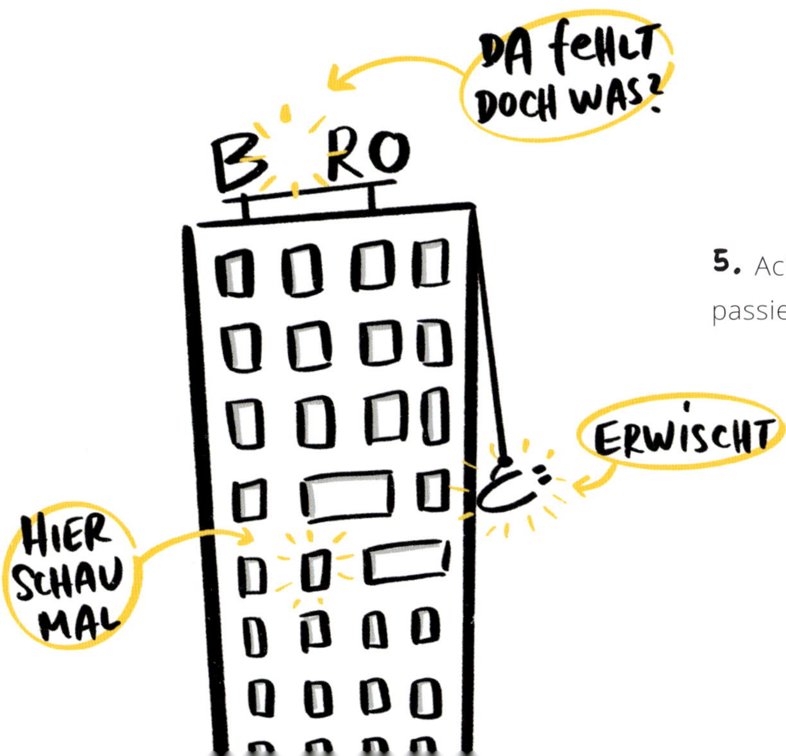

# » Tägliche Routine für Woche ZWEI

Zum Abschluss des Kapitels gibt es meine persönlichen Tipps für eine tägliche Routine in deiner Woche ZWEI.

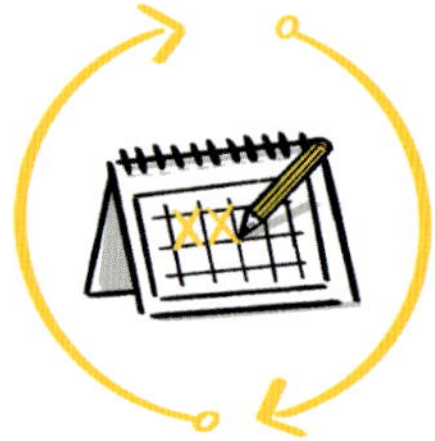

**Zum Warmwerden:**

1. Zeichne an jedem Tag der Woche einen der vier **Warm-ups** (S. 18-20, 34-35), um ins Üben zu kommen. So trainierst du spielerisch deine Kreativität und Motorik. Und du lernst deine Art zu zeichnen weiter besser kennen.

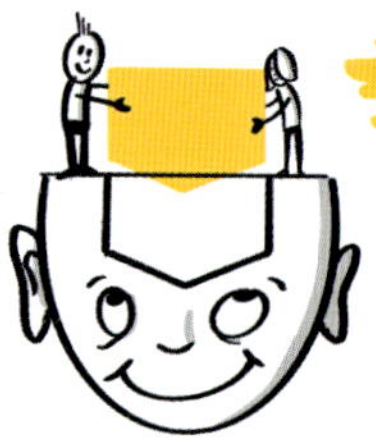

**Zum Vertiefen:**

2. Ergänze die Icons deiner **Visuellen Bibliothek** (S. 26) um die **WOW-Schatten** (S. 38/39). Schau dir dafür die Übung **Schatten-Starter-Icons** auf S. 42 noch einmal an. Ergänze ruhig auch die Blätter der ersten Woche mit deinen Schatten.

3. Markiere mit einer Farbe deiner Wahl verschiedene Aspekte der gezeichneten Icons in deiner **Visuellen Bibliothek**. Achte darauf, welche Wirkung dabei entsteht. Stichwort: Fokussierung, Aufmerksamkeit lenken

4. Zeichne wie in der Übung **Hintergrundstory** (S. 43) die folgenden Situationen mit den Hintergründen: A) Auto auf der Strasse, B) Tasse auf dem Tisch, C) Einfamilienhaus.

5. Bringe deine Icons mit **Speedlines** (S. 44-45) in Bewegung. Starte mit folgenden Icons: A) Tasse, B) Auto, C) Glühbirne. Mache dann mit Icons deiner Wahl weiter.

**Und jetzt viel Spaß bei deiner nächsten Trainingswoche!**

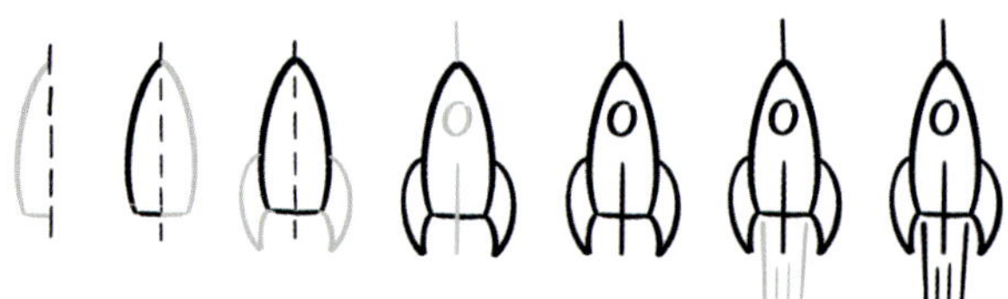

Raketenstart - Strich für Strich

# » CHECK OUT

## Rückblick auf die Woche

Erinnerst du dich noch an deine Icons aus der ersten Woche? Du kannst sie jetzt mit dem WOW-Schatten richtig aufpeppen und effektiv in Szene setzen. Beginne mit dem Schlagschatten. Die Sonne lächelt dabei für dich immer oben links – mit ein bisschen Übung erweiterst du dann dein Schattenspektrum um den Körperschatten. Erst der Mix macht die Zeichnung oft richtig gut. Scheue dich nicht, auch mal falsche Schatten zu setzen, das schult den Umgang mit dem Schatten und du bekommst ein gutes Gefühl für den richtigen Einsatz.

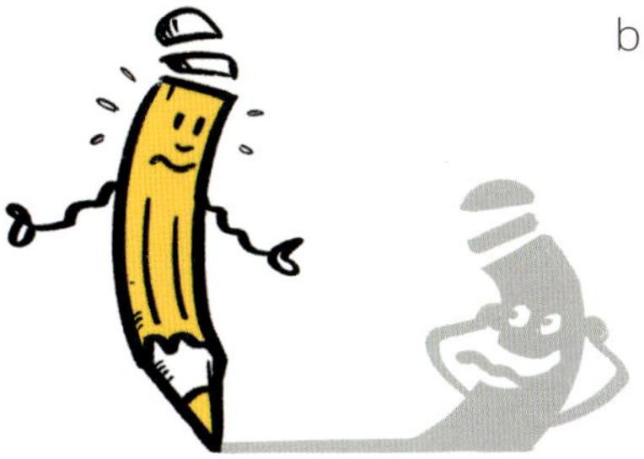

Dank der Speedlines kannst du deine Zeichnungen in Bewegung setzen oder in verschiedenen Zustände darstellen – denke nur an das vibrierende Smartphone oder das fahrende Auto. Auch kleine Geschichten lassen sich schon mithilfe der Bewegungslinien erzählen, zum Beispiel, in welche Richtung das Auto fährt oder wohin das Ü aus dem BÜRO-Schild verschwunden ist. Auch hier gilt: Ausprobieren und keine Angst vor falsch gesetzten Speedlines!

## Dein persönliches Highlight der zweiten Woche

Zeichne auf ein A4-Blatt dein persönliches Highlight der Woche Zwei. Was hat dir gut gefallen? Ich persönlich mag den gezielten und sparsamen Einsatz von Farben und das Spielen mit den Speedlines. Hänge dein Highlight der Woche am besten neben das Highlight der letzten Woche – dann hast du beide Bilder gut im Blick .

**Im nächsten Kapitel und Woche DREI dreht sich alles um Figuren und Emotionen.**

Woche DREI

# Figuren und Emotionen

# » FIGUREN - von Kopf bis Fuß

Figuren haben in Sketchnotes einen festen Platz. Sie können Handlungen vornehmen und deshalb oft mehr erzählen als ein einzelnes Icon. Ich persönlich arbeite total gern mit Figuren. Die kleinen Eyecatcher machen eine Sketchnote lebendig, sie bringen Emotionen rüber und verankern die Zeichnungen noch tiefer bei denjenigen, die sie betrachten.

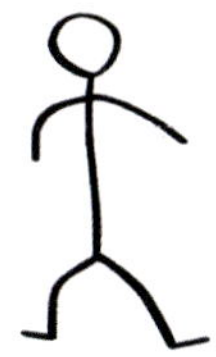

Vielleicht hast du dich selbst schon mit einfachen Varianten, den Strichmenschen, beschäftigt. Du wirst allerdings auch schnell bemerkt haben, wie limitiert du mit ihnen auf dem Blatt Papier bist. Deshalb lernst du jetzt verschiedene Weiterentwicklungen dieser einfachen Variante kennen. Dank kleiner Ergänzungen können auf diese Weise schnell eigenständige Charaktere entstehen, die sich auf deiner Sketchnote tummeln.

Du wirst sehen, die kleinen Figuren sind sehr einfach zu zeichnen und entfalten trotzdem eine große Wirkung. Durch ihre abstrahierte Form ist es egal, ob sie dick, dünn, groß oder klein sind – es bleiben einfach immer putzige und unterhaltsame Figuren.

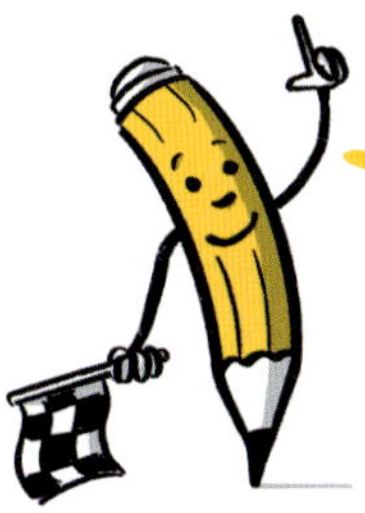

**Meine dritte Workshop-Woche – das erwartet mich**

Du lernst drei unterschiedliche Beispielfiguren kennen und erfährst, wie du sie gezielt als Erzählelement einsetzt. Außerdem entwickelst du verschiedene Charakterköpfe.

# Warm-up KRITZELVOGEL

Unser Auge mag gern Muster, die es erkennt – diese Übung zeigt diesen Effekt mit einfachen Mitteln. Sie geht zurück auf Chris Glynn, einen US-amerikanischen Illustrator. Ich lockere mit dieser Übung gern Meetings oder Workshop-Lektionen auf.

**1.** Zeichne ein paar unterschiedliche Krickelkrakel auf dein Blatt.

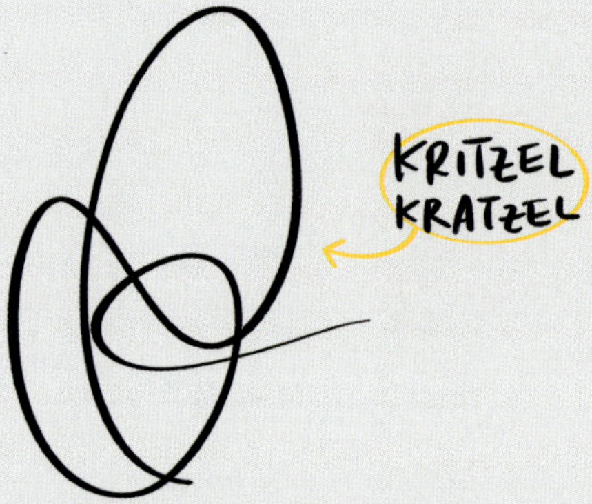


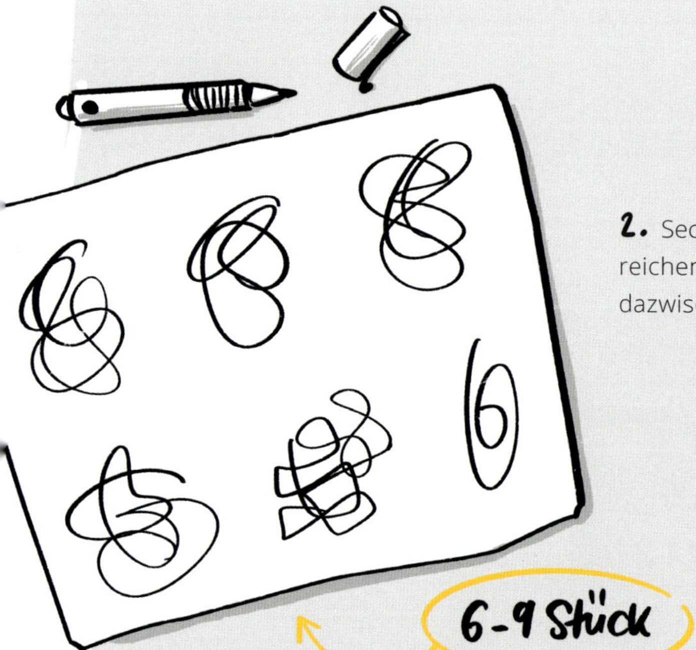


**2.** Sechs bis neun Stück sollten reichen. Achte auf genug Weißraum dazwischen.

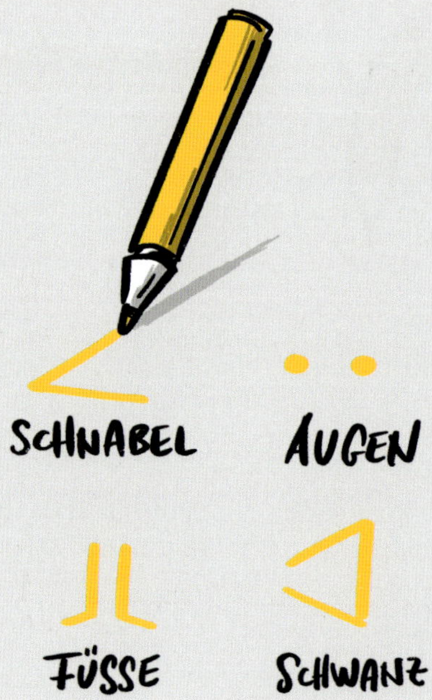


**3.** Jetzt brauchen wir zwei Augen, einen Schnabel, zwei Füße und ein Schwänzchen.

**4.** Setze zuerst den Schnabel an einen Krickelkrakel deiner Wahl – und schon taucht der Vogel auf. Unser Gehirn springt sofort auf dieses Erkennungsmerkmal an. Jetzt folgen Augen, Füße und Schwänzchen.

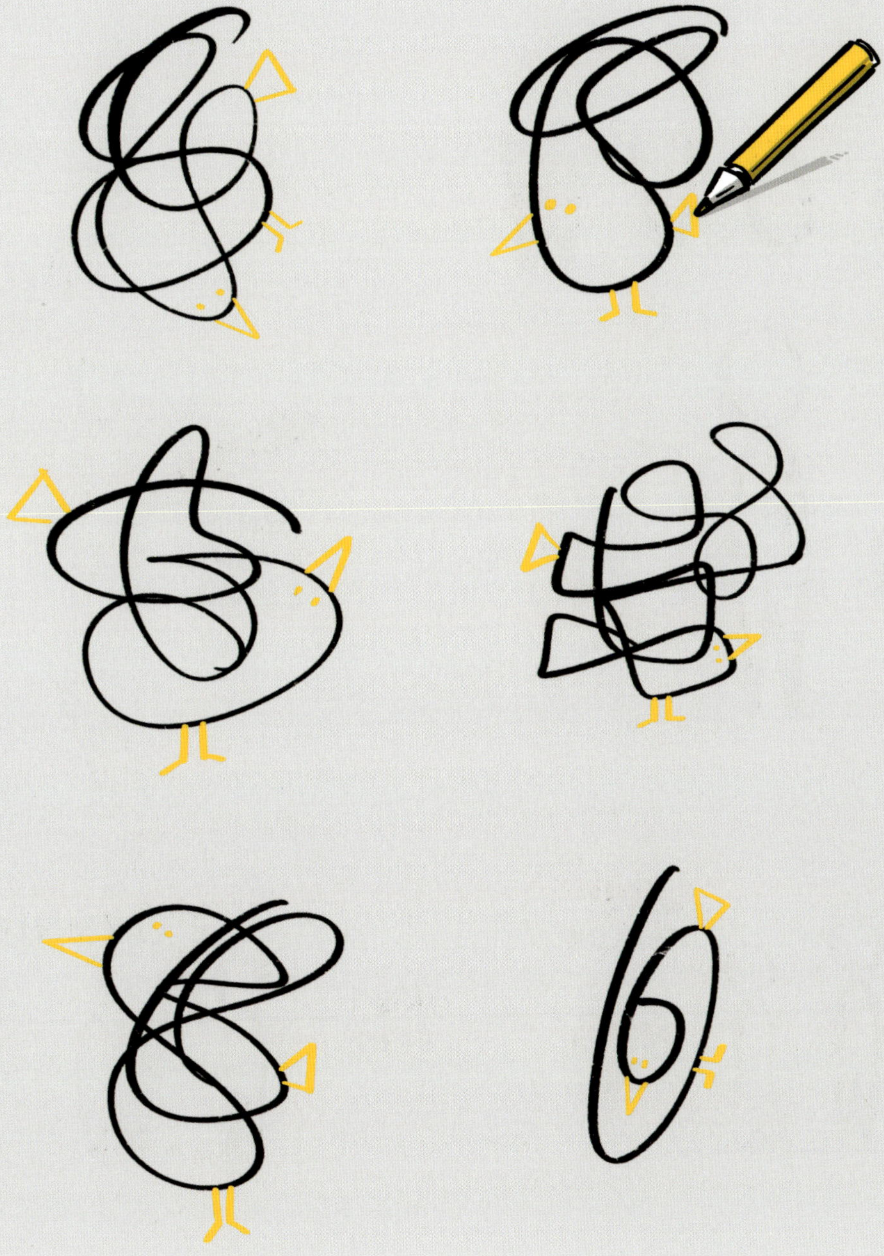

## » Mr. Ouw is in the House

Den Anfang macht mein Favorit, wenn es um schnelle Figuren geht. Ihr Name ist Mr. Ouw, warum sie so heißt, wirst du gleich sehen.

Zeichne zuerst ein O. Setze ein U darunter, das du einfach um 180 Grad drehst. Den Abschluss macht das W. Fertig ist Mr. Ouw – ganz einfach, oder?

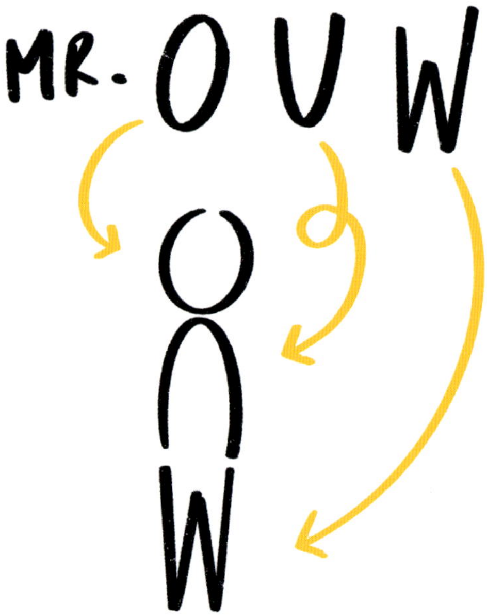


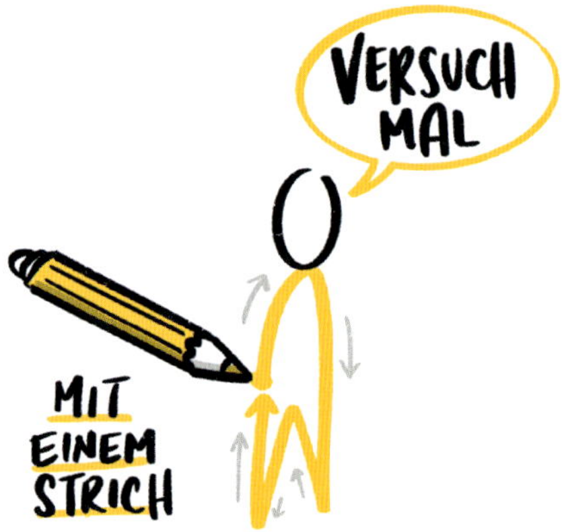


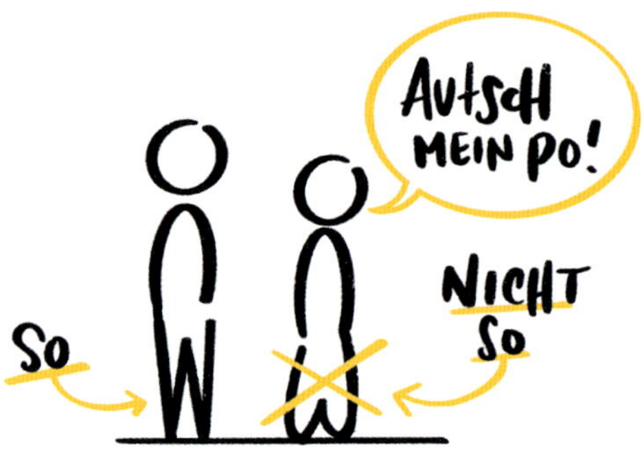


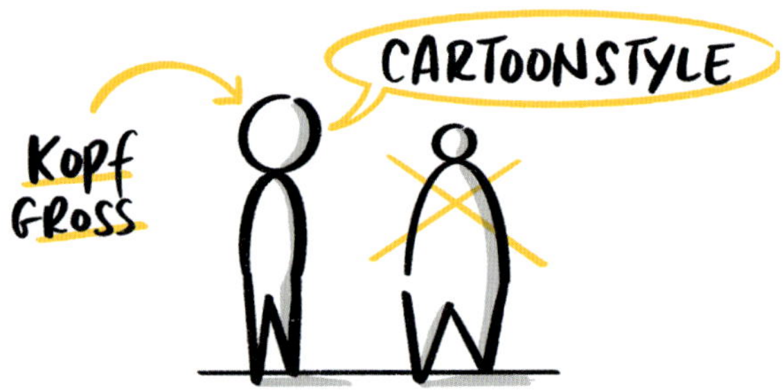

Mr. Ouw ist vielseitig einsetzbar, auch wenn er keine Arme hat. Er macht sich zum Beispiel perfekt im Teammeeting oder in einem Gespräch. Dank passender Accessoires hebt er sich von anderen ab. Mit einem Hut ist er Chef oder Chefin, Wortführerin oder Wortführer oder einfach verantwortlich für das Geschehen.

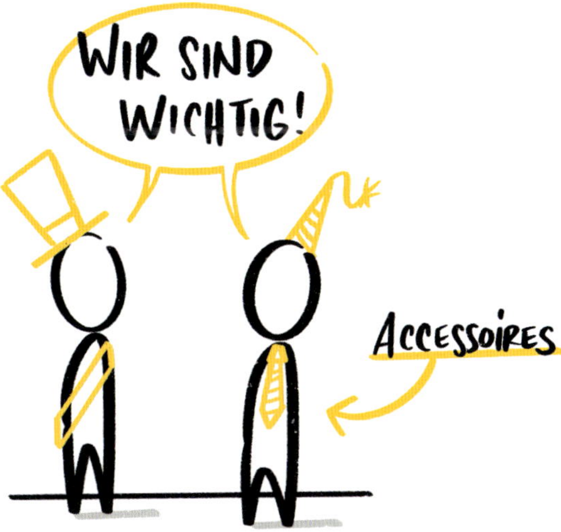


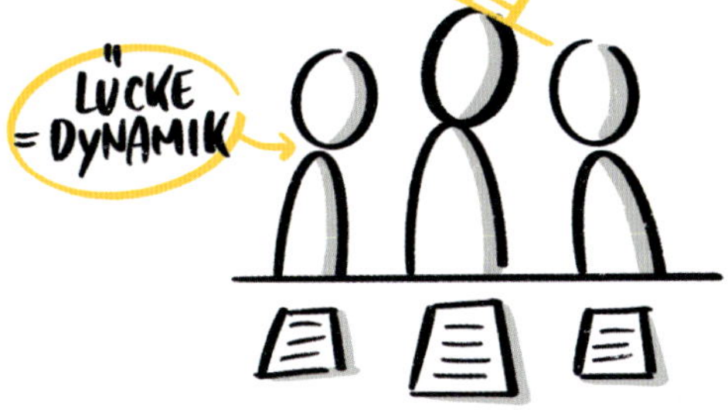


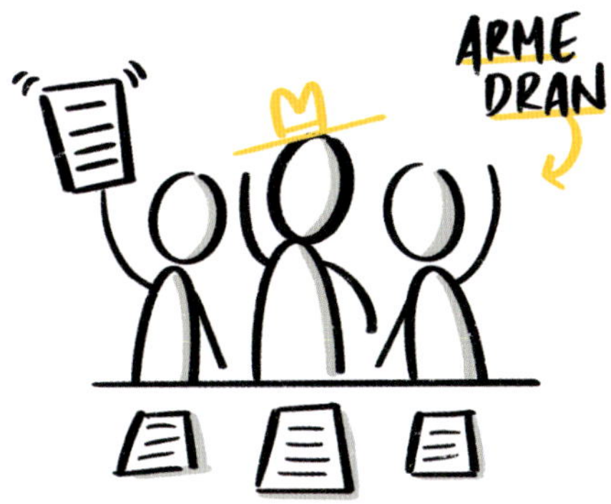


Lasse nun mal das W weg und setze Mr. Ouw an einen Tisch. Schon sind wir in einem Bewerbungsgespräch oder einer Präsentation. Noch ein paar Strichmensch-Arme, damit auch wild gestikuliert werden kann.

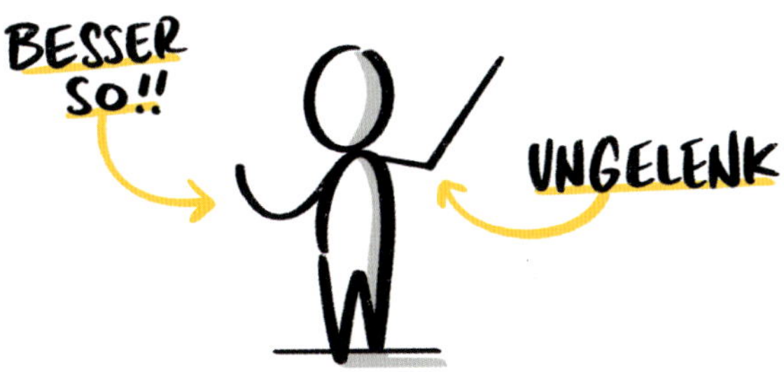


Achte bei den Armen auf einen geschwungenen Strich. Bei abgeknickten Linien stimmt oft das Verhältnis von Ober- zu Unterarm nicht, was dann sehr ungelenk aussieht. Gib den Armen ruhig etwas Schwung.

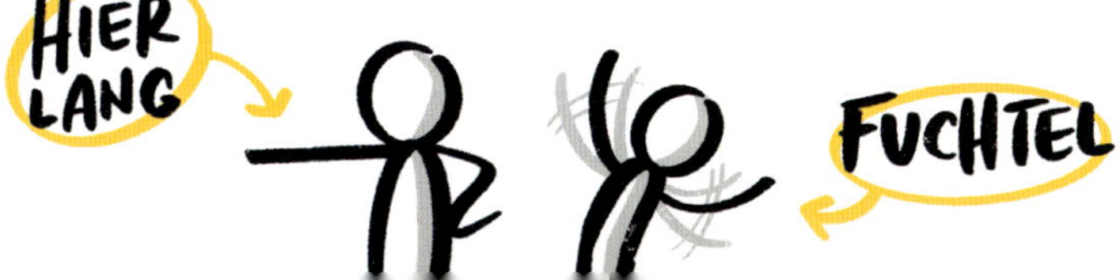

# » Hände ganz einfach

Mit einer Hand machst du deine Figur komplett. Hände sind zeichnerisch eigentlich sehr anspruchsvoll, man könnte darüber ein ganzes Kapitel schreiben. Beim Sketchnoten machen wir es uns einfacher. Wir ignorieren einfach die Anatomie und greifen auf einfache Formen zurück.

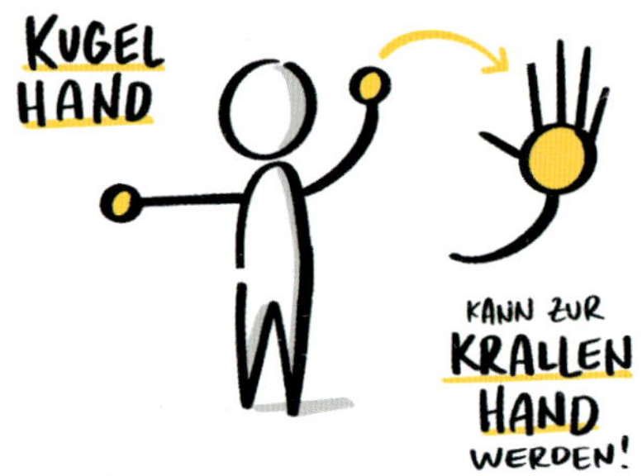


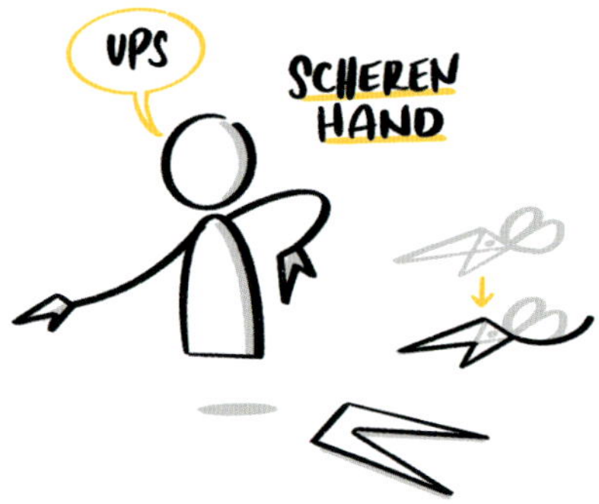


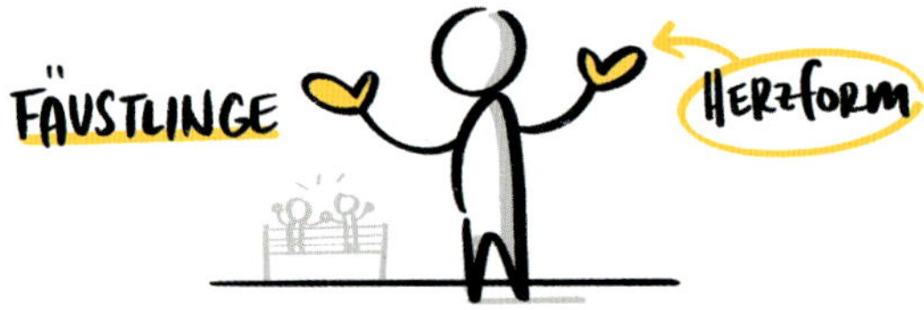


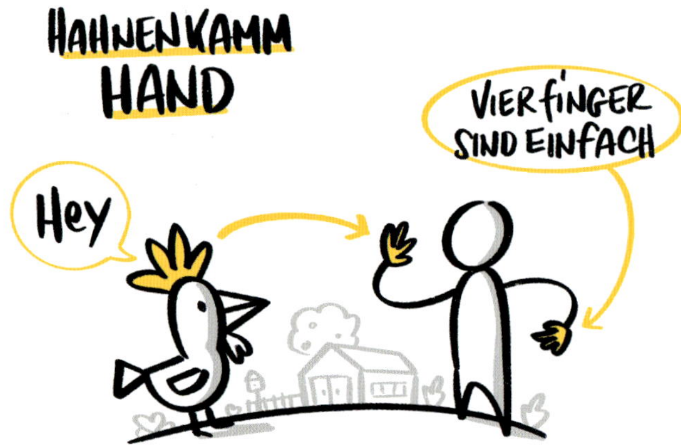


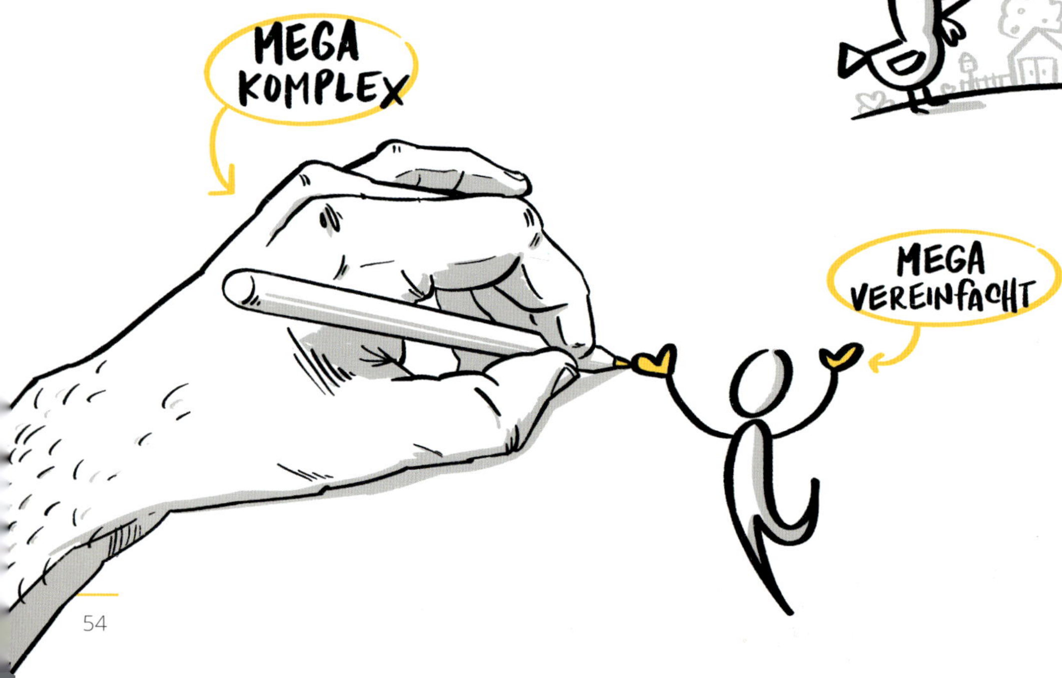

## ÜBUNG Demo für MEHR EIS

Mehr Eis? Auf dieser Demo bist du doch sicher auch zu finden! Beim Zeichnen deiner kleinen Demonstration für „Mehr Eis“ wirst du sehen, dass sich schon vieles zusammenfügt, was du in den letzten drei Wochen gelernt hast.

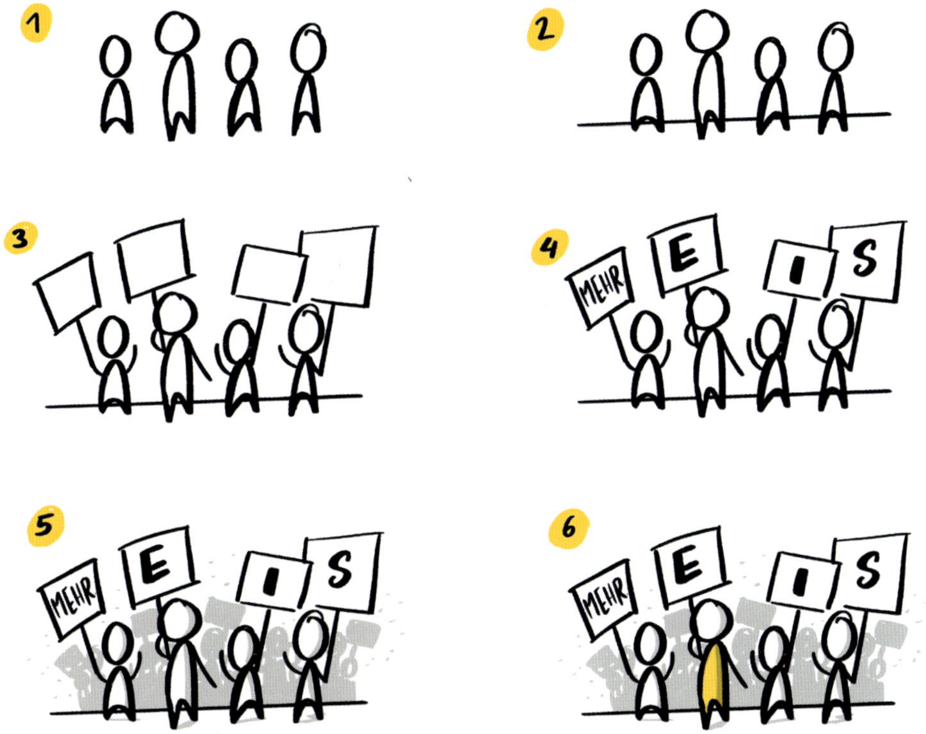


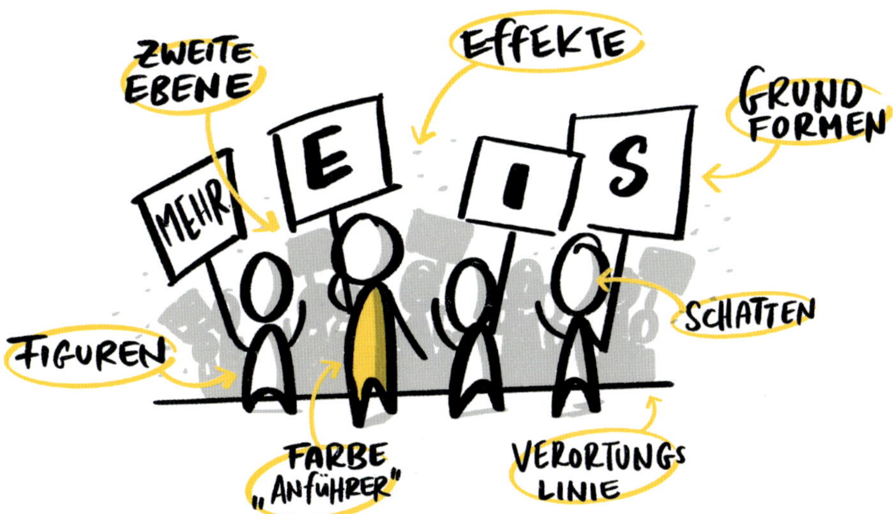

# » Miss Star ist da

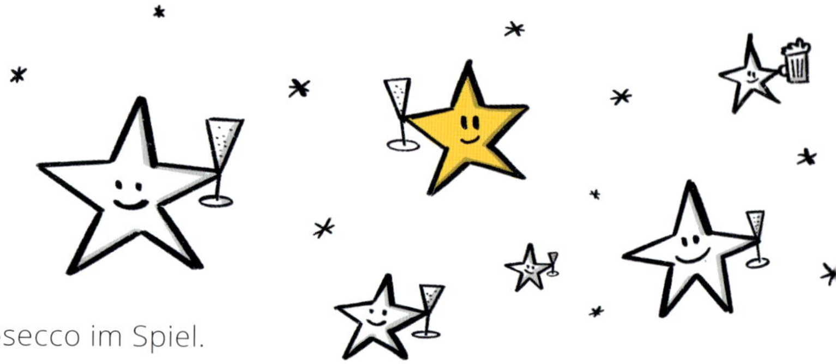

Miss Star fiel einst vom Sternenhimmel auf die Erde – man munkelt, es war Prosecco im Spiel. Mr. Ouw fand die gestrandete Miss Star und nahm sie mit nach Hause.

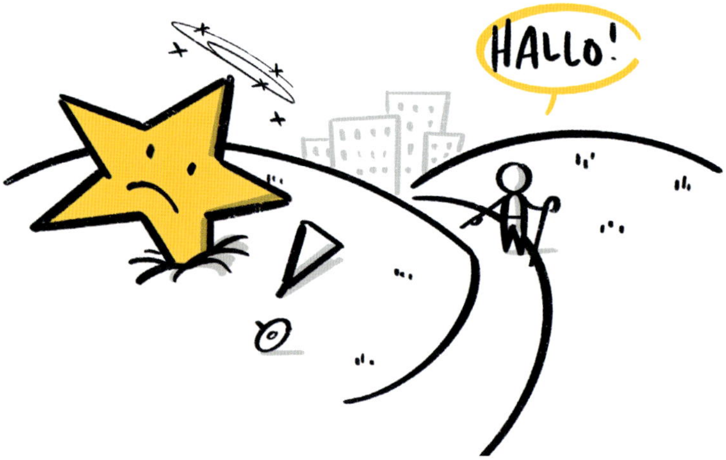


Allerdings: Als Stern lebt es sich nicht gerade unauffällig unter all den Ouws. Deswegen leiht sich Miss Star den Kopf von Mr. Ouw und ersetzt ihre obere Zacke damit. Und schon ist eine reizende Sternenfrau entstanden, die bestens in der Ouw-Welt zurechtkommt.

**TIPP: Bildergeschichten**

***Die (selbsterfundene) Background-Story von Miss Star liefert genug Material, um die Geschichte mit kleinen Sketches zu begleiten. So entsteht eine erste kleine Bildergeschichte.***

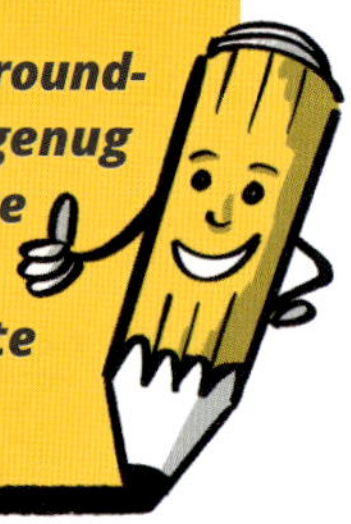

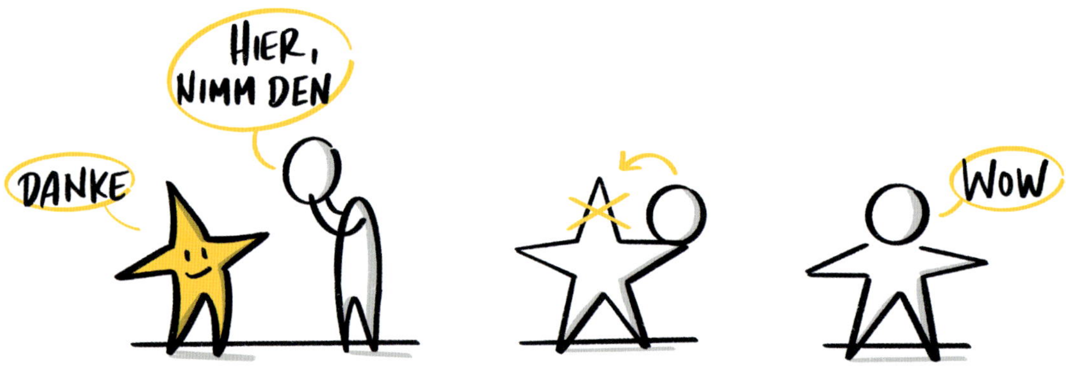

Für Sketchnotes ist Miss Star ein wahres Allroundtalent. Sie ist auch eine beliebte Netzwerkerin. Und sie eignet sich, um Mengenverhältnisse darzustellen, denn sie wird immer als Figur erkannt – egal, wie klein sie ist. Dank ihres Sternenkörper ist sie, was Arme und Beine betrifft, sehr flexibel.

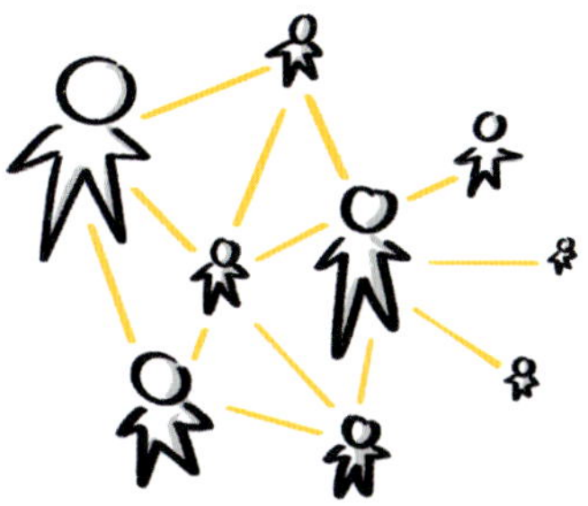

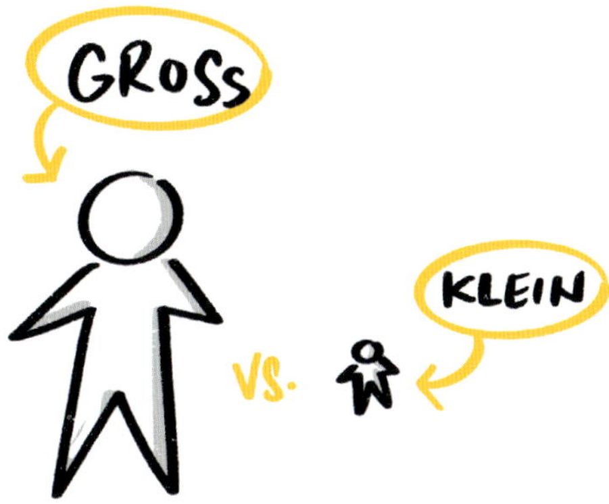


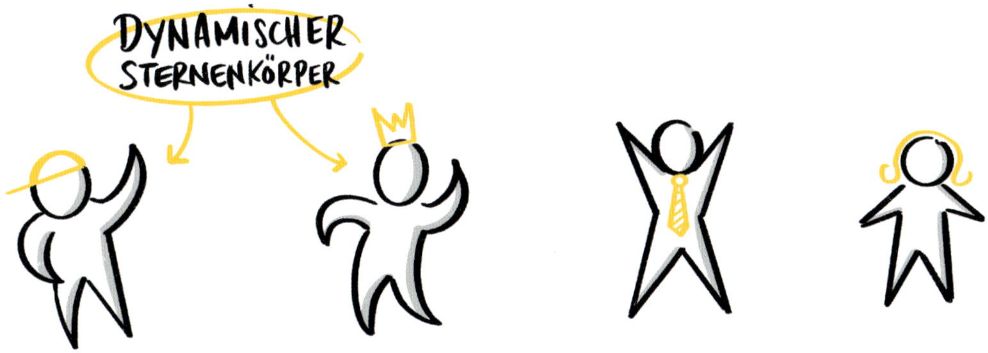


Klar, dass die beiden am Ende heiraten, oder? Mit den richtigen Accessoires ist das Brautpaar schnell zu erkennen. Die beiden geben ein schönes Paar ab und leben glücklich bis zum Ende aller Sketchnotetage auf dem Papier zusammen.

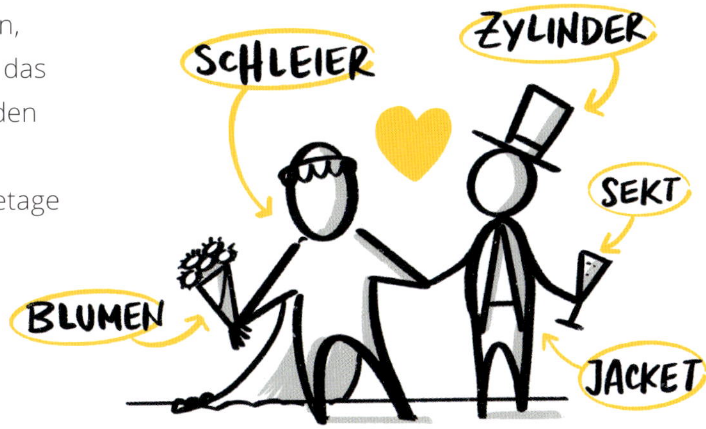

## » Wo ist die Action, Mr. Gum?

Mr. Gum bringt Bewegung und Dynamik in deine Sketchnotes. Das Prinzip ist einfach: ein Kreis als Kopf und ein Rechteck als Körper, dazu Stricharme und -beine. Achte bei den Armen und Beinen auf die Punkte, an denen die Gelenke abknicken. Dann kannst du schnell viele tolle Posen zeichnen.

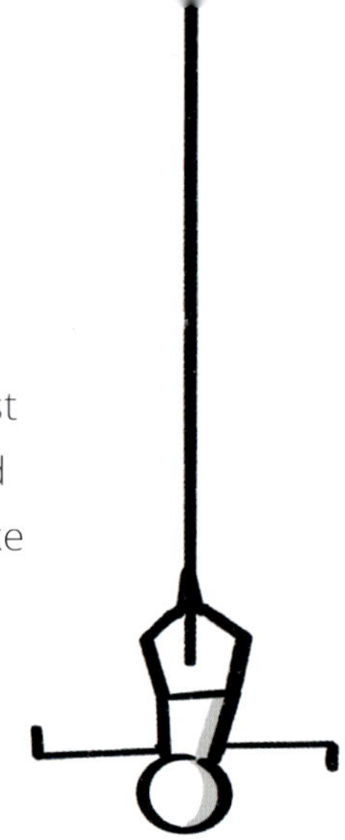

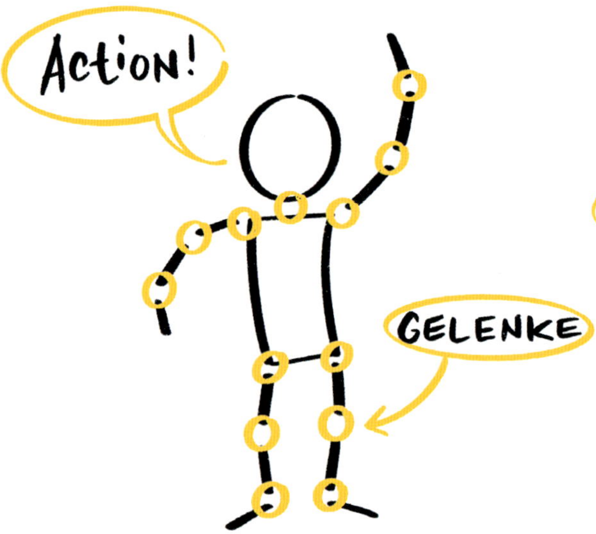


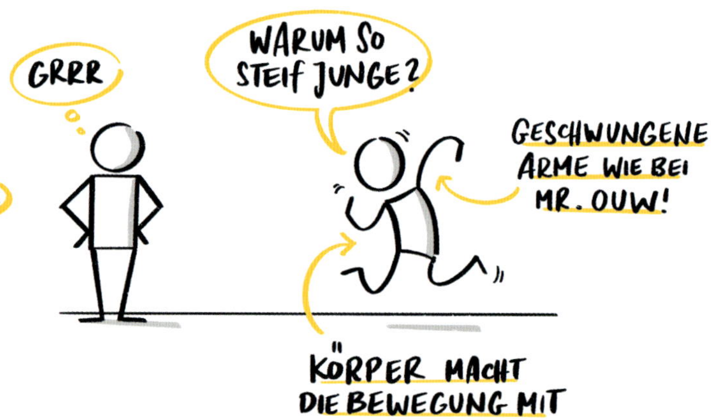


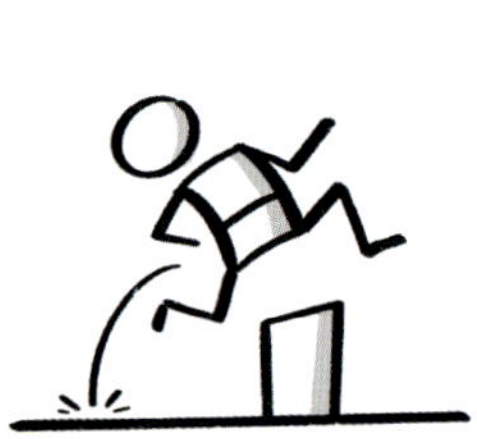

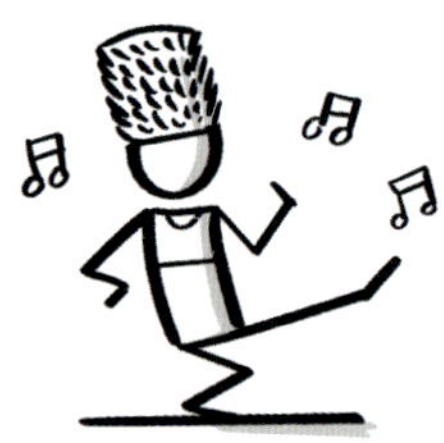

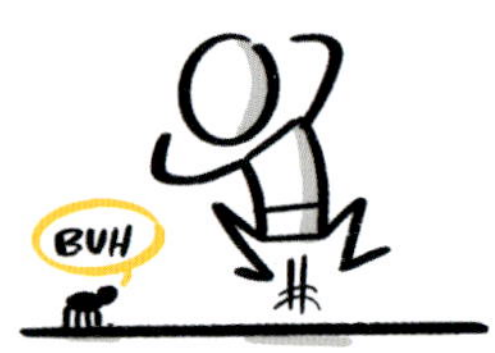


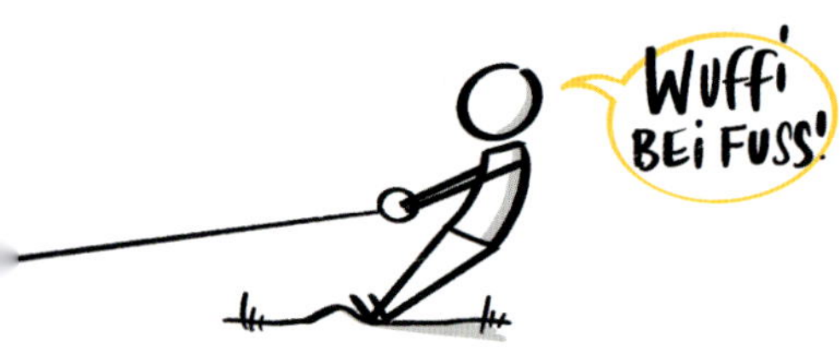


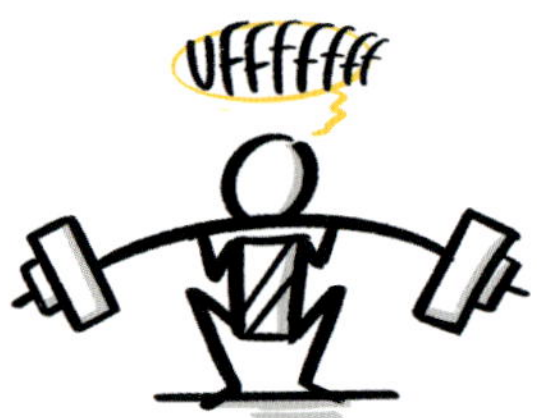


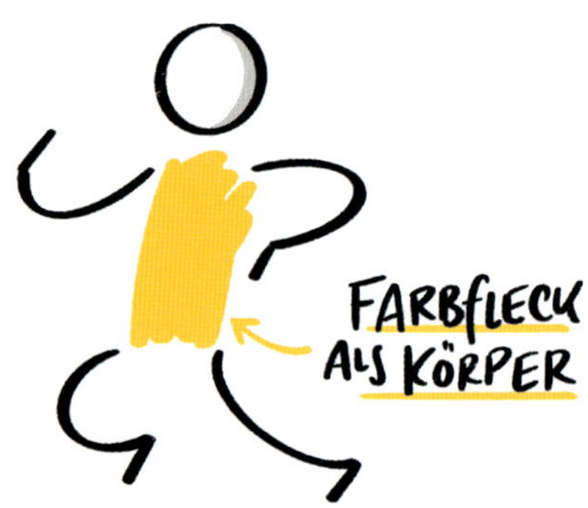

## ÜBUNG Rumposen

Stelle dich vor den Spiegel, nimm zehn verschiedene Posen ein und zeichne diese. Wer Yoga oder ein Dehnprogramm macht, kann auf diese Weise seine Haltungen und Abläufe zeichnerisch festhalten und sich merken. Die Umsetzung ist einfach und klar.

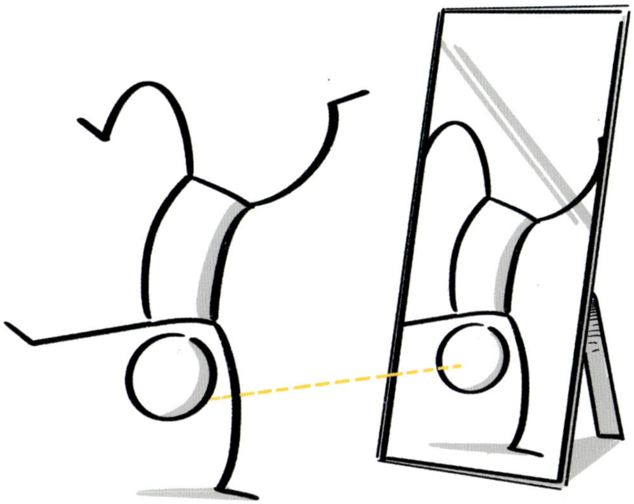

**10 Posen zum Start:**

- Auf einem Bein
- Arme nach oben
- Auf den Knien
- Meditieren
- Schneidersitz/Lotussitz
- Vierfüßler
- Denkerpose Hand am Kinn
- Hampelmann
- Hände in die Hüften
- Rennen

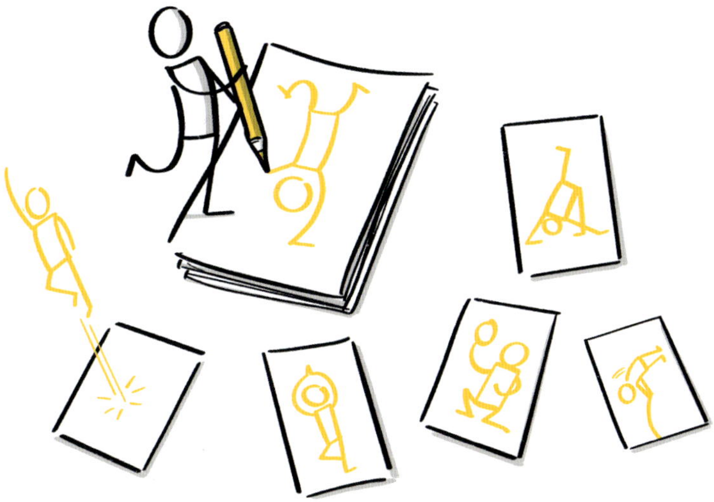

## » Gesichter sind Leben

Noch sind deine Figuren ohne Gesicht. Damit ist jetzt Schluss! Aber es bleibt einfach – die folgenden drei Grundformen der Mimik reichen oft aus. Damit kommst du in der Visualisierung schon ziemlich weit.

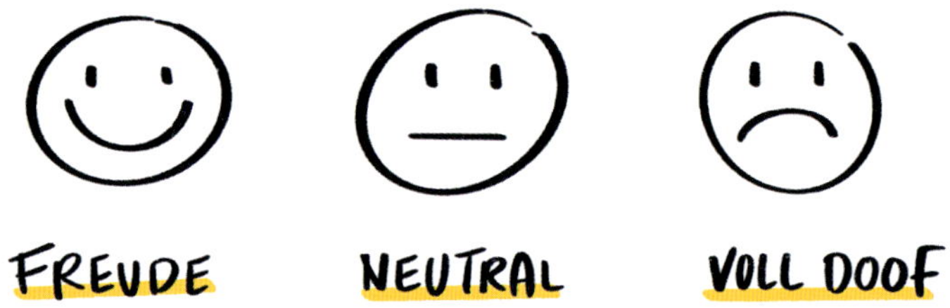


Wenn du ein bisschen weitergehen möchtest, kannst du dich an Augenbrauen wagen. Damit kannst du viele Gesichtausdrücke noch verstärken. Aber Vorsicht: Hier kann es Missverständnisse geben, wenn die Mimik nicht sofort entschlüsselt wird. Weniger ist hier oft mehr.

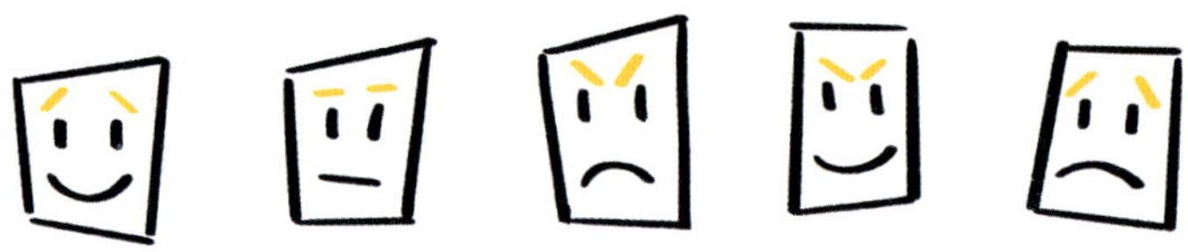

Wo soll die Figur hinschauen? Mit diesen Kniffen schaut sie nach rechts oder links – dazu brauchst du entweder die Nase oder die vertikale Gesichtsachse.

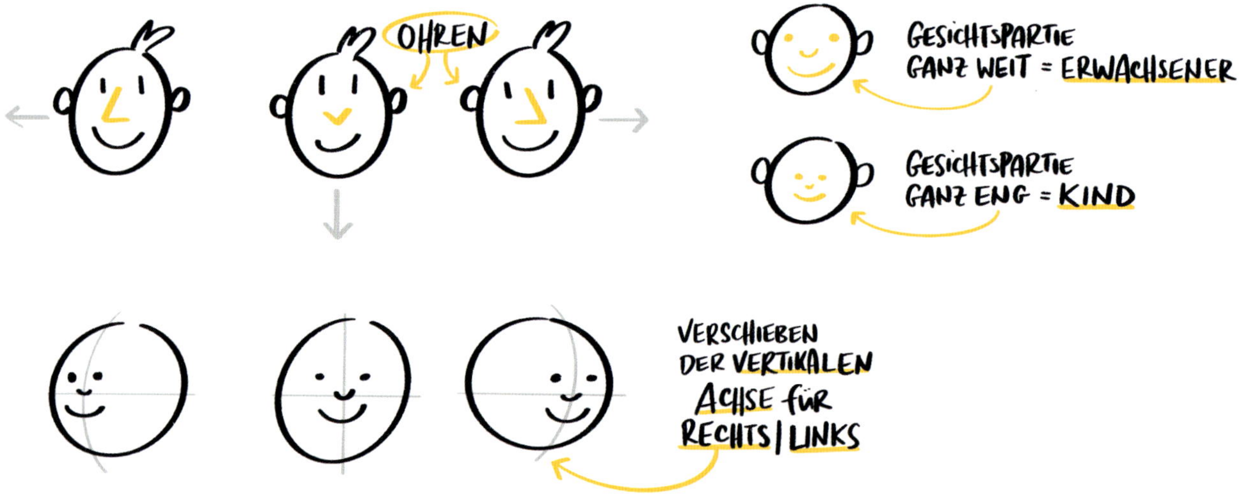

## ÜBUNG Viele Köpfe

Jetzt schauen wir uns Köpfe und Gesichter noch genauer an. Wie schaffst du es, sie unterschiedlich darzustellen? Ich löse das gern über die Haare, den Gesichtsausdruck und einige Accessoires. Mache dazu folgende Übung.

1. Zeichne sechs Us auf dein Papier

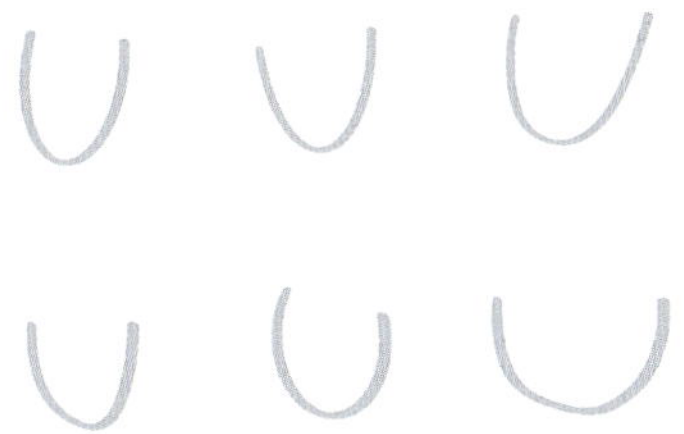

2. Setze den Us Haare auf

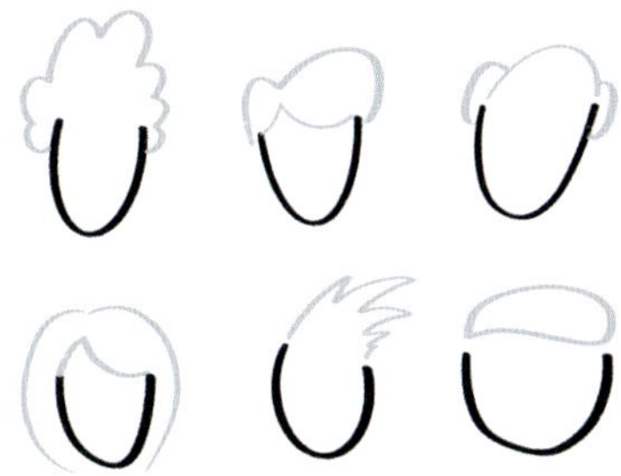

3. Augen und Nasen dazu

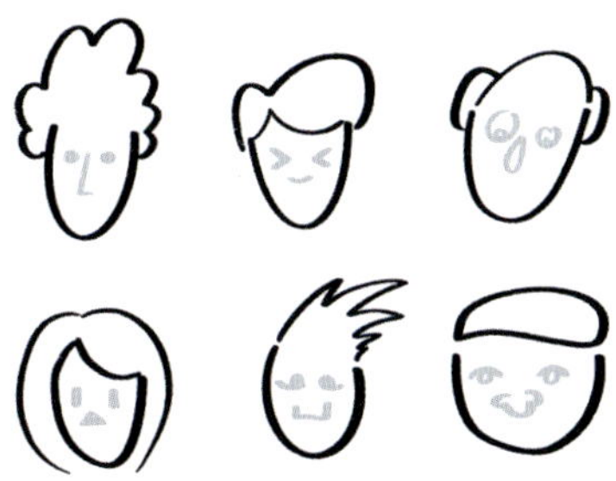

4. Mund und Ohren folgen

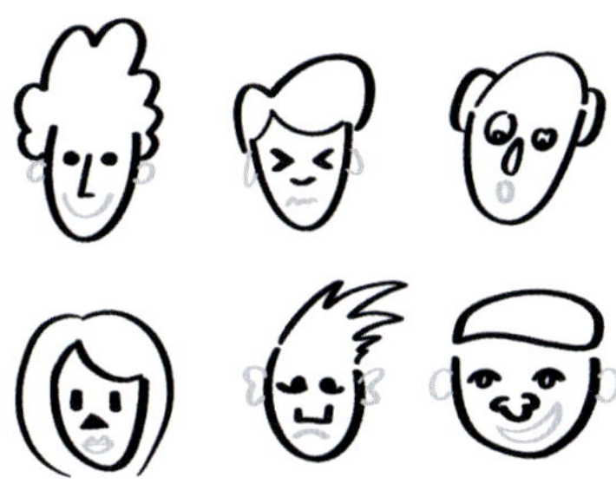

5. Dann einige Accessoires

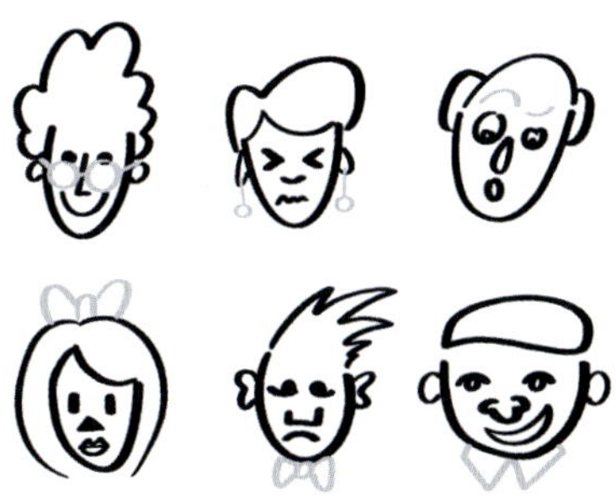

6. Vergiss Schatten und Farbe nicht

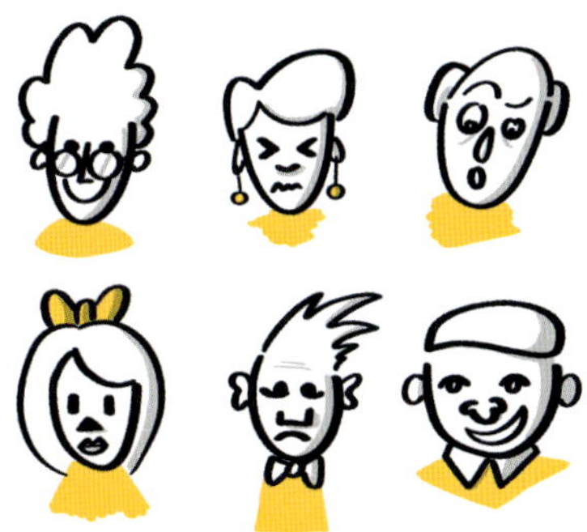

**Fertig sind deine Gesichter – jedes anders, oder?**

# ÜBUNG Seitenwechsel

Hier kannst du jetzt noch üben, deine Figuren in Action zu zeigen. Am besten, indem du sie ein gezeichnetes Problem kreativ lösen lässt. Eine Sketchnote lebt von der Interaktion der Figuren – so kannst du Sachverhalte und Situation erzählerisch darstellen. Deine Sketchnote wird damit zum Ein-Bild-Cartoon. Und genauso starten wir in diese Übung. Deine Situation heißt in diesem Fall: einen Graben überwinden.

**1.** Zeichne sechs Rechtecke aufs Papier und füge anschließend mit deinem grauen Stift verschiedene Grabenvarianten ein. Alternativ geht auch sechsmal die gleiche Situation.

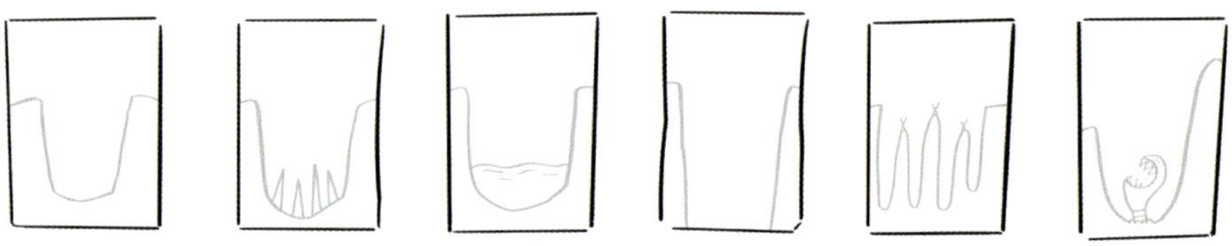

**2.** Jetzt brauchst du nur noch kreative Einfälle, wie deine Figur die Gräben überwinden kann.

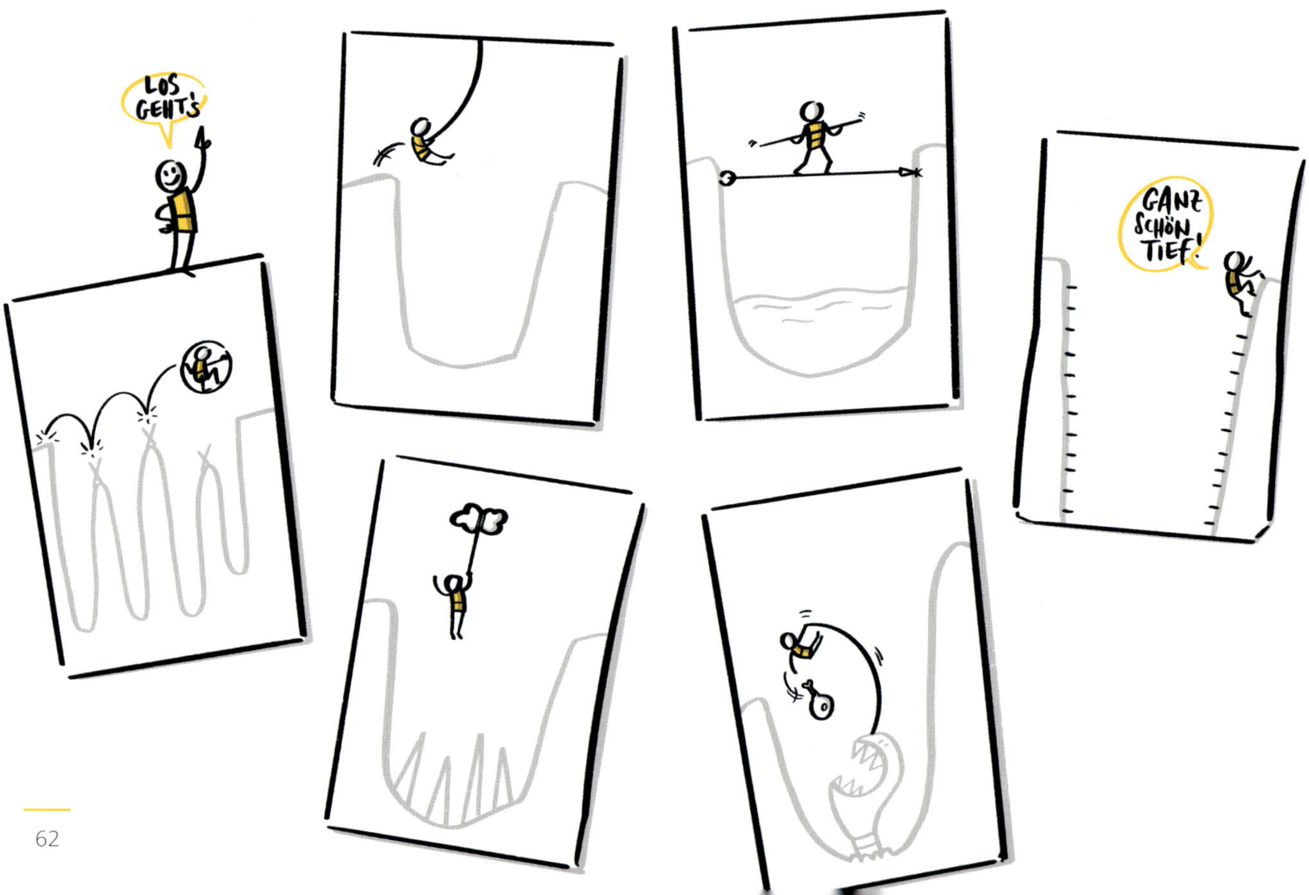

# » PERSPEKTIVE am HORIZONT gesichtet

Tiefe in einer Zeichnung erzeugt man gern mit Perspektive. Hier kannst du das ganz einfach anhand der Figuren sehen. Zunächst stehen alle Figuren auf einer Linie vor dem gezeichneten Horizont. Sie sind dem Betrachter gleich nah.

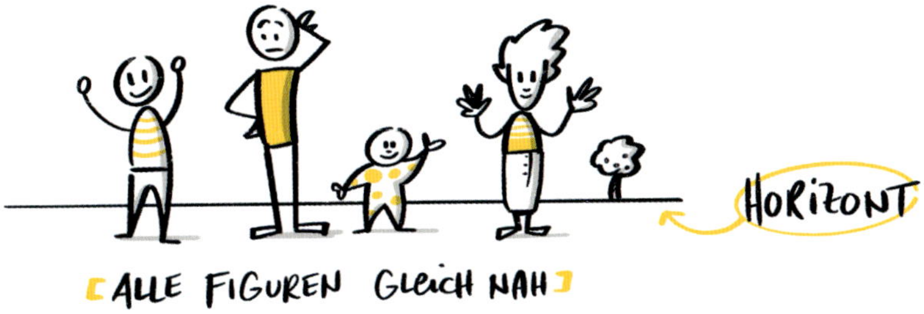


Am Horizont siehst du einen Baum. Dieser bleibt immer gleich groß, denn er steht auf der Horizontlinie. Alles, was sich jetzt zwischen Betrachter und Horizontlinie hin und her bewegt, verändert seine Größe. Soll eine der Figuren sehr weit weg sein, schiebst du sie näher an die Horizontlinie und verkleinerst sie. Kommt sie näher, wird sie größer. Durch diese Größenperspektive entstehen Tiefe und Raum in einer Zeichnung.

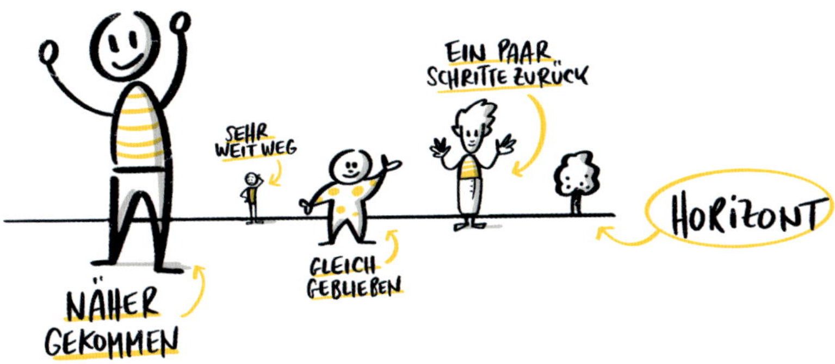


Lässt du die Größe deiner Figur gleich, kann sie nahe am Horizont ein Riese werden. Rückt sie näher, wird sie in der Wahrnehmung kleiner, wie ein Zwerg.

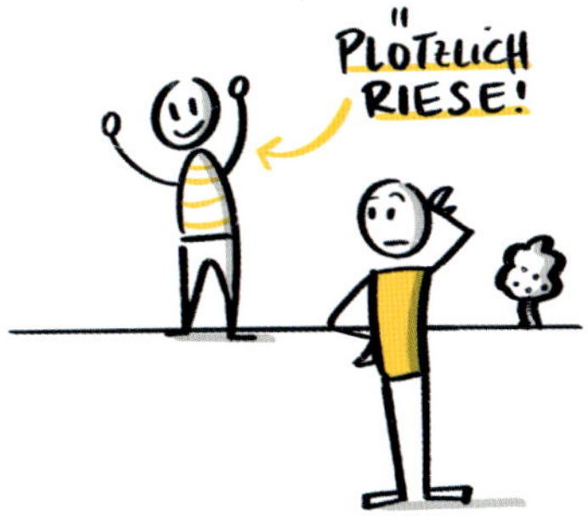

# » Tägliche Routine für Woche DREI

Zum Abschluss des Kapitels gibt es meine persönlichen Tipps für eine tägliche Routine in deiner Woche DREI.

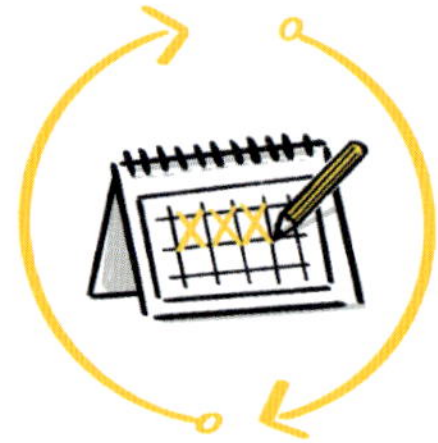

**Zum Warmwerden:**

1. Zeichne an jedem Tag der Woche einen der **Warm-ups** (S. 18-20, 34/35, 50/51), um voller Energie zu starten. So hilfst du deiner Kreativität und Motorik auf die Sprünge. Dabei verfestigst du deine Bewegungsabläufe und deine Zeichenroutine.

2. Bleibe an deiner **Visuellen Bibliothek** dran – Ende der Woche hast du 21 Tage geschafft.

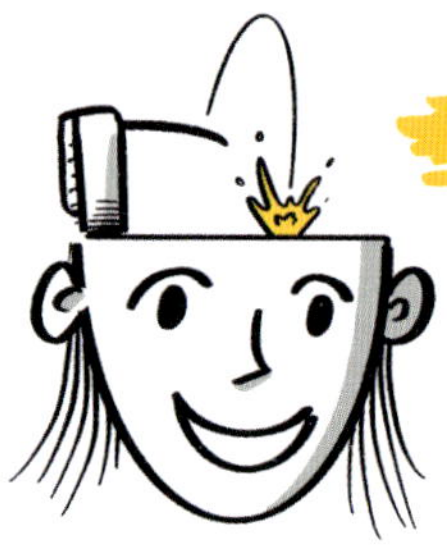

**Zum Vertiefen:**

3. Mixe die drei **Figuren** Mr. Ouw, Miss Star und Mr. Gum und kreiere so deine eigenen Figuren. Zeichne mindestens ein Blatt mit sechs Figuren voll. Mehr geht immer.

4. Zeichne jeden Tag sechs unterschiedliche **Gesichter** mit Hilfe der Übung auf S. 61.

5. Wähle täglich sechs Icons aus deiner **Visuellen Bibliothek** und verknüpfe sie mit einzelnen Figuren. Beispiele können sein: Smartphone plus Figur, Auto plus Figur, Haus plus Figur ...

6. Für ganz Motivierte: Mache die Übung **Seitenwechsel** (S. 62) und trainiere so dein zeichnerisches Erzählen.

**Und jetzt viel Spaß beim Üben!**

Mit dem kleinen „b" kann der erhobene Zeigefinger schnell dargestellt werden

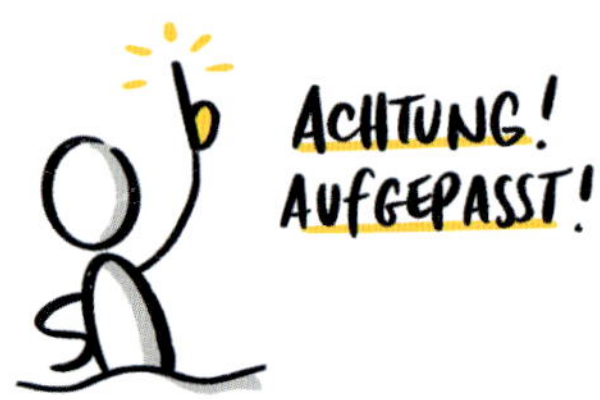

# » CHECK OUT

## Rückblick auf die Woche

„Figuren" sind das Thema dieses Kapitels, und mit den drei vorgestellten Figuren Mr. Ouw, Miss Star und Mr. Gum hast du schon eine gute Basis. Auf dieser lassen sich viele weitere Figuren entwickeln, mit oder ohne Arme. Verschiedene Accessoires tragen dazu bei, die Rolle einer deiner Figuren zu verstärken oder zu verändern – die Figur hebt sich von den anderen ab, wird zur Chefin oder sogar zum Superstar.

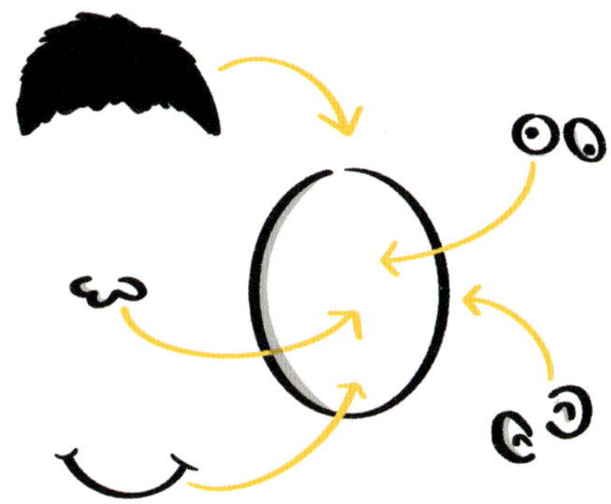

Dank der vielfältigen Möglichkeiten, einen Kopf mittels Haaren, Augen, Nasen und Mund verschieden zu gestalten, kannst du gezielt und schnell unterschiedlichste Charaktere erschaffen. Mit der Perspektive und der Verortungslinie als Horizont erzeugst du Tiefe. Eine tolle Möglichkeit, die deinen Geschichten noch mehr Raum zum Erzählen gibt. Du bist also nach den ersten drei Kapiteln schon weit gekommen: Das Zusammenspiel des bisher Gelernten ermöglicht es dir, schon ziemlich ausgereifte Sketches wie zum Beispiel die Demo für mehr Eis (S. 55) zu zeichnen.

## Dein persönliches Highlight der dritten Woche

Zeichne auf ein A4-Blatt dein persönliches Highlight der Woche Drei. Was hat dir besonders gefallen? Ich persönlich mag Mr. Gum und das Spiel mit der Tiefe durch die Perspektive. Hänge dein Highlight der Woche am besten neben die anderen Highlights – das motiviert dich weiterhin.

**Im nächsten Kapitel und Woche VIER dreht sich alles um Schrift und Bild.**

Woche VIER

# Schrift und Bild

## » SCHRIFT und BILD – Hand in Hand

Schrift gehört zu einer Sketchnote einfach dazu – nur in Kombination mit Schrift kann ein Bild gezielte Wirkung entfalten. Der Text begleitet die Zeichnung und erweitert so deren Bedeutungsebene. Er kann auf viele Weise in die Zeichnung integriert werden. Ich arbeite beispielsweise gern mit Dialog-Text in Sprechblasen, um Situationen oder Sachverhältnisse klar zu machen, zu emotionalisieren oder inhaltlich zu verstärken. Wenn wir uns Texte näher anschauen, dann gliedern sie sich oft in drei Kategorien – es gibt Überschriften, Stichworte und kürzere Textfragmente.

ÜBERSCHRIFT STICHWORTE TEXTFRAGMENTE

Eine Überschrift gibt einen Themenüberblick, Stichworte können uns kurze und einprägsame Wissenssnacks näherbringen und Textfragmente können Zitate, wörtlich Rede oder tieferes Wissen sein.
Das Schöne im Hinblick auf Sketchnotes ist: Wir können die drei Kategorien auch unter einem Gestaltungsaspekt sehen. Überschriften lassen sich als Schmuckelement ausgestalten, Stichworte mit Farbe hervorheben und die Textfragmente in die Zeichnung integrieren. Das strukturiert deine Sketchnote und macht sie auf diese Weise noch harmonischer und optisch zugänglicher. Auf den nächsten Seiten erfährst du mehr dazu.

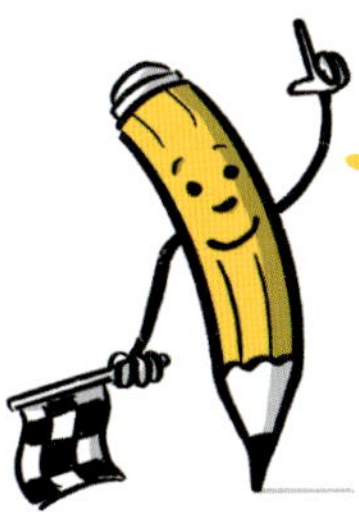

**Meine vierte Workshop-Woche – das erwartet mich**

Du lernst, Text und Bild harmonisch zusammenzubringen und dabei Buchstaben auch als Gestaltungselemente einzusetzen.

# Warm-up 5-PUNKT-FIGUR

Bevor es ans Thema Schrift geht, hier zuerst ein kleines Warm-up für dich. Die Übung lautet: Wie bringe ich meine Figur in Bewegung?

**1.** Zeichne fünf Punkte auf dein Papier. Achte darauf, dass sie nicht zu weit auseinanderliegen. Ungefähr so.

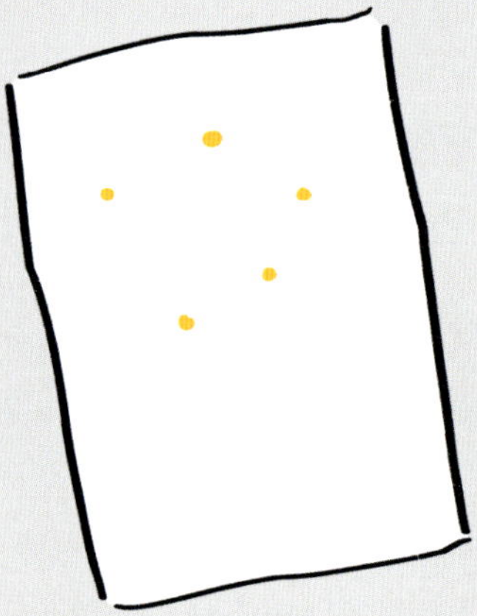

**2.** Alle fünf Punkte haben eine Bedeutung: ein Punkt ist das Auge, zwei sind die Hände und die anderen zwei markieren die Füße. Je nachdem, wie du die Punkte gesetzt hast, befindet sich deine Figur nun in einer bestimmten Pose.

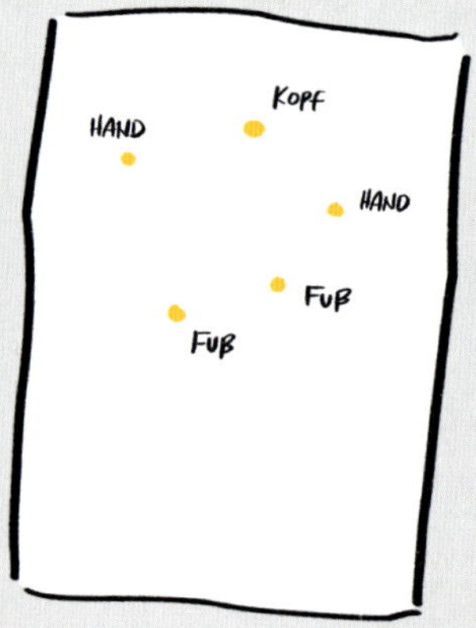


**3.** Zeichne am besten zuallererst den Kopf. Für den Körper suchst du dir dann die Position für die Hände und zeichnest sie als nächstes. Dann sind die Füße an der Reihe. Vollende deine Figur. Zum Start fällt es mit Mr. Gum am leichtesten.

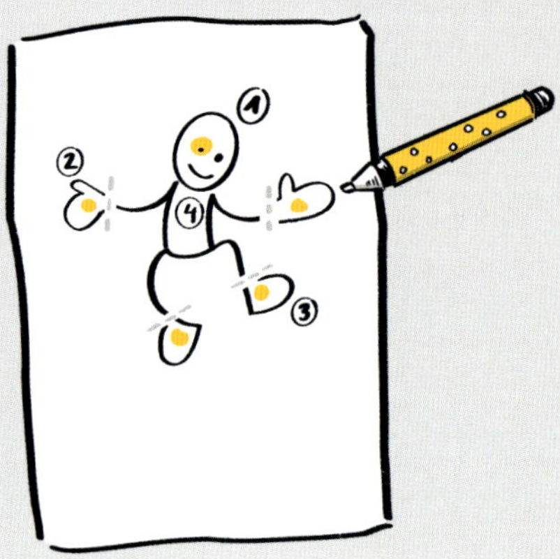

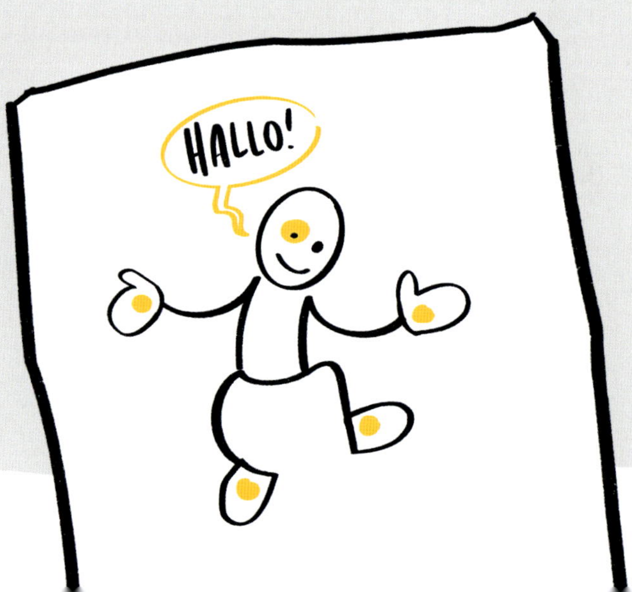

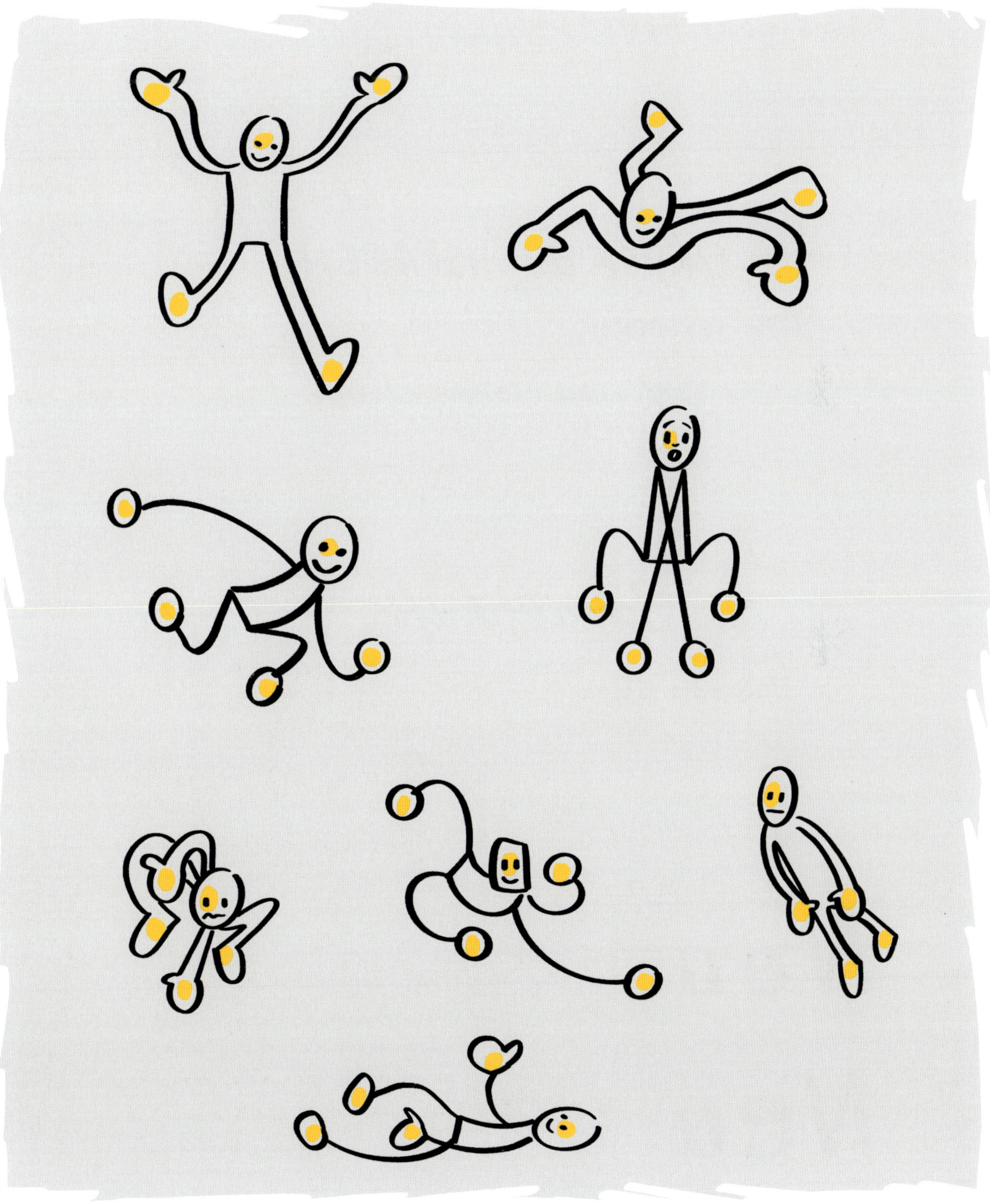

# » Das eigene Schriftbild

Vertraue in deine Schrift – sie ist die Grundlage für deine Schriftgestaltung. Wenn du meinst, du hast eine unsaubere Handschrift, versuche es mit Druckbuchstaben und übe diese.

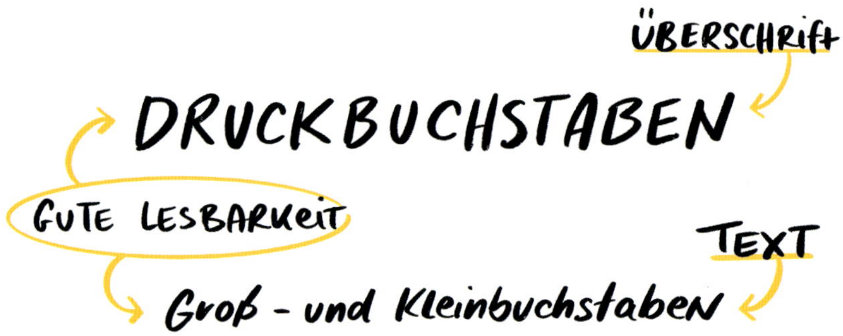


Verwende keine verschnörkelte Schreibschrift – es sei denn, du setzt sie als Schmuckelement ein. Eine gut lesbare Schrift ist für jede Sketchnote super wichtig.

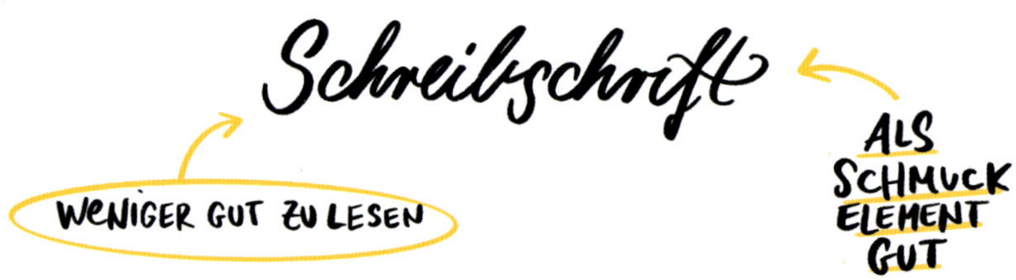


Eine schöne, lesbare Handschrift hingegen ist nützlich und du solltest sie „kultivieren“. Hier zeige ich dir einen einfachen Trick dafür: das Verschieben der x-Höhe.

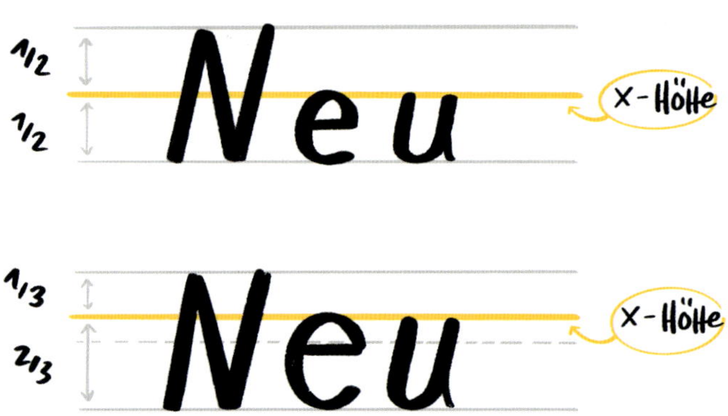


**Die x-Höhe**

Die x-Höhe bestimmt die Höhe der Kleinbuchstaben. Oft nimmt sie die Hälfte eines Großbuchstabens ein – aber dadurch entsteht ein geringerer Lesekontrast. Wenn du sie dagegen im Verhältnis zwei Drittel zu einem Drittel nach oben ziehst, wird das Schriftbild ruhiger und besser lesbar. Probiere es aus!

## » Meine Art zu schreiben

Ich verwende fast nur Druckschrift und mische mittlerweile Groß- und Kleinbuchstaben. Ich mache das nicht mehr wirklich bewusst, es ist einfach zu meinem Stil geworden. Dazu inspiriert haben mich die Arbeiten anderer Illustratoren und Illustratorinnen im Kinderbuch- oder Comicbereich.

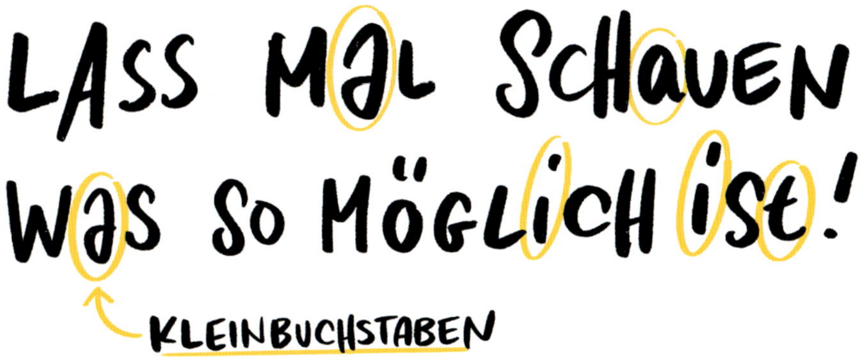


Wörter, die beispielsweise auf -ung enden, lassen sich toll mit Schreibschriftbuchstaben abschließen.

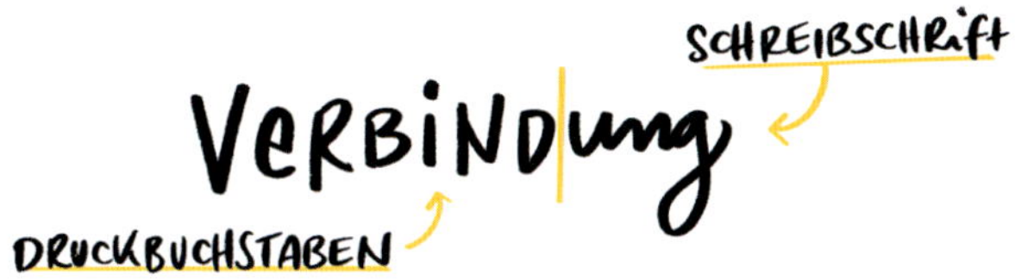


Ein und derselbe Buchstabe hat oft verschiedene Formen – mit denen spiele ich gern.

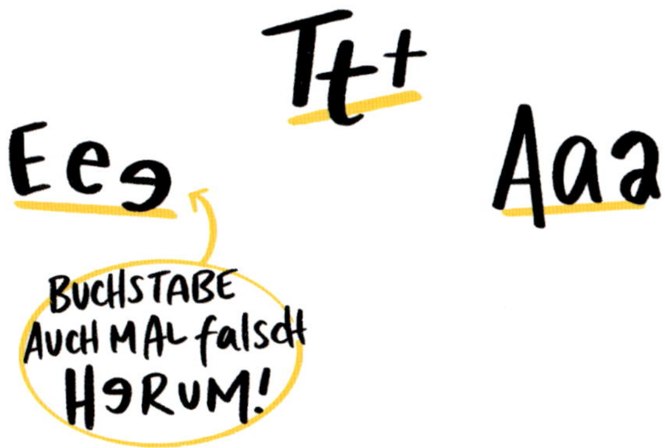


**TIPP: Schreibgewohnheit brechen**

***Wenn dir dein Schriftbild zu langweilig ist, versuche doch mal, die Buchstaben anders zu beginnen. Fängst du beim A immer von unten an, dann starte jetzt umgekehrt. Mache jeden Strich gegen deine Gewohnheit. Du wirst sehen, dein Schriftbild wird klarer und deutlicher.***

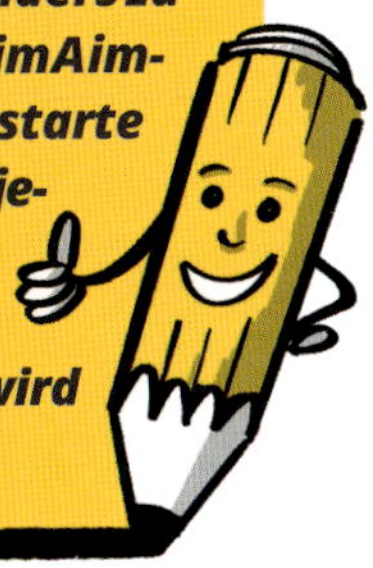

# ÜBUNG Wort-Bild-Zitat

Diese Übung erinnert an die Wort-Bild-Geschichten für Erstleser, in denen Bilder einzelne Wörter ersetzen. Die Übung macht viel Spaß und ganz nebenbei lernst du, wie du Wörter in Bilder umsetzt und das Ganze optisch ausbalancierst. Alles, was du brauchst, ist ein Zitat und Papier. Das Zitat sollte Wörter enthalten, die sich gut in Bilder umsetzen lassen.

Mein Beispiel für dich:

**Manchmal bist du Hund und manchmal bist du Baum – so spielt das Leben.**

**1.** Ermittle die Mittelachse durch leichtes Falten des Blatts.

**2.** Verteile mit Bleistift ganz leicht das Zitat mit seinen Wörtern auf dem Blatt. Eventuell brauchst du zwei, drei Blätter.

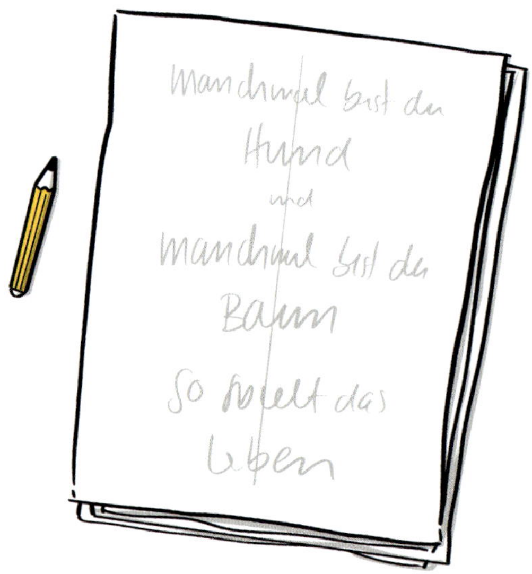

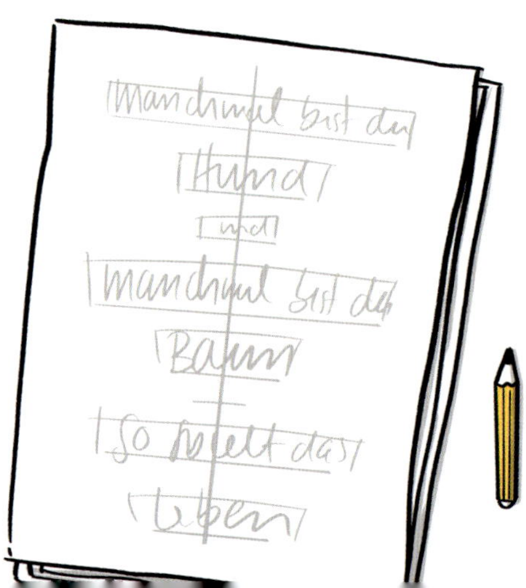

**3.** Bist du mit der Verteilung zufrieden, zeichnest du für jede Zeile Kästchen ein. An diesen kannst du dich im nächsten Schritt gut orientieren.

**4.** Schreibe das Zitat gut lesbar hin. Achte auf das, was du über die x-Höhe gelernt hast. Radiere dann alle Bleistiftlinien weg.

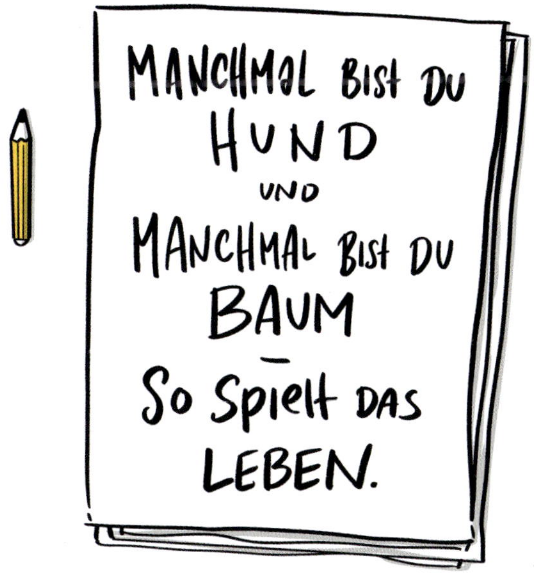


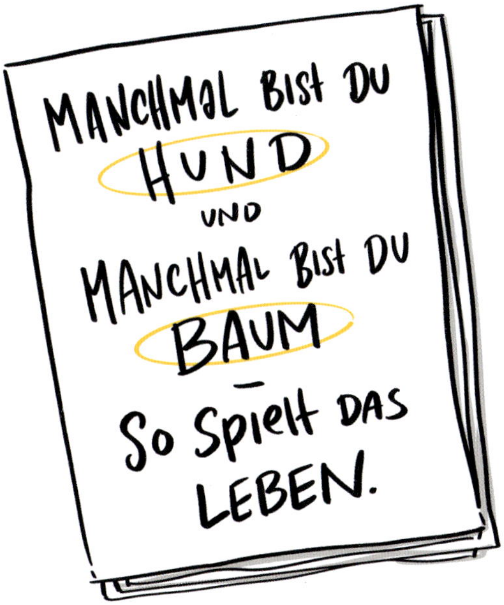


**5.** Suche nun zwei Wörter aus, die du anschließend durch eine Zeichnung ersetzt.

**6.** Schreibe das Zitat neu und ersetze die Wörter durch deine Zeichnungen. Eventuell ist es nötig, die Schrift neu anzuordnen.

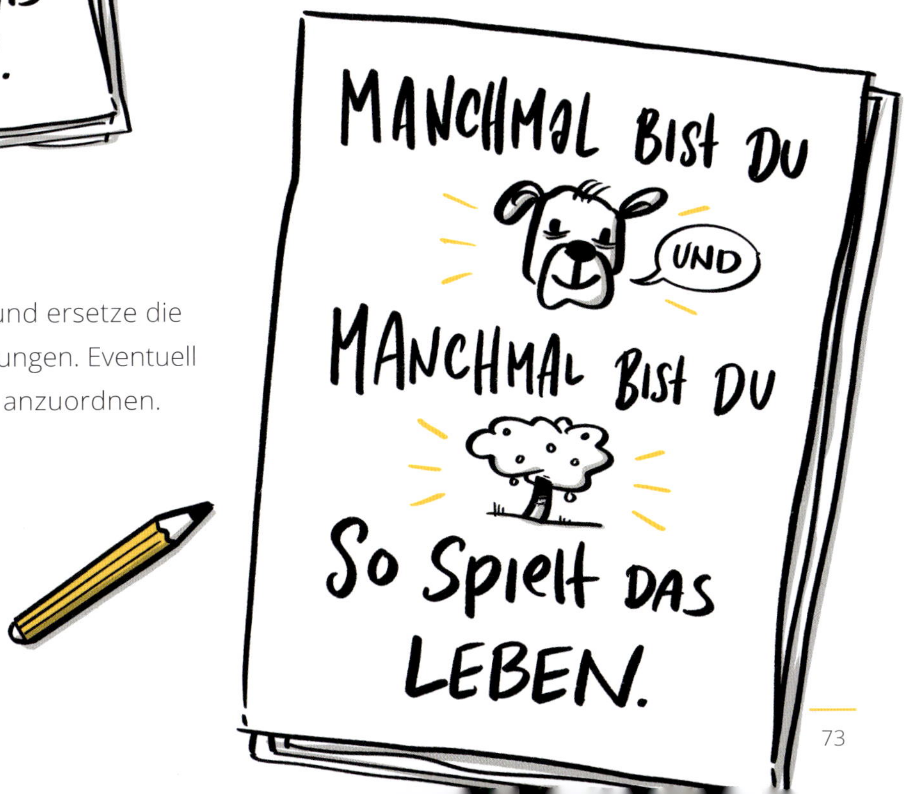

# ÜBUNG Überschrift mit WOW-Effekt

Was genau kann denn als Überschrift dienen? Meistens ist es ein bestimmtes Thema, der Titel eines Vortrags, ein Eigenname oder ein kurzer, prägnanter Satz. Die Überschrift bietet dir die meisten Möglichkeiten zu visualisieren, danach kommen die Schlagworte und dann erst die Textfragmente.
Was alles mit Buchstaben möglich ist, lässt sich wunderbar an dem Wort MUT zeigen. Die Effekte kannst du auch bei jedem anderen Wort, das als Überschrift oder Unter-Überschrift eingesetzt wird, anwenden.

**Los geht's – mit einer Menge MUT.**

**1.** Schreib das Wort MUT in Großbuchstaben auf ein Blatt Papier. Achte auf genügend Abstand zwischen den Buchstaben.

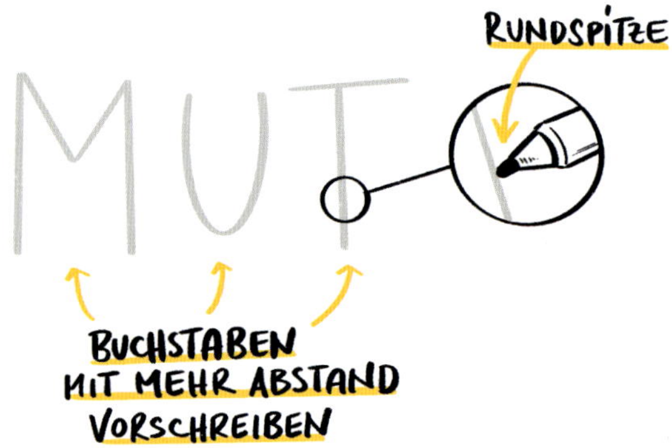


**2.** Dann rahmst du jeden einzelnen Buchstaben ein. Schon hast du fette Buchstaben.

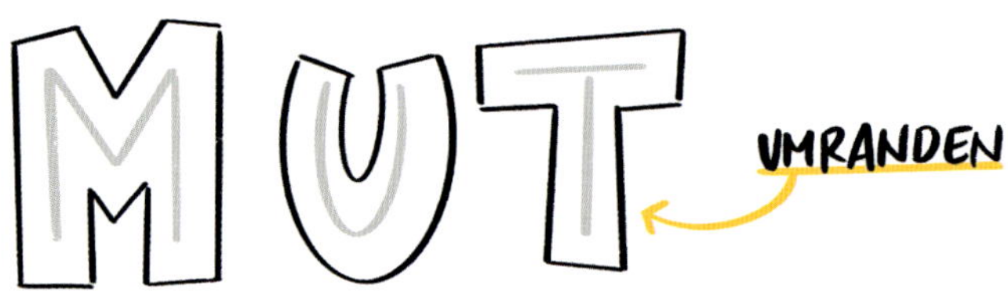


**3.** Eine andere Variante: Dein Wort wird auch fett, wenn du die Ausgangsbuchstaben mit mehreren, nebeneinander gesetzten Strichen verstärkst.

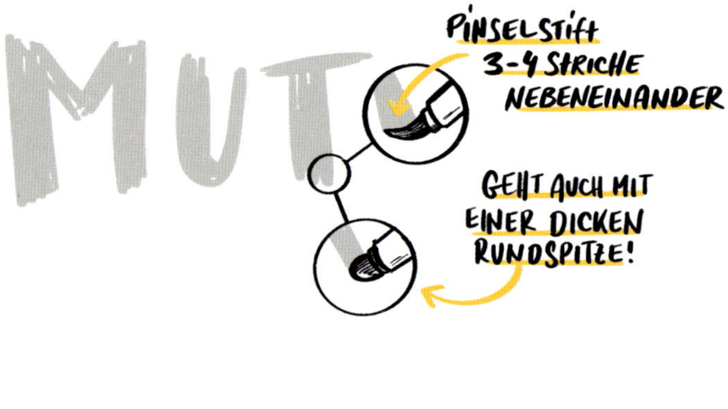

Nehmen wir die fette Spielart als Basis für die WOW-Effekte. Hier zeige ich dir vier Varianten, die ich sehr häufig verwende. Sie sind auch untereinander kombinierbar. Schauen wir sie uns mal genauer an.

1. Farbige Outline und halb gefüllt

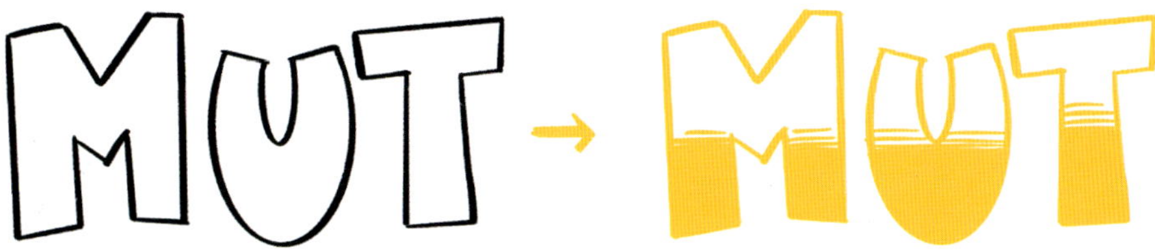


2. Schwarze Outline, mit Farbe gefüllt

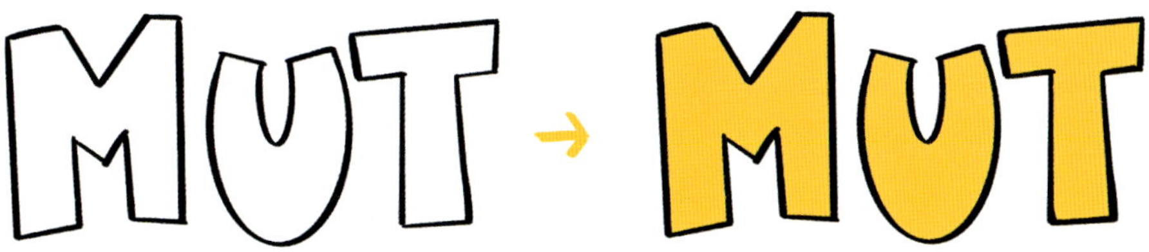


3. Farbig, mit einem weißen Rand und schwarzen Rahmen

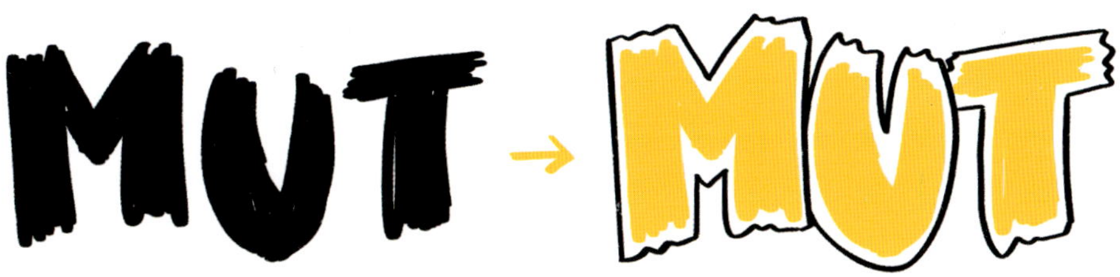


4. Zweifarbig. Beide Farben sind aus dem gleichen Farbspektrum

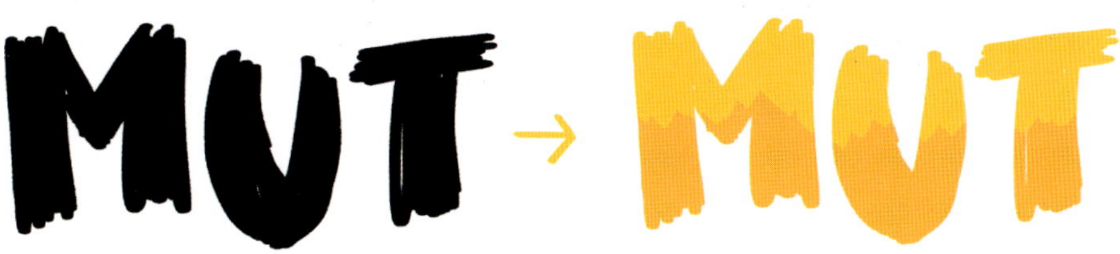

## » Wortmalerei

Das Tolle an Wörtern, die Emotionen oder einen Zustand transportieren, ist die Möglichkeit, sie mit einer passenden Visualisierung noch zu verstärken. Denke zum Beispiel an Wörter wie Angst, Schreien, weich, kalt oder dick. All diese Wörter kannst du nach deiner eigenen Vorstellung visuell verstärken. Wie das aussehen kann? Beispiele siehst du hier. Versuche auch eigene Varianten.

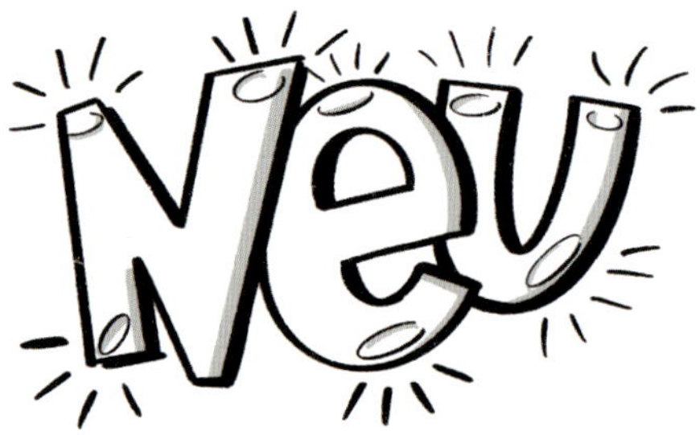


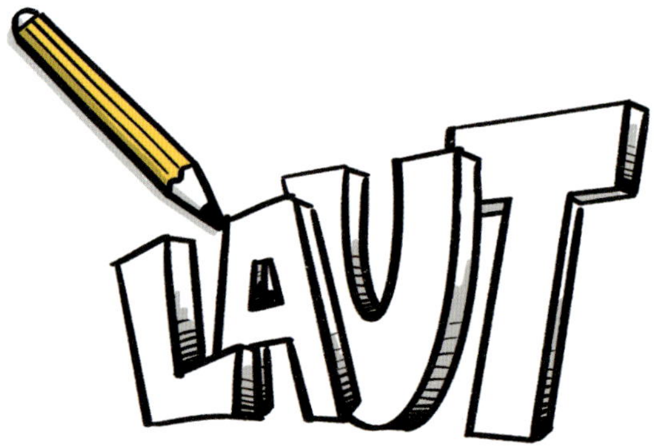


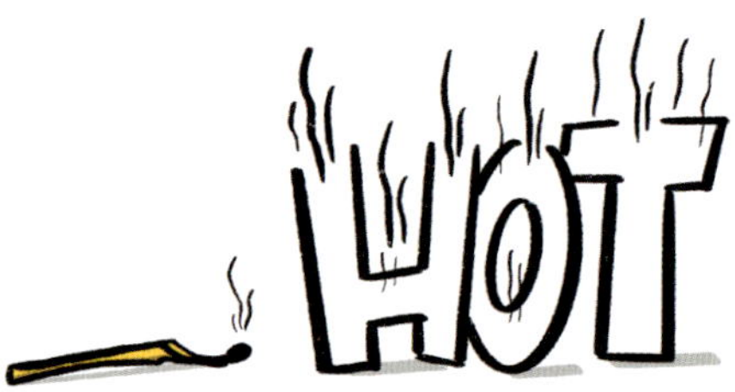


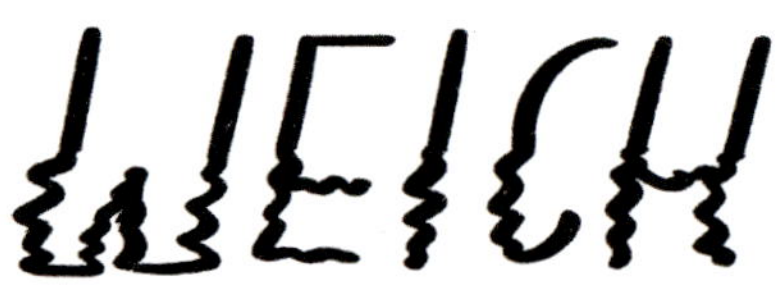


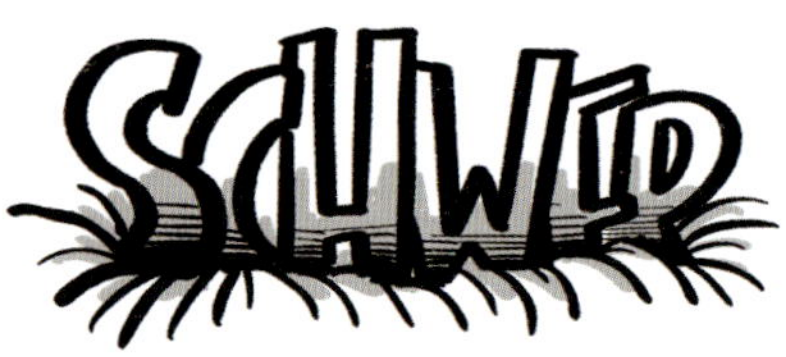


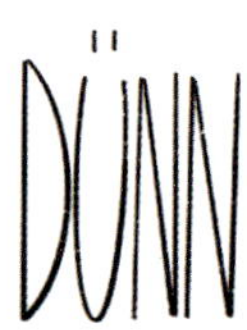


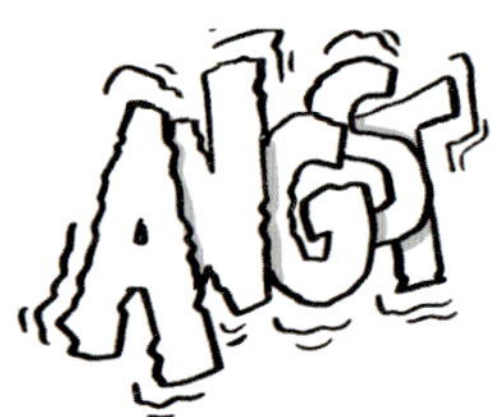

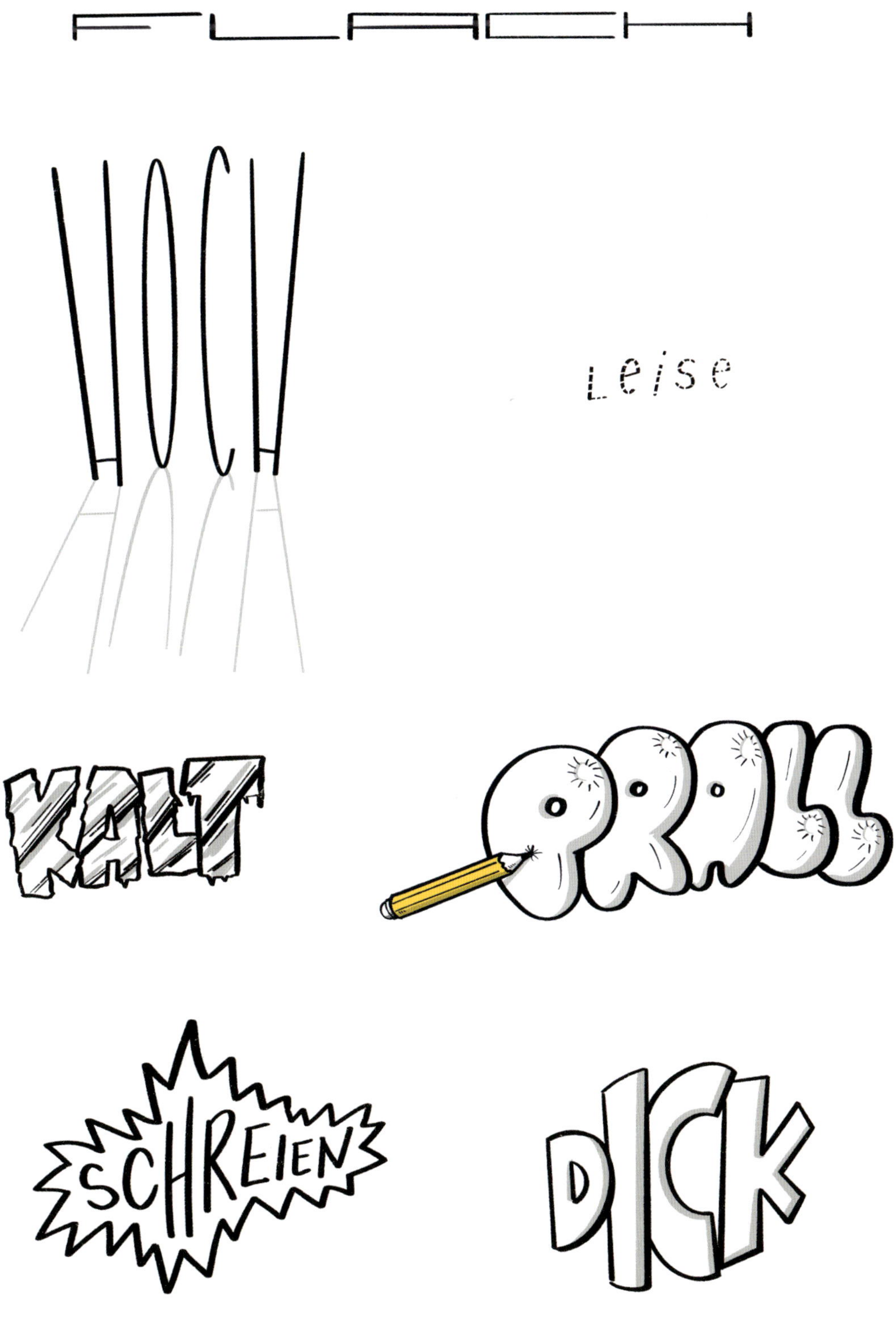
FLACH
HOCH
leise
KALT
PRALL
SCHREIEN
DICK

# ÜBUNG Stichworte hervorheben

Oft sind einzelne Worte wichtig für den Inhalt, sodass es nötig ist, sie hervorzuheben. Im Prinzip kannst du auf dieselben Möglichkeiten zurückgreifen wie bei einer Überschrift. Achte nur darauf, die Headline in ihrer Größe nicht zu übertrumpfen.
Ich zeige dir anhand eines Ein-Bild-Cartoons vier Möglichkeiten, Stichworte in den Vordergrund zu rücken. Zuvor braucht es für den waghalsigen Sprung noch ein paar Schlagworte: Konzentration, Sprungkraft, Fokussierung, Herz und Vertrauen.

**1.** farbig unterstrichen

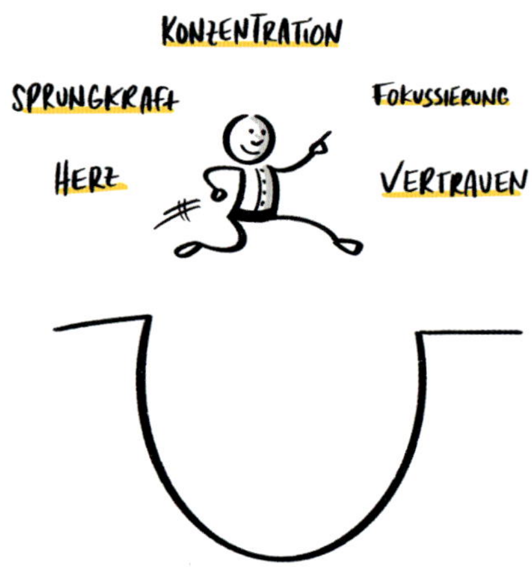


**2.** eingekreist, mit Verbindungsstrich

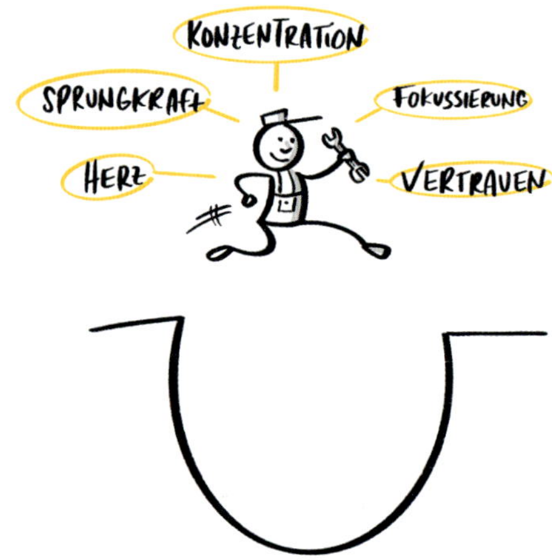


**3.** farbig mit Umrandung

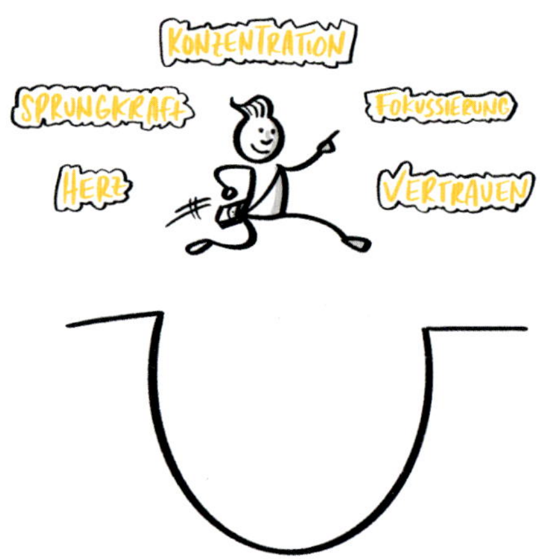


**4.** zweifarbiger Verlauf

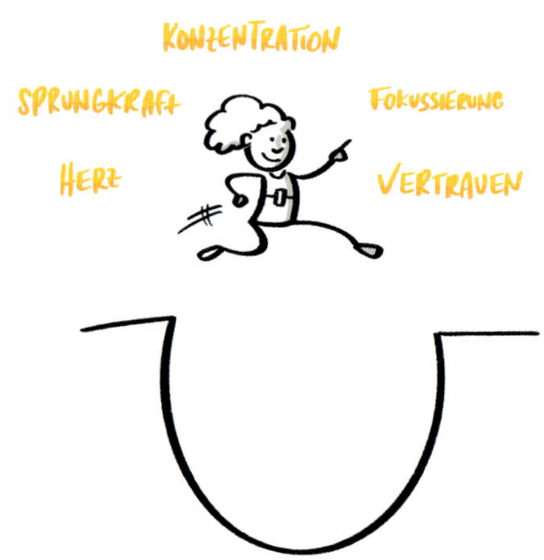

# ÜBUNG Text integrieren

Jetzt geht es darum, ganze Textpassagen in dein Bild zu integrieren – also um ein passendes Zusammenspiel von Text und Bild. Dafür vervollständigst du den Ein-Bild-Cartoon von S. 78, indem du folgendes Zitat von Muhammad Ali einfügst:

**„Ohne Angst können wir nicht mutig sein."**

Probiere verschiedene Varianten aus. Wie du siehst, kann es notwendig sein, die Stichworte auch mal wie in Bild 3 und 4 neu zu platzieren. So wie in Bild 4 kann der komplette Cartoon mit Überschrift und gefährlichem Krokodil im Graben aussehen.

**1.** Zitat in den Graben

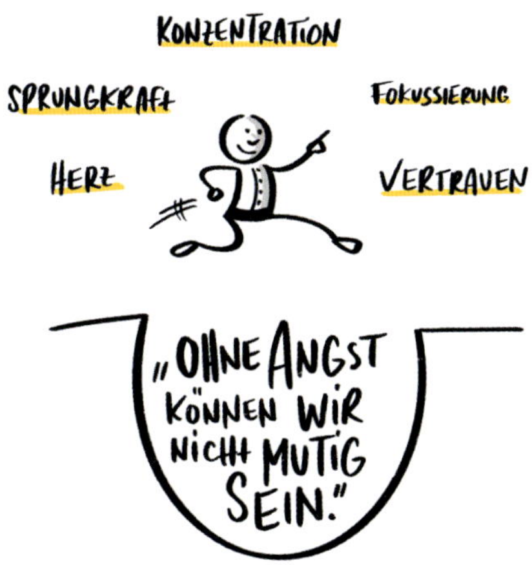


**2.** Zitat am Graben orientiert

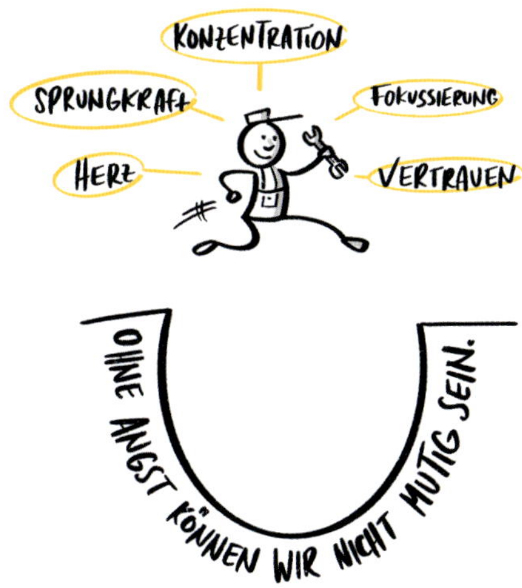


**3.** Zitat im farbigen Container

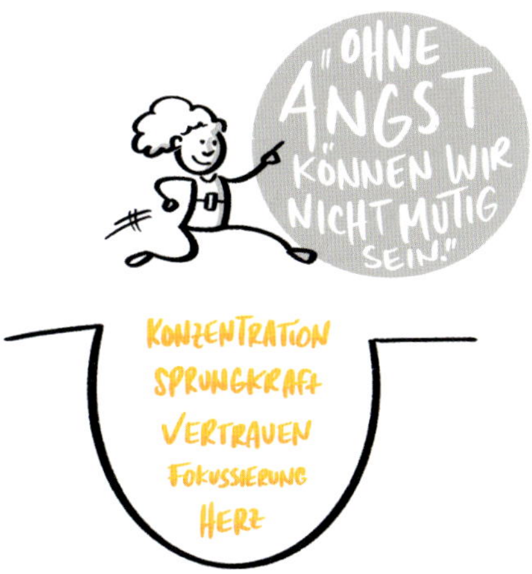


**4.** Zitat als Sprechblase und mit Überschrift

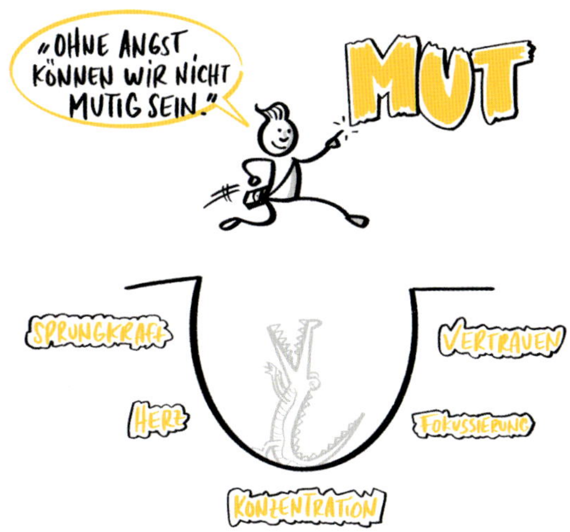

# » Tägliche Routine für Woche VIER

Zum Abschluss der Workshop-Woche gibt es meine persönlichen Tipps für eine tägliche Routine in deiner Woche VIER.

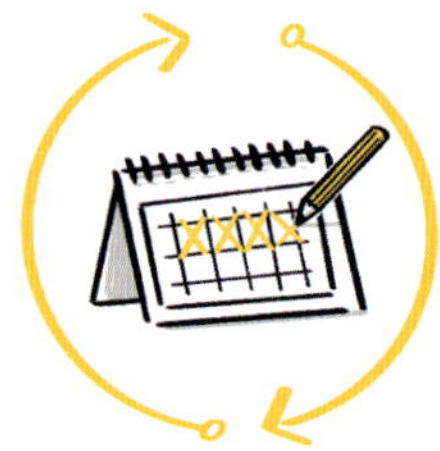

**Zum Warmwerden:**

1. Ein neues Warm-up ist dazugekommen – zeichne weiterhin an jedem Tag der Woche einen der **Warm-ups** (S. 18-20, 34/35, 50/51, 68/69). Das ist der perfekte Einstieg in die Übungen und schafft spielerisch Zugang zu deiner Kreativität.

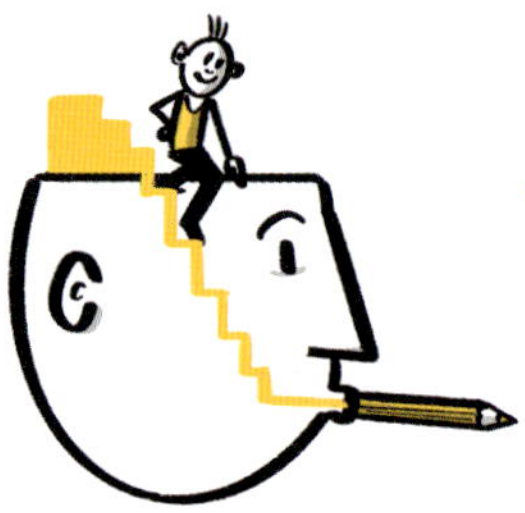

**Zum Vertiefen:**

2. Schreibe deinen **Lieblingsspruch** mehrmals in Druckbuchstaben auf. Achte dabei auf die x-Höhe deiner Kleinbuchstaben und auf deine Schreibgeschwindigkeit. Schreibe langsam und konzentriert.

3. Eignet sich dein Spruch für die **Wort-Bild-Zitat** Übung (S. 72/73)? Dann leg los. Falls nicht, suche dir einen Spruch, in dem Bildpotenzial steckt. Arbeite jeden Tag an demselben Spruch, aber variiere die Anordnung von Text und Bild.

4. Wende die **WOW-Effekte** von S. 74/75 auf deinen Namen an.

5. Du hast noch Ausdauer? Mache zuerst die **Übung** auf S. 78 und dann die **Übung** auf S. 79. Zeichne in deinem Stil mit deiner Figur und deiner Schrift.

**Und jetzt weiterhin viel Spaß!**

Bei Großbuchtsaben die Vertikale betonen und die Horizontale verschonen. Die Wörter sehen dadurch ästhetischer aus.

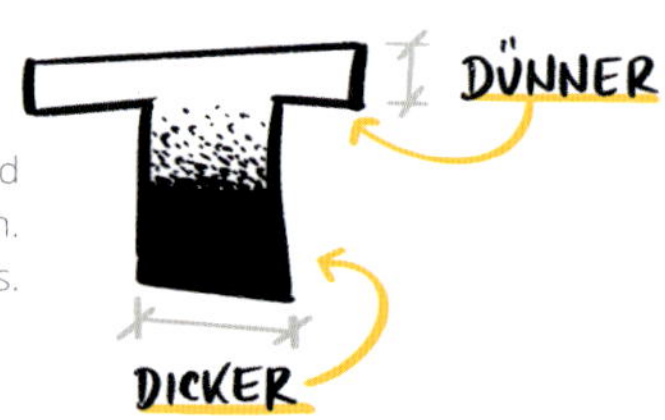

# » CHECK OUT

## Rückblick auf die Woche

Ein wichtiges Kriterium für eine Sketchnote besteht darin, dass Bild und Text sinnvoll zusammenhängen. Klar, ein Bild kann mehr als 1000 Worte sagen – manchmal ist es allerdings wichtig, etwas klar zu benennen oder zu beschreiben. Im Idealfall verstärken sich dann Bild und Text gegenseitig und verankern sich tief in unserer Erinnerung. Auf diese Weise entstehen auch Verknüpfungen und Assoziationen, die zum Weiterdenken anregen. Das Zusammenspiel von Bild und Text ist dann auch mehr als die Summe seiner einzelnen Elemente: Es entstehen kleine Geschichten, Metaphern oder Erklärungen, die uns helfen, Inhalte zu durchdringen.

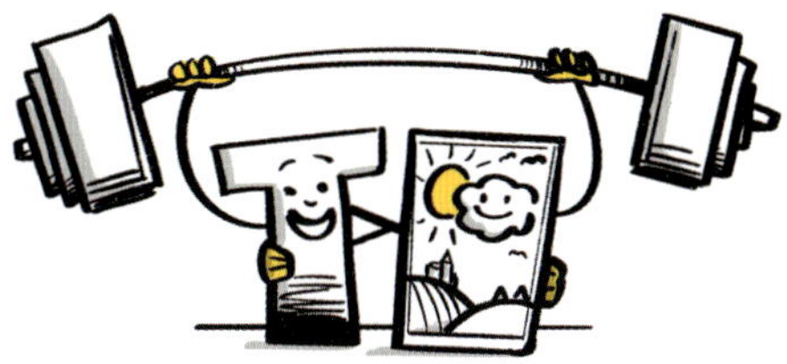

Von wesentlicher Bedeutung ist es dabei, die Texthierarchie von Überschrift, Stichworten und Textfragmenten zu beachten. Das ist ein wichtiger Baustein für eine sinnvolle Struktur in einer Sketchnote, damit man sich inhaltlich zurechtfindet. Jede der drei Kategorien kann dabei effektiv in Szene gesetzt werden.

## Dein persönliches Highlight der vierten Woche

Hast du Lust, nach deiner vierten Workshop-Woche wieder dein persönliches Highlight auf ein A4-Blatt zu zeichnen? Was hat dir diesmal besonders gut gefallen? Ich persönlich mag das sogenannte Blending, den Farbverlauf zweier Farben in der Überschrift, und das Unterstreichen wichtiger Wörter. Hänge dein Highlight der Woche am besten gleich neben die anderen Highlights – das motiviert dich für die tägliche Routine.

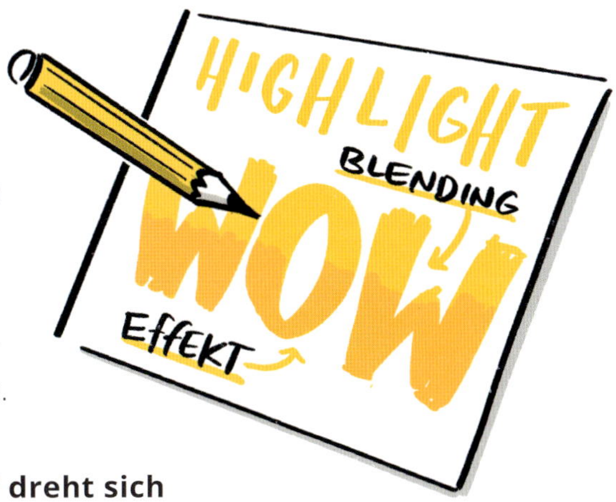


**Im nächsten Kapitel und Woche FÜNF dreht sich alles um Struktur und Hierarchie.**

Woche FÜNF

# Struktur und Hierarchie

# » STRUKTUR und HIERARCHIE

Bis jetzt haben wir uns mit den einzelnen Elementen einer Sketchnote beschäftigt. Jetzt ist es an der Zeit für eine klare Bild-Text-Kombination. Wer deine Zeichnung betrachtet, nimmt diese Kombination als Einheit aus Elementen, Ideen und Informationen wahr. Für deine erste Sketchnote braucht es mehrere dieser Einheiten – auch Cluster genannt –, die sich dann zu einem Ganzen zusammenfügen. Wie du diese Cluster anordnest, dafür gibt es unterschiedliche Möglichkeiten. Egal wie du es machst, es entsteht eine gewisse Struktur. Diese sorgt für Ordnung und hilft, sich besser in einer Sketchnote zurechtzufinden. Je klarer die Struktur ist, desto einfacher ist es, dem gezeigten Informationsfluss zu folgen. Die Struktur ist quasi das Baugerüst deiner Sketchnote, auf dem die Cluster angeordnet werden.

Eine zusätzliche Hilfe, um sich inhaltlich zurechtzufinden, ist, mit visuellen Hierarchien zu arbeiten. Sie geben in deiner Sketchnote Orientierung und helfen so, einen guten Einstieg zu finden. In visuellen Hierarchien wird viel mit Farbe und Kontrasten wie zum Beispiel dem Unterschied groß – klein gearbeitet. Mittels Schriftklassifizierung, Zeichnung und Farbe leiten wir den Betrachter durch das Bild.

In diesem Kapitel erfährst du, wie deine Sketchnote eine sehr hohe Bild-Lese-Freundlichkeit entfalten kann: indem du beide Möglichkeiten – Struktur und visuelle Hierarchie – einsetzt. Das macht das Erfassen der Informationen für dich und andere sehr einfach.

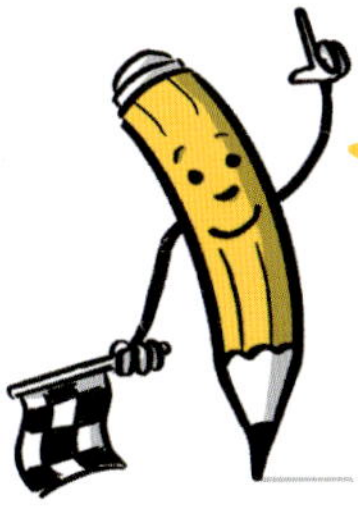

**Meine fünfte Workshop-Woche – das erwartet mich**

Du lernst die beiden Ordnungsprinzipien Struktur und visuelle Hierarchie kennen. Du wendest sie an, um ihr Potenzial zu erkennen und zu vertiefen.

# Warm-up INTUITIVES SCHREIBEN

Bevor wir für Ordnung sorgen, produzieren wir – kreatives Chaos! In diesem Warm-up geht es ums Loslegen. Du schreibst dabei ein ganzes Blatt voll, ohne darauf zu achten, was du schreibst und wie du es schreibst. Die Kraft liegt hierbei im Moment des Tuns. Es befreit ungemein und lockert deine Hand und deinen Verstand.
Am Ende liegt ein intuitiv gestaltetes, buntes Blatt voller Wörter vor dir – mit Überlagerungen, kleiner und großer Schrift. Als Nebeneffekt hast du eventuell noch ein paar Gedanken aufs Papier gebracht, ohne wirklich darüber nachzudenken.

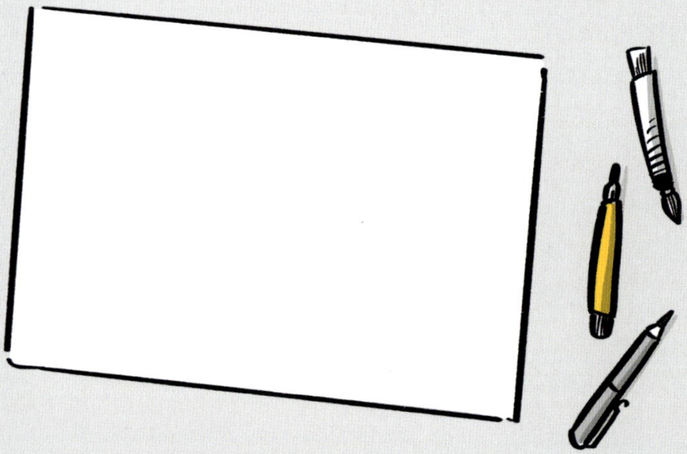

**1.** Nimm ein Blatt Papier und ein paar Stifte.

**2.** Schreibe einfach drauflos – starte mit Druckbuchstaben.

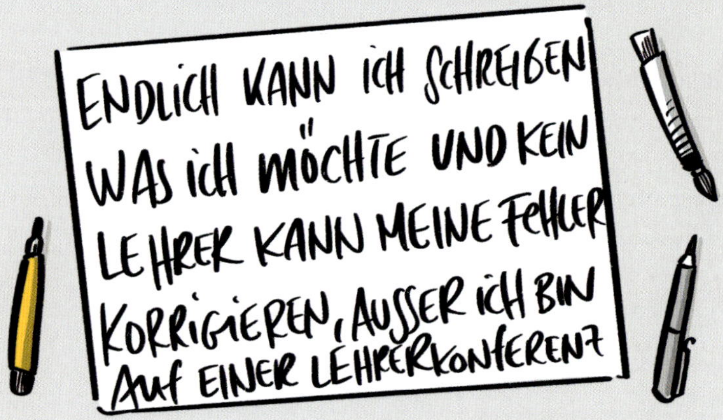

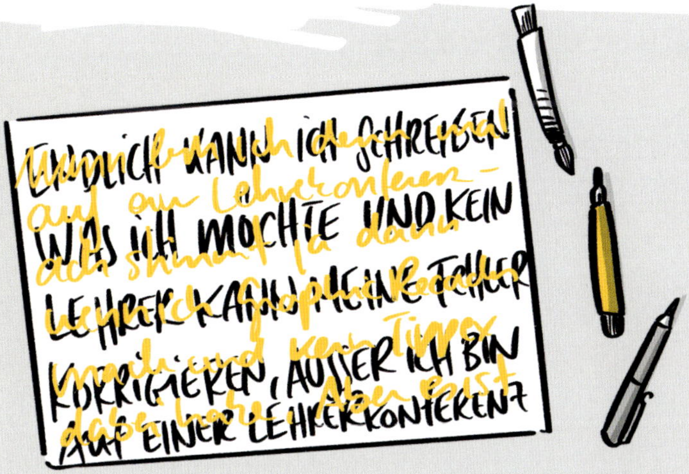

**3.** Schreibe anschließend mit Schreibschrift und anderer Farbe.

**4.** Blatt zu Ende? Fange oben mit einer anderen Farbe wieder an. Nutze den noch vorhanden Weißraum und schreibe dort rein. Schreibe, wie du magst.

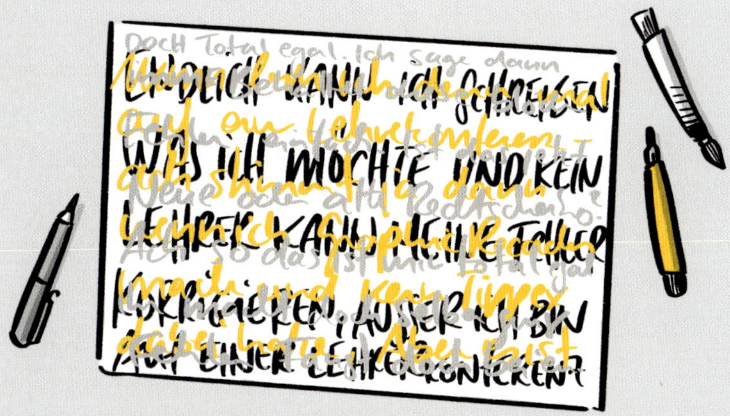

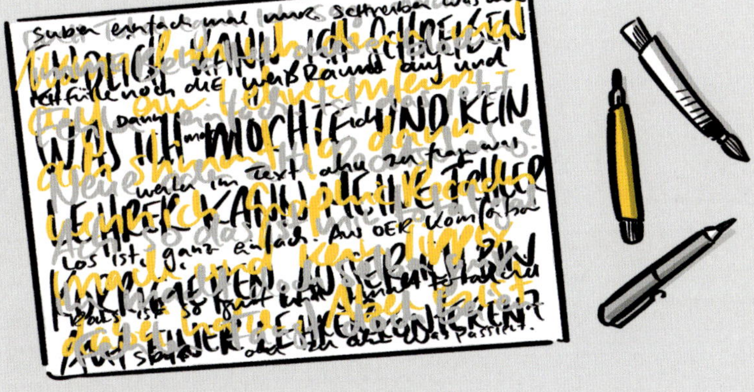

**5.** Weiter geht es mit kleiner Schrift. Wenn du noch Lust hast, legst du noch eine Schriftebene darüber – so lange, bist du mit dem Gesamtbild zufrieden bist.

## » Container schaffen Ordnung

Die einfachste Methode, um eine klare Struktur zu erzeugen, ist, mit sogenannten Containern zu arbeiten. Container funktionieren wie eine Art Rahmen. Es können eckige oder runde Klammern sein, geschlossene Rahmen oder farbige Unterlegungen. Container fassen Themengebiete zusammen. Diese Container können bei Bedarf später miteinander verknüpft werden, um eine klare Leserichtung vorzugeben. Container sind eine Möglichkeit, um unsere Cluster – also die Einheiten aus Elementen, Ideen und Informationen – effektiv zusammenzuhalten und von anderen abzugrenzen. Ich zeige dir hier meine gängigsten Containerformen.

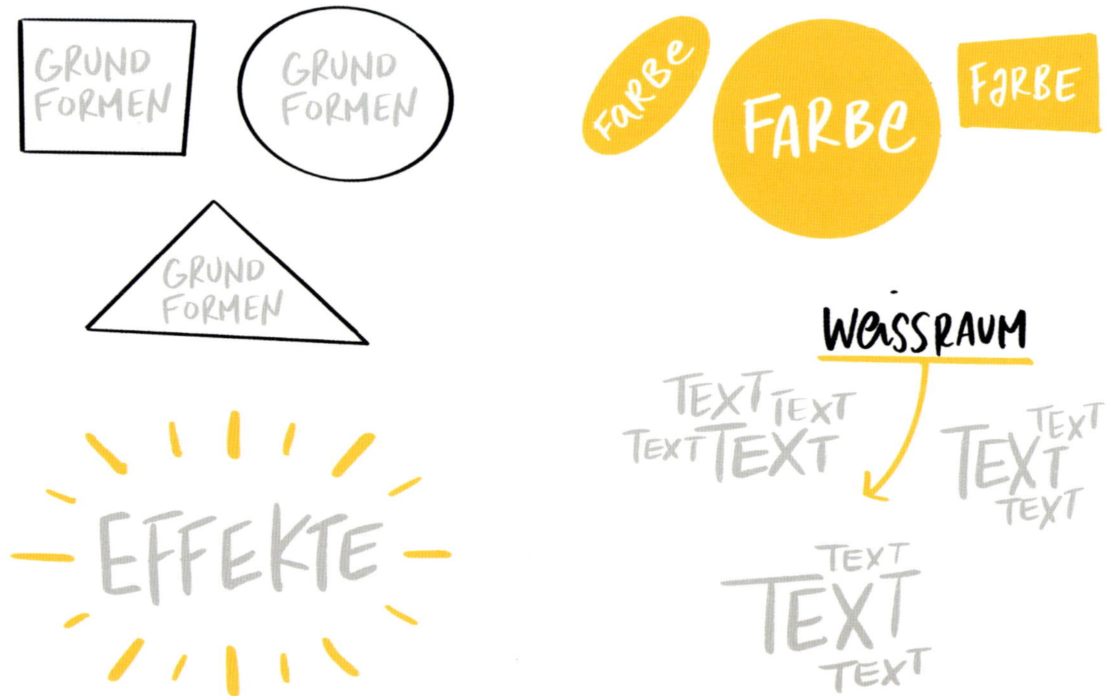


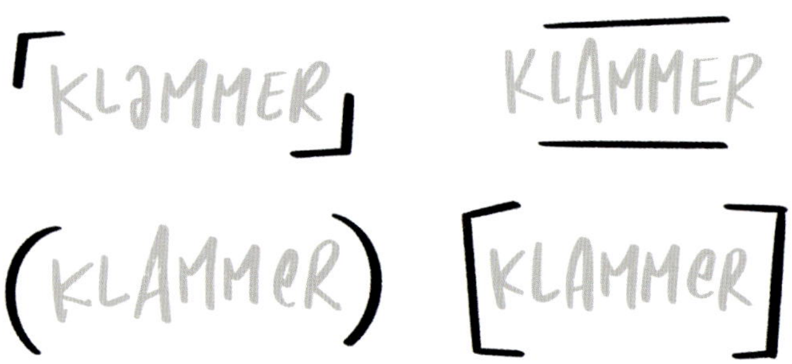


**TIPP: Container setzen**

***Erst den Inhalt generieren und dann den Container setzen. Ansonsten kann es passieren, dass der Inhalt nicht passt und etwas gequetscht werden muss. Passiert oft bei Überschriften.***

## » Objekt als Form – der Sondercontainer

Eine effektive Methode, um Text zu gestalten, ist, ihn in eine Form zu schreiben. Eine Form kann beispielsweise eine Person, ein Gesicht, ein Gegenstand oder ein Baum sein. Es gibt da keine Grenzen – allerdings sollte es eine eingängige Form sein. Die Form funktioniert letztendlich wie ein Container und unterstützt den Inhalt auch noch mit einer Formsprache.

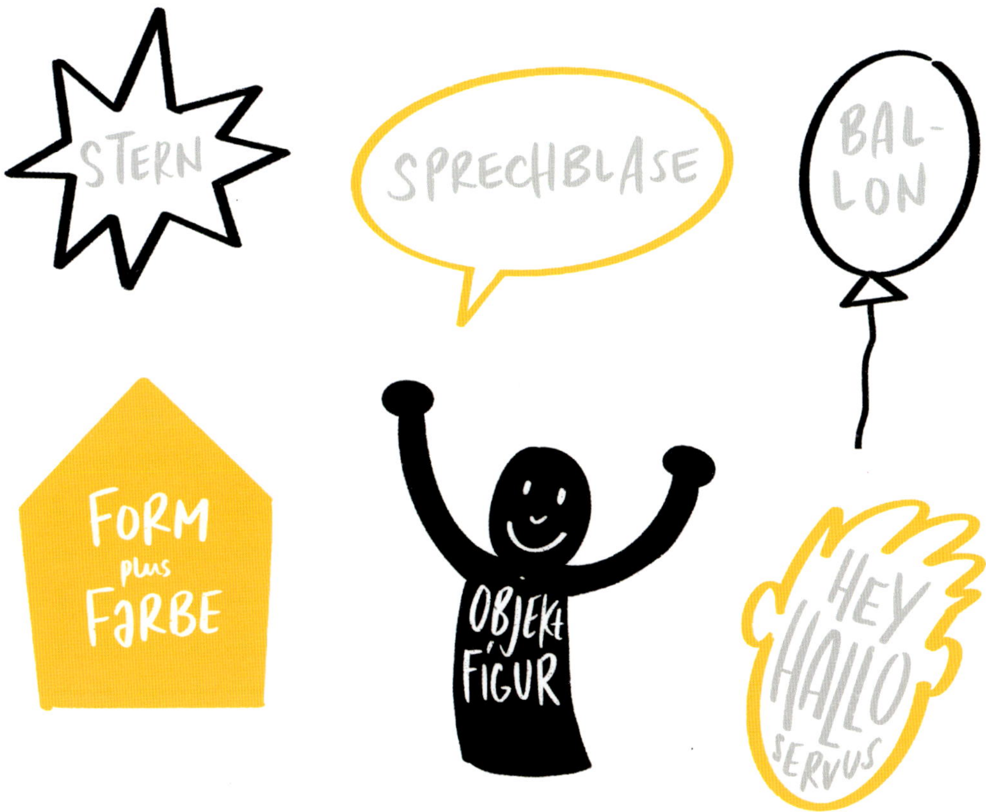


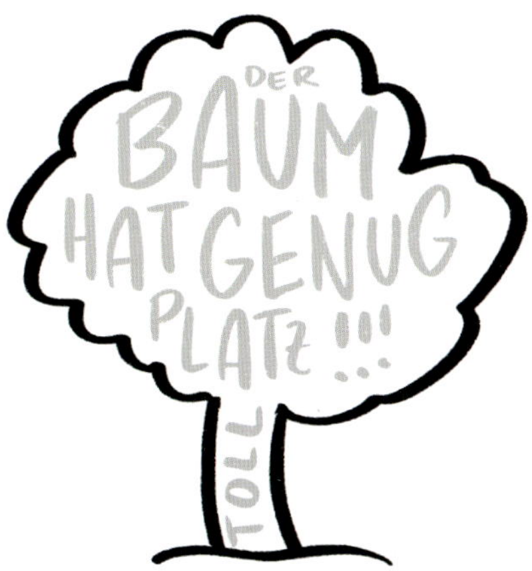


**TIPP: Formcontainer**

***Hier ist es sinnvoll, zuerst die Form zu zeichnen und dann den Text, wie hier im Baum oder Gesicht, an die Form anzupassen. So spielt es auch keine Rolle, ob der Text gequetscht wird, denn es sieht passend aus.***

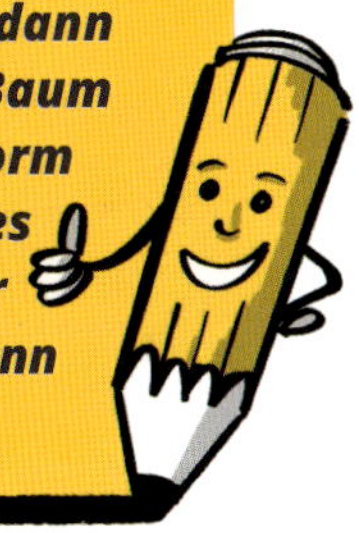

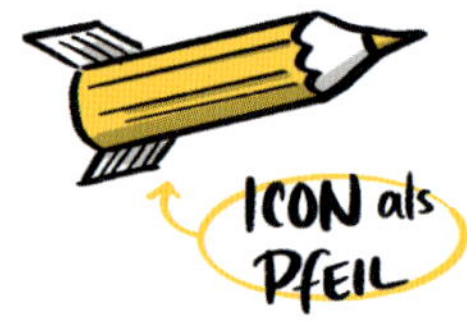


# » Beziehungen schaffen

Um die Container miteinander in Beziehung zu setzen, brauchen wir Verbindungen. Hier stehen uns Linien, Pfeile oder Nummerierungen zur Verfügung. Es gibt eine Vielzahl von Möglichkeiten, Pfeile darzustellen. Berücksichtige hierbei die „Bedeutungsebene" des Pfeils: Ein großer Pfeil erscheint beispielsweise gegenüber einem kleinen Pfeil eher als wichtig oder ein langer Pfeil wird als zeitintensiver wahrgenommen als ein kurzer Pfeil.

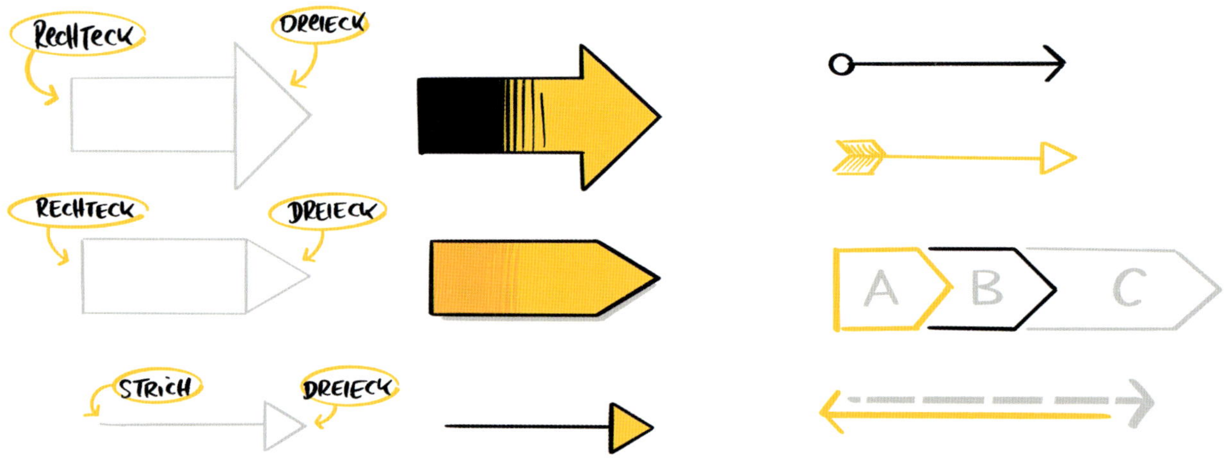


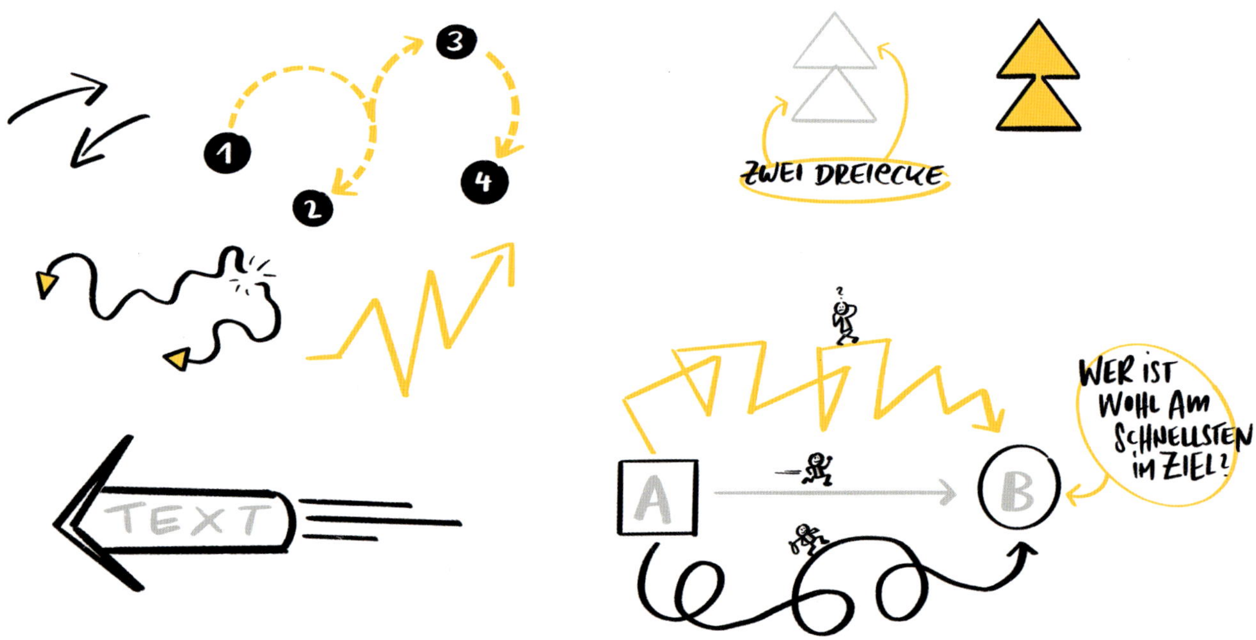

## » Follow Me

Aus den zwei Komponenten Container und Pfeil lassen sich verschiedene Strukturmuster ableiten. Diese hier sind mir die liebsten:

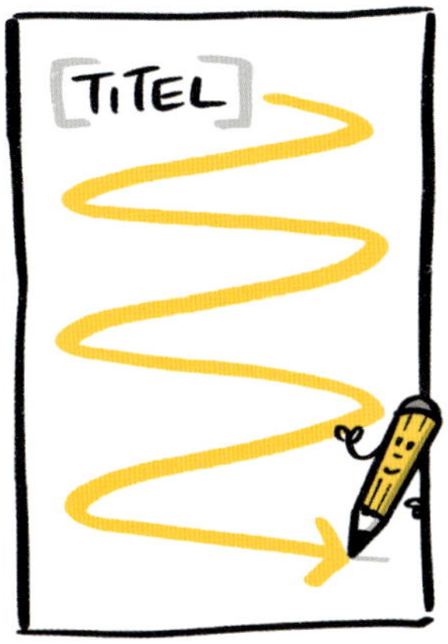


**1.** Pfadstruktur A: Funktioniert wie das Lesen, von links nach rechts.

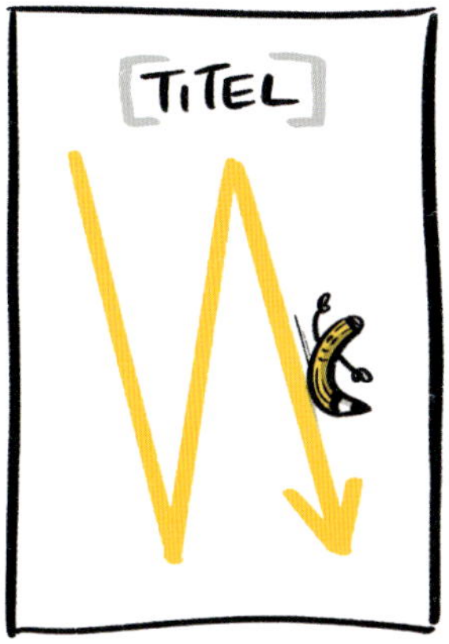


**2.** Pfadstruktur B: Funktioniert wie das Lesen von Spalten, von oben nach unten.

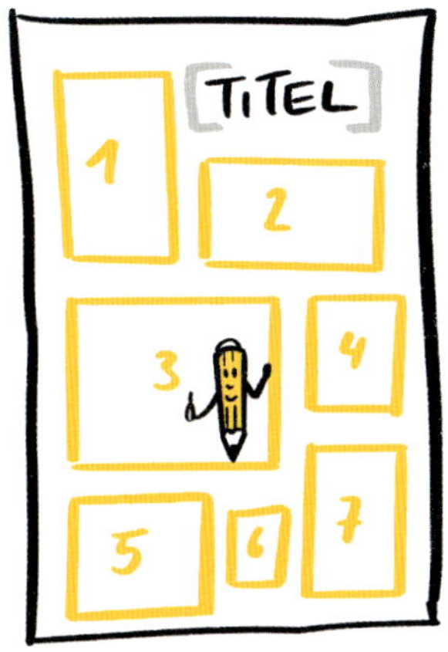


**3.** Zonenstruktur: Wie in der Zeitung, es gibt mehrere Artikel, auf einer Seite verteilt.

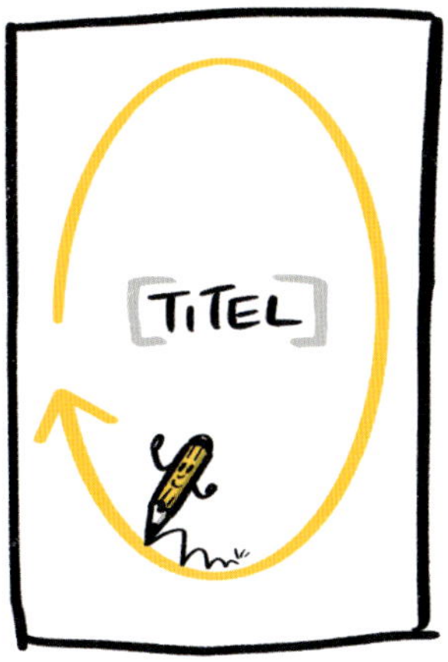


**4.** Radialstruktur: Einmal im Uhrzeigersinn um den Titel.

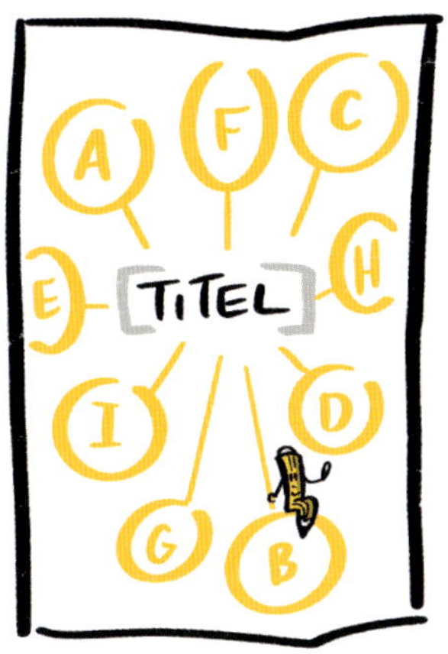


**5.** Popcornstruktur: Die einzelnen Cluster poppen rund um den Titel auf.

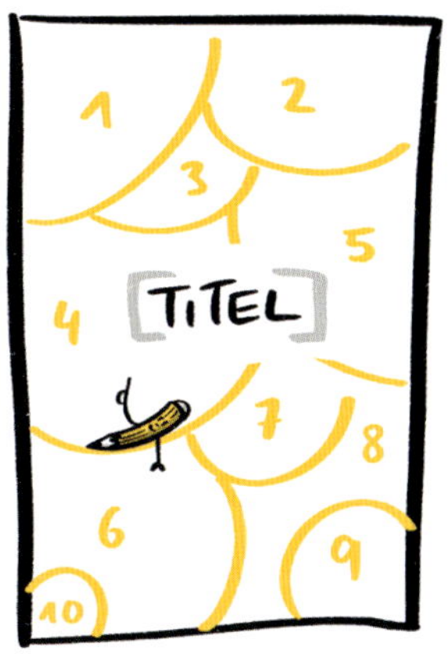


**6.** Flowstruktur: Folge deinem inneren Flow und mach einfach. Chaos mit gutem Gefühl.

## » Visuelle Hierarchien

Wenn die Struktur das Grundgerüst ist, sind visuelle Hierarchien das Orientierungssystem in einer Sketchnote. Durch einen gezielten Einsatz von verschiedenen visuellen Eigenschaften kannst du Inhalte unterschiedlich gewichten, abgrenzen oder in Beziehung zueinander setzen. Zum Beispiel werden Informationen durch das Prinzip der Wiederholung relevanter oder Unterschiede erscheinen durch das Prinzip des Kontrastes deutlicher.

**1. Ähnlichkeiten:**

Gleiche Größe, gleiche/ähnliche Farbe, sich wiederholende Schriften und Formenverwandtschaft

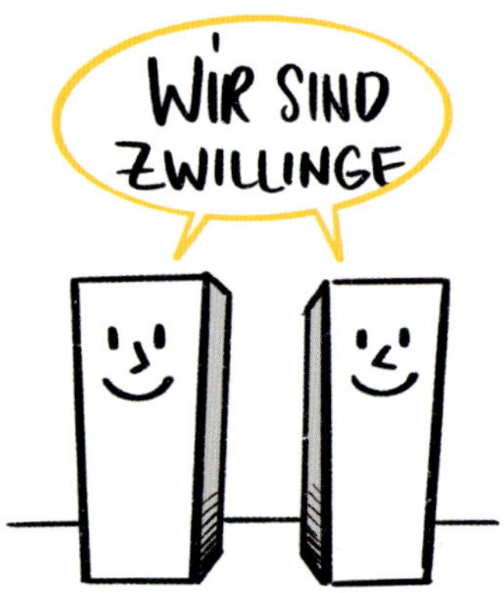


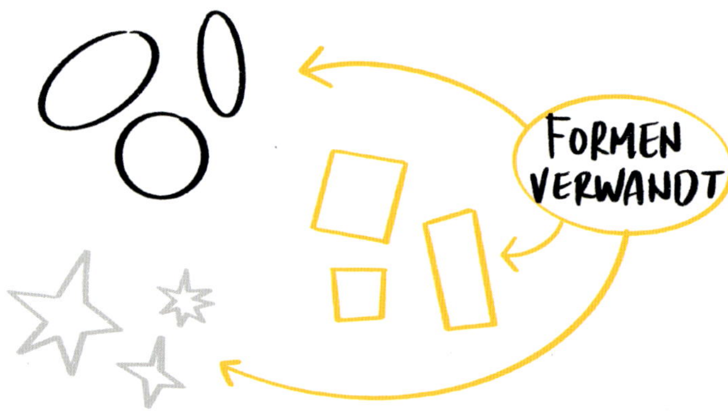


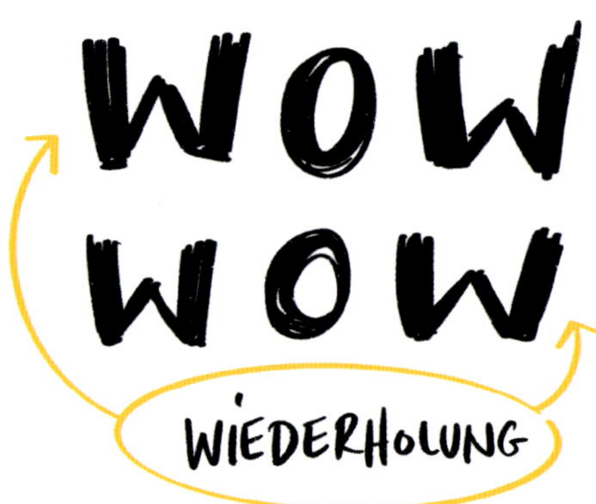


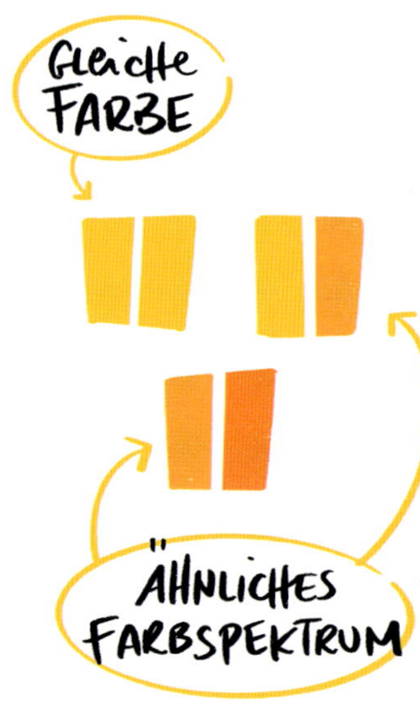

**2. Kontraste:**

Größenverhältnisse, Farbkontraste, diverse Schriftarten, Flächenverhältnis und unterschiedliche Formen.

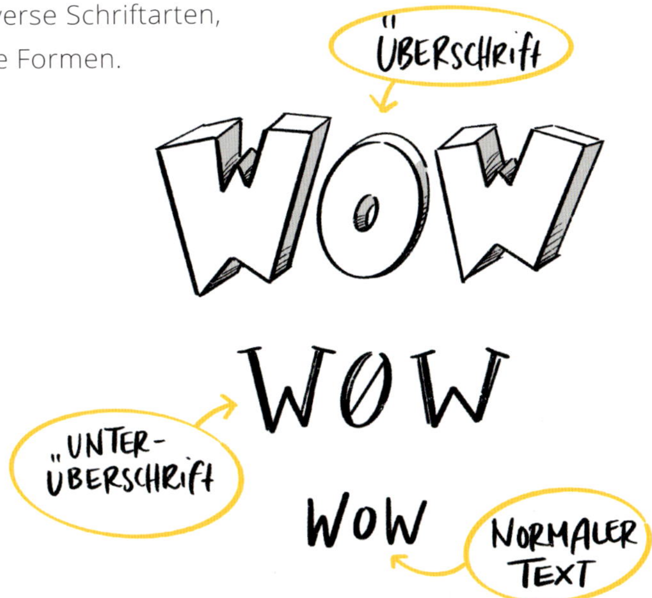


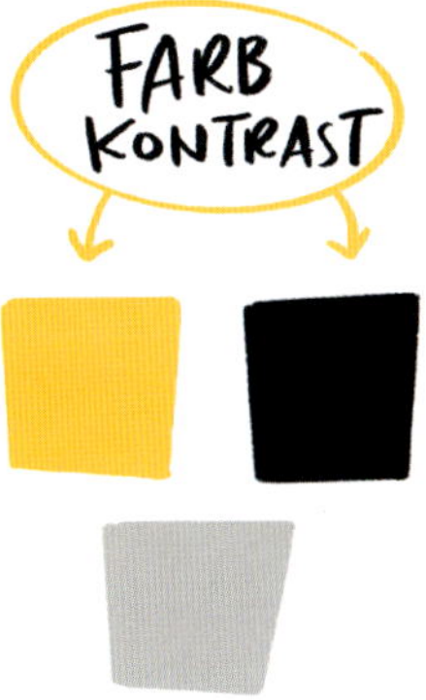


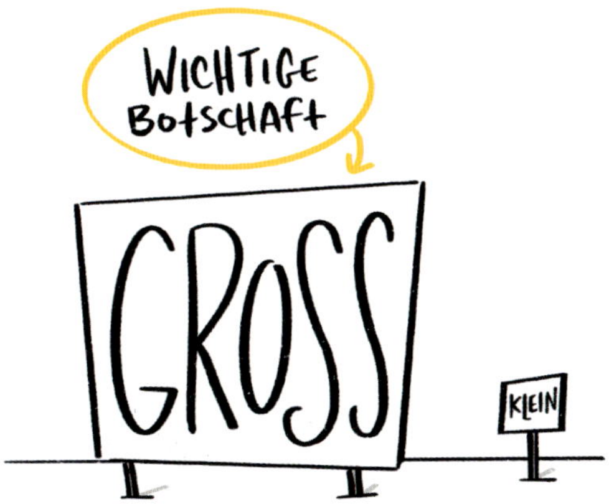


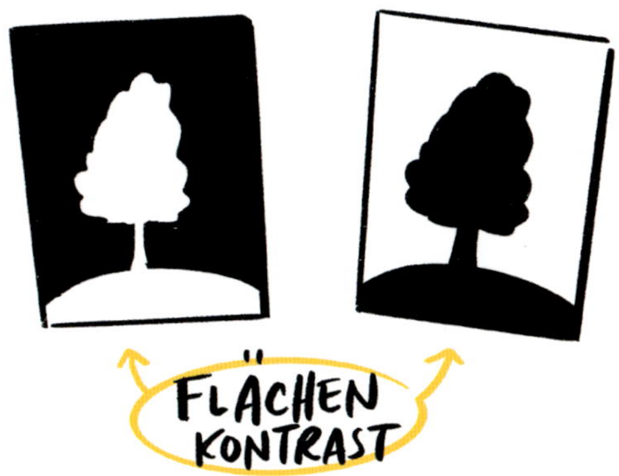


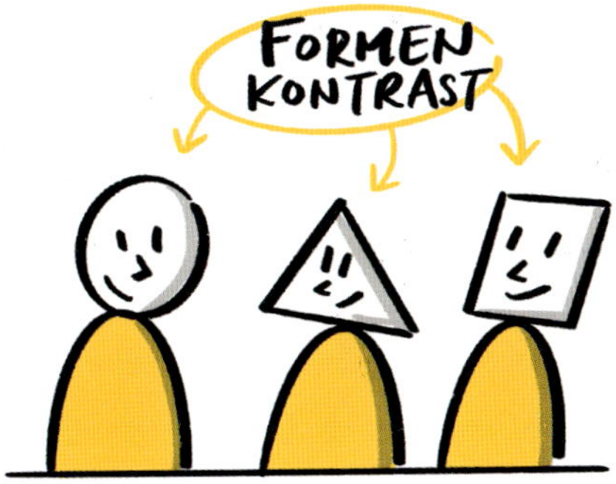


**TIPP: Weniger ist mehr**

***Damit deine Sketchnote nicht zu unübersichtlich wird, ist es wichtig, eine gute Balance zwischen Struktur und visueller Hierarchie zu entwickeln. Das kommt mit der Übung und der Erfahrung.***

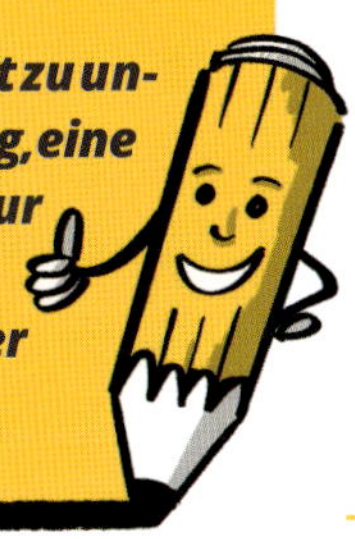

# ÜBUNG Visuelle Gestaltung

Das ist eine tolle Übung, um ein Gefühl für visuelle Hierarchien zu bekommen. Alles, was du tun musst, ist, die Beispiele auf den vorangehenden S. 90 und S. 91 auf ein Icon anzuwenden und vielleicht noch ein bisschen damit zu spielen. Nehmen wir hier als Beispiel unser Smartphone-Icon.

**1.** Gleiche Größe

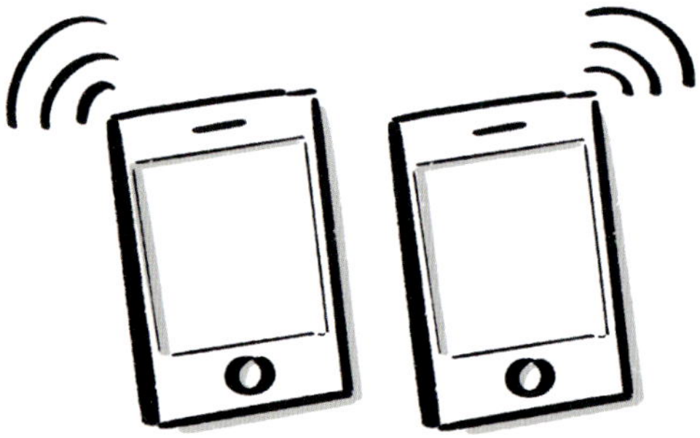

**2.** Formenverwandtschaft

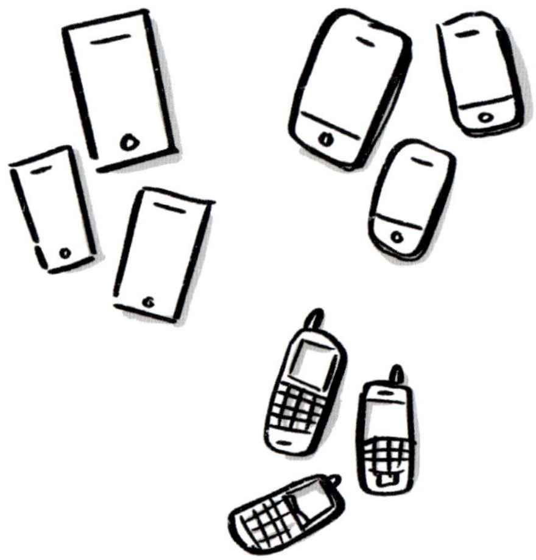

**3.** Gleiche und ähnliche Farbe

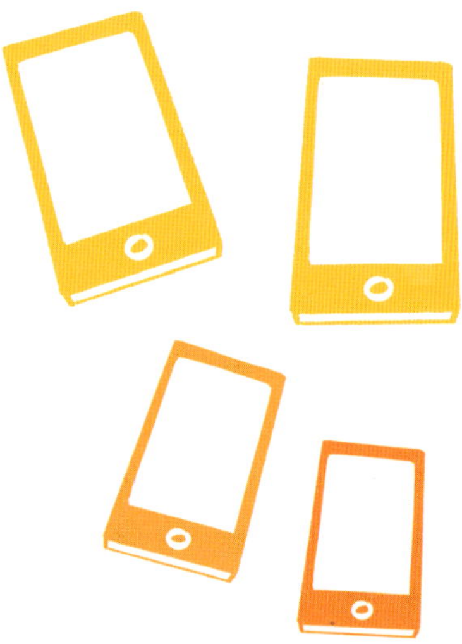

**4.** Wiederholung

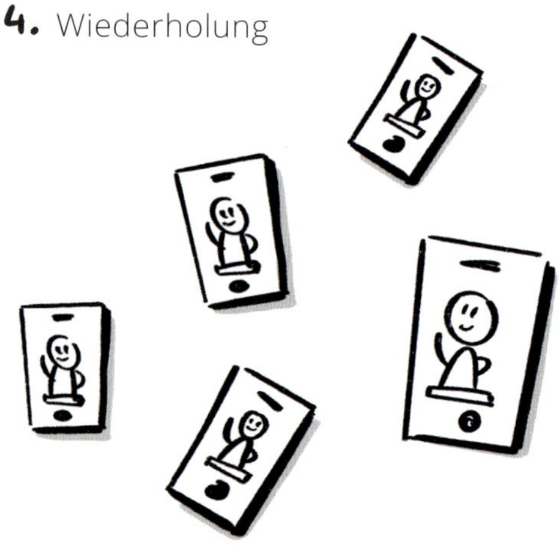

**5.** Verschiedene Farben

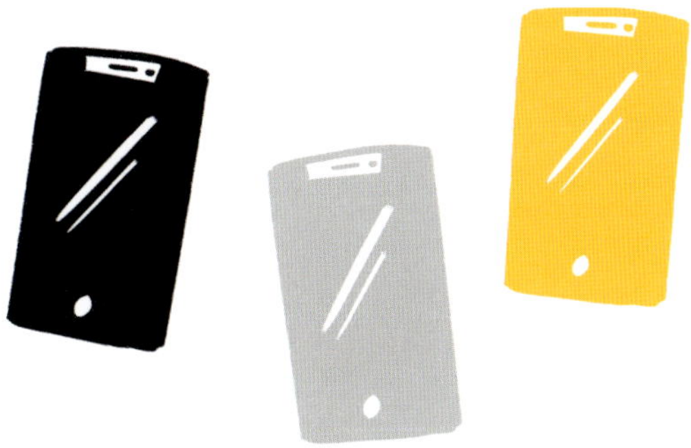

**TIPP: Bitte übertreiben!**

***Beabsichtigst du, einen Kontrast herzustellen, dann übertreibe in der Umsetzung ruhig! Dann kommt der Unterschied klar zur Geltung. Dasselbe gilt für das Verwenden von Ähnlichkeiten – je gleicher, desto besser. Die Klarheit hilft beim visuellen Lesen der Sketchnote.***

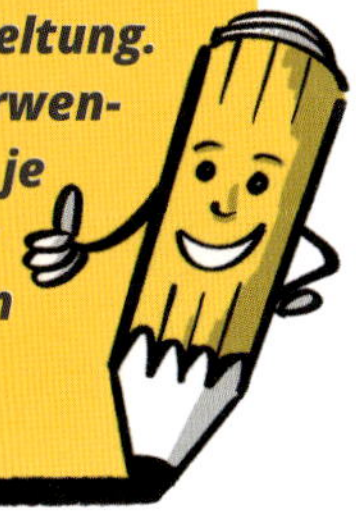

**6.** Flächenkontrast

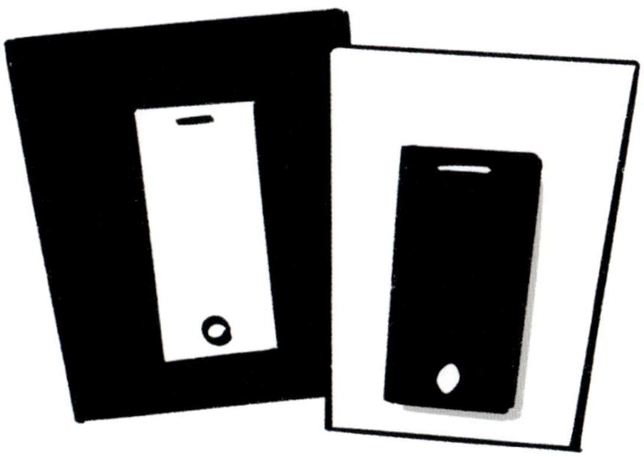

**7.** Verschiedene Gößen

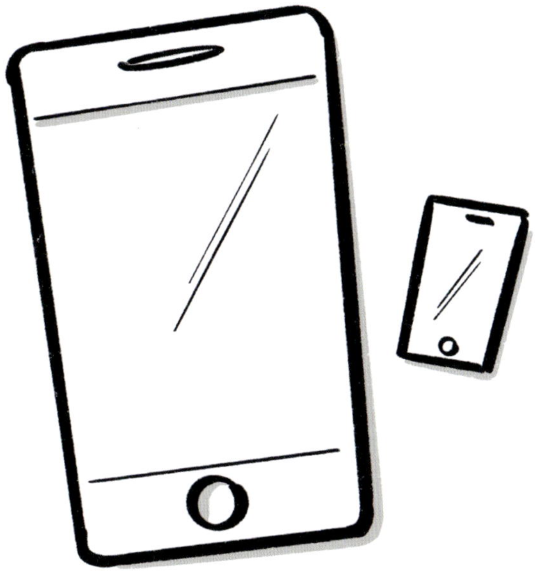

**8.** Formenvielfalt

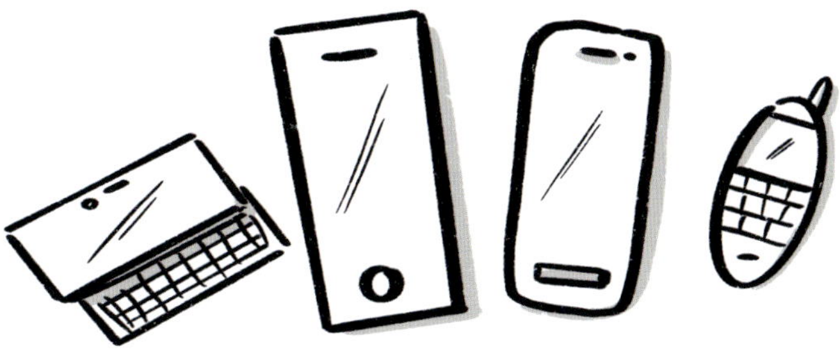

# ÜBUNG Die WHAT-WHY-HOW-Hierarchie

Was, warum, wie – mit dieser Drei-Frage-Methode kannst du schnell eine inhaltliche Hierarchie für deine Sketchnote festlegen und so eine visuelle Gewichtung ableiten. Üben wir das Ganze mal anhand des Themas „**Brainstorming**“.

Zuerst beantwortest du die drei Fragen:
WHAT: Was ist das Thema/Titel der Sketchnote? Antwort: **Brainstorming**
WHY: Warum brauche ich Brainstorming? Antwort: **Um auf Ideen zu kommen**
HOW: Wie funktioniert die Methode Brainstorming? Es sind oft mehrere Schritte nötig:
**1. Ideen finden, dabei Regeln beachten**, **2. Ergebnisse sortieren und bewerten**

Hast du die inhaltliche Hierarchie geklärt, kannst du sie anschließend visuell verarbeiten.

**1.** WHAT: Das Thema wird zur Überschrift und entsprechend gestaltet.

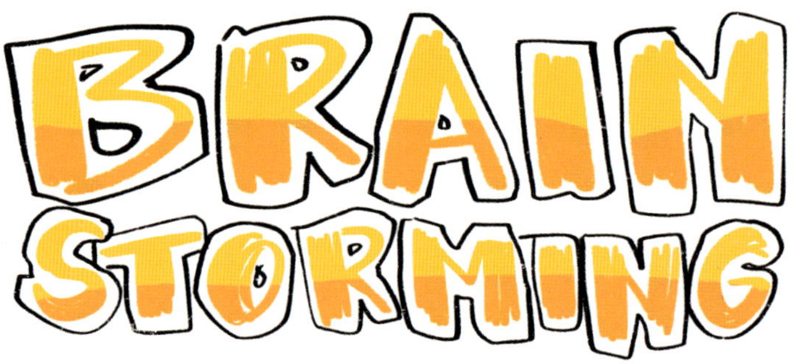


**2.** WHY: Die Unter-Überschrift wird fett und ordnet sich visuell der Überschrift unter. Du siehst hier zwei mögliche Varianten, natürlich gibt es noch mehr.

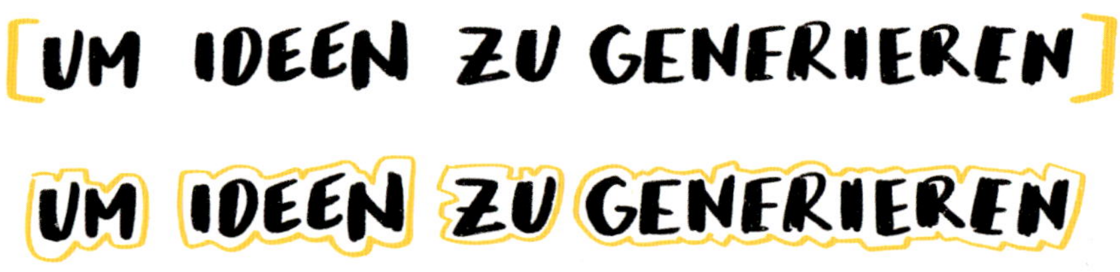

**3.** HOW: Um die einzelnen Schritte des Brainstorming klar aufzuzeigen, eignen sich Bild-Text-Kombinationen mit Container, Pfeil und Nummerierung.

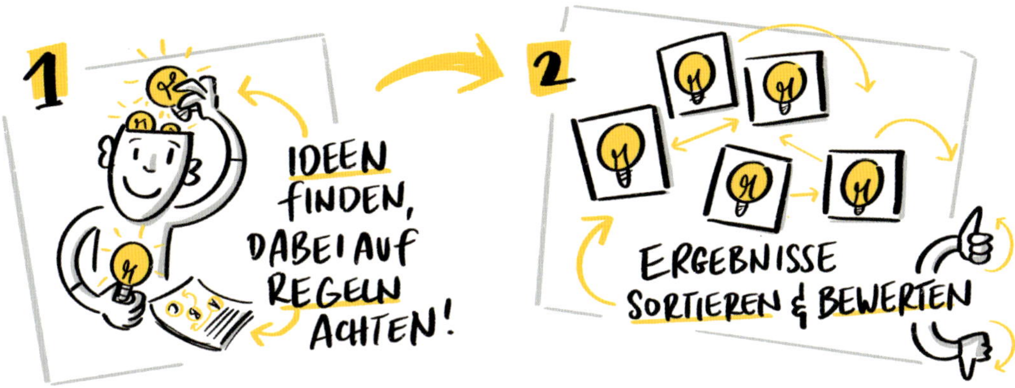


**4.** Anschließend packst du alle drei Komponenten in eine einfache Pfadstruktur.

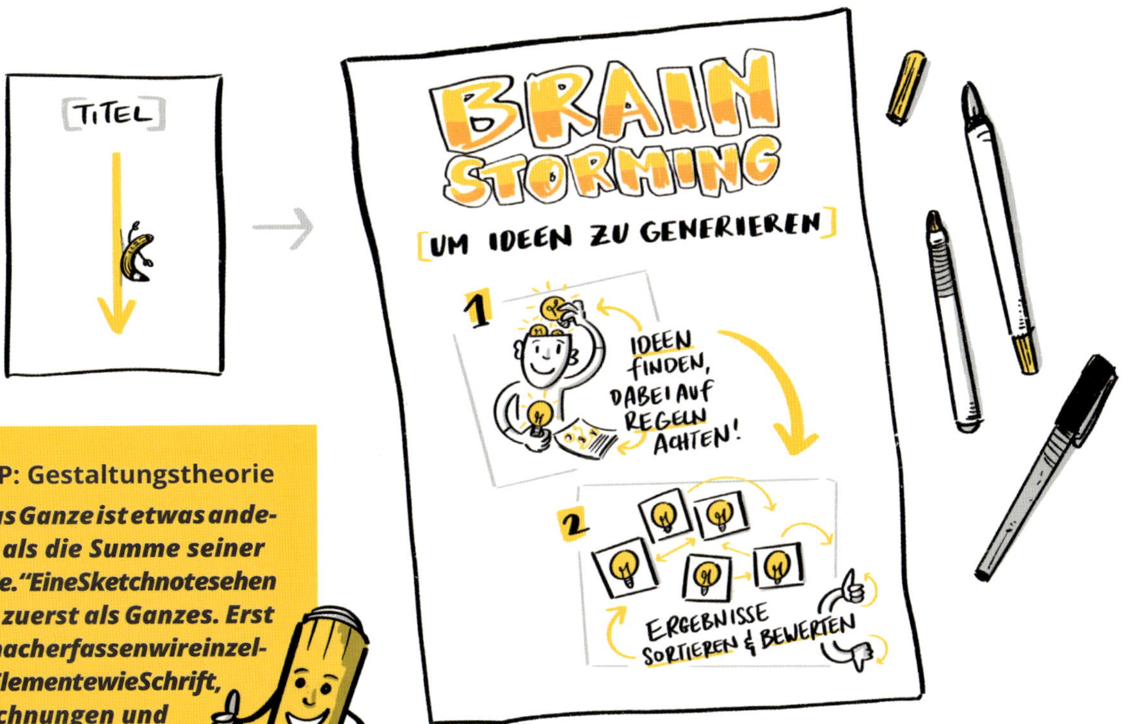


**TIPP: Gestaltungstheorie**

***„Das Ganze ist etwas anderes als die Summe seiner Teile." Eine Sketchnote sehen wir zuerst als Ganzes. Erst danach erfassen wir einzelne Elemente wie Schrift, Zeichnungen und Farben und lassen uns davon leiten.***

# ÜBUNG Assoziationsmap

Wir üben uns nun im Assoziieren zu Begriffen. Auf diese Weise generierst du Inhalte, die du dann wiederum strukturieren kannst. Diese Übung vereint Struktur, visuelle Hierarchien und Icons. Da wir nach einer Art Mind-Map-Methode arbeiten, empfehle ich dir, die Popcorn-, Flow-oder Radialstruktur anzuwenden.

**Also, los geht's!**

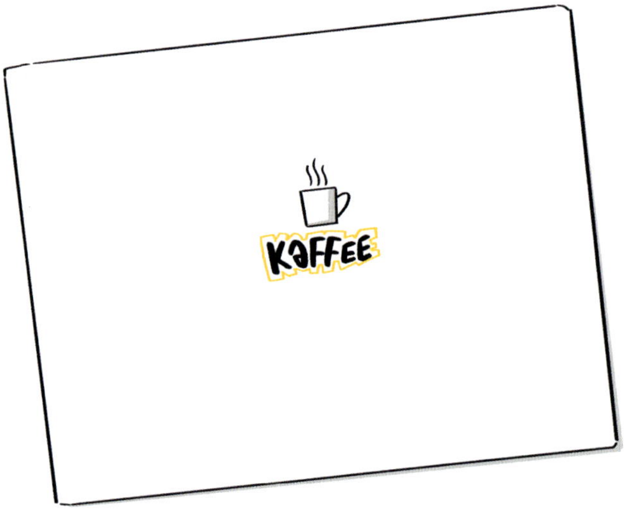


**1.** Starte mit einem Icon aus unserer Starter-Bibliothek – zum Beispiel mit der Tasse Kaffe. Setze das Wort „Kaffee" als Überschrift in die Mitte, damit klar ist, wo es losgeht. Suche von da aus nach Assoziationen, also nach Begriffen oder Themen, die mit Kaffee verwandt sind.

**2.** Mir fallen da spontan Milch, Zucker, Bohnen und Kaffeemaschinen ein – das benötige ich, um Kaffee zuzubereiten. Die Tasse brauche ich zum Trinken des Kaffees und ups, heiß ist er auch – ein Heißgetränk also.

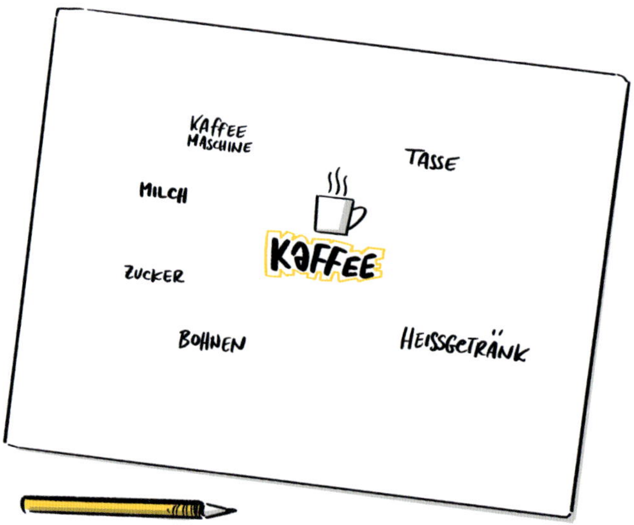

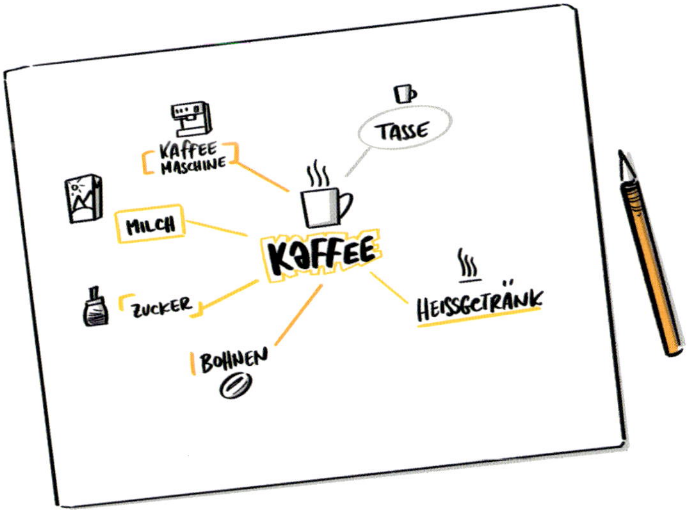


**3.** Jeder Begriff wird jetzt:

- visuell unterschiedlich markiert
- mit dem Ursprung verbunden
- mit einem Icon versehen.

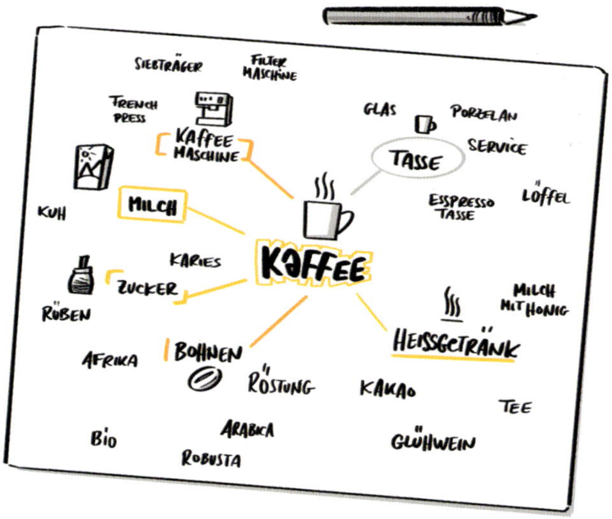


**4.** Mittlerweile sind mir noch weitere Assoziationen zu meinen Hauptbegriffen eingefallen. Dir auch? Führe die Map weiter und schaffe so neue Assoziationen, beispielsweise die Namen von unterschiedlichen Kaffeesorten.

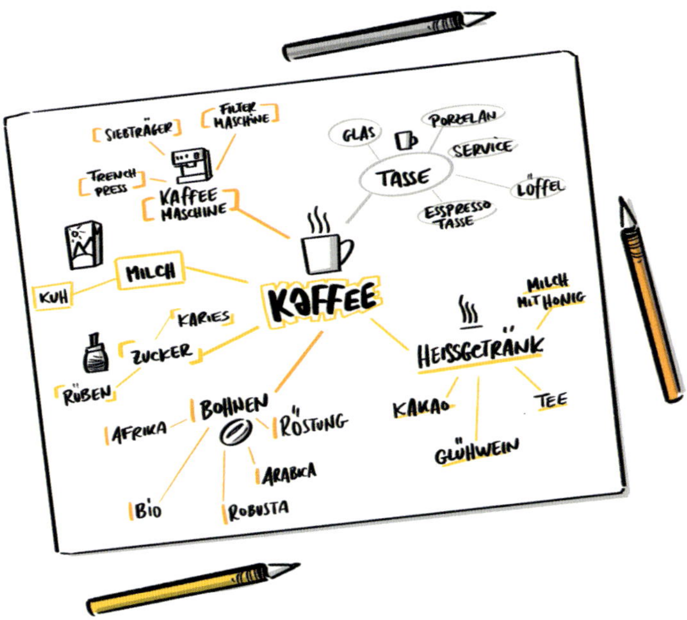


**5.** Verbinde deine neuen Begriffe mit dem Ursprungsbegriff und markiere sie visuell. Wenn du magst, kannst du dort auch Icons zeichnen. Eigentlich ist nur dein Blatt die Grenze – diese Übung kannst du immer weiter spinnen.

# » Tägliche Routine für Woche FÜNF

Zum Abschluss des Kapitels gibt es meine persönlichen Tipps für eine tägliche Routine in deiner Woche FÜNF.

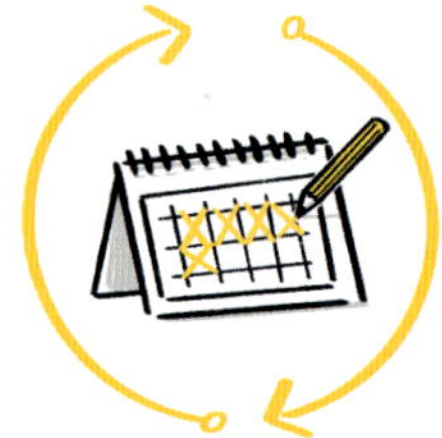

## Zum Warmwerden:

1. Zeichne an jedem Tag der Woche einen der **Warm-ups** (S. 18-20, 34/35, 50/51, 68/69, 84/85) – dehne deine Visualisierungsmuskeln und wärme dich auf.

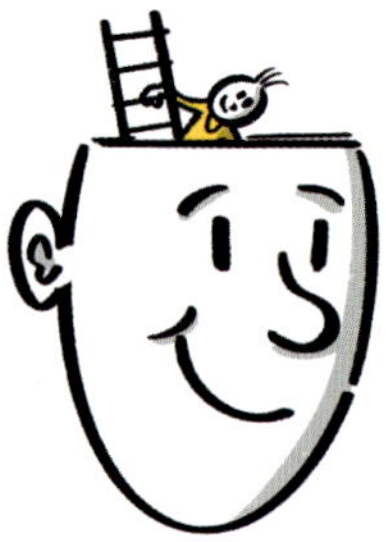

## Zum Vertiefen:

2. Zeichne jeden Tag eine A4-Seite mit **Containern** und **Pfeilen**, damit dir diese fließend von der Hand gehen.
3. Wähle jeden Tag ein anderes Icon und mache die **Übung** auf S. 92/93.
4. Führe die Übung **WHAT-WHY-HOW** mit eigenen, ganz einfachen Themen durch. Zum Beispiel Schlafen, Lesen, Kochen, Joggen, Reden ... Ob deine Antworten wissenschaftlich korrekt sind, spielt für die Übung keinerlei Rolle.
5. Mache die Übung **Assoziationsmap** mit Begriffen und Icons aus dem Starter-Icon-Set, zum Beispiel mit Auto, Haus, Smartphone, Diamant, Tür und Sonne.

**Und jetzt viel Spaß beim Zeichnen!**

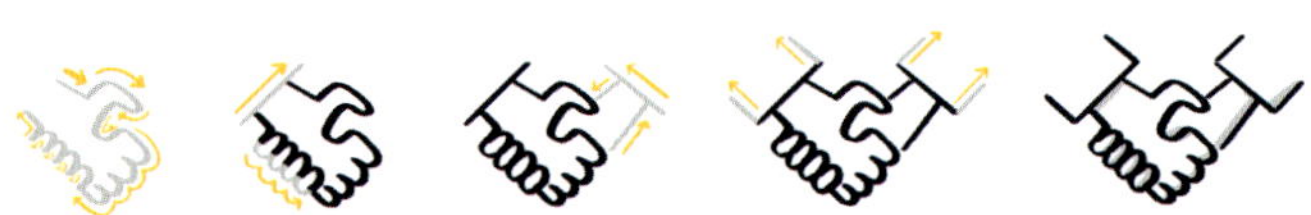

Handshake -
Schritt für Schritt

# » CHECK OUT

## Rückblick auf die Woche

Das Schöne an Strukturen und Hierarchien ist, dass beide einen Zugang zum Bild bieten können. Jeder Mensch steigt anders in eine Sketchnote ein. Dabei ist es nicht wichtig, WO er einsteigt, sondern DASS er den Einstieg überhaupt bewerkstelligen kann. Dafür bist du mit deinen visuellen Fähigkeiten zuständig – behalte das beim Erstellen einer Sketchnote immer im Hinterkopf.

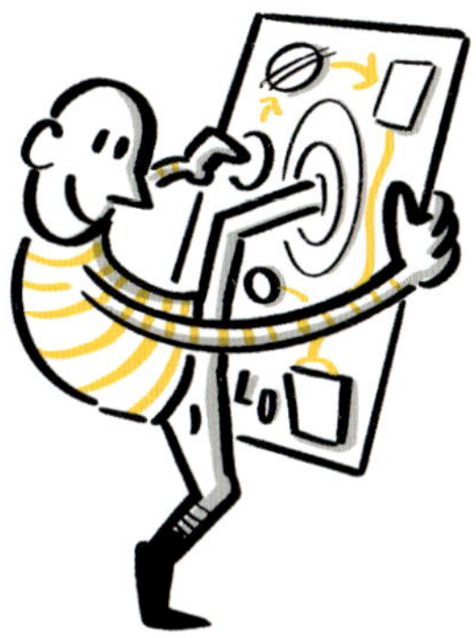

Das gezielte Strukturieren einer Sketchnote fällt am Anfang vielen Einsteigerinnen und Einsteigern schwer. In deiner fünften Workshop-Woche hast du schon ziemlich viel zu diesem Thema erfahren. Alles andere kommt mit der Übung. Am Anfang ist dir die Flowstruktur – also deine eigene, innere Struktur – am nächsten und geht dir wahrscheinlich am leichtesten von der Hand.

## Dein persönliches Highlight der fünften Woche

Bringe Struktur in dein persönliches Highlight der Woche Fünf. Was hat dir besonders gefallen? Ich persönlich bin ziemlich begeistert von den Möglichkeiten, die visuelle Hierarchien in sich bergen und ein großer Fan der What-Why-How-Methode. Hänge dein Highlight der Woche weiterhin gut sichtbar neben die anderen Highlights – mittlerweile sollten da bereits fünf Blätter hängen. Mega, oder?

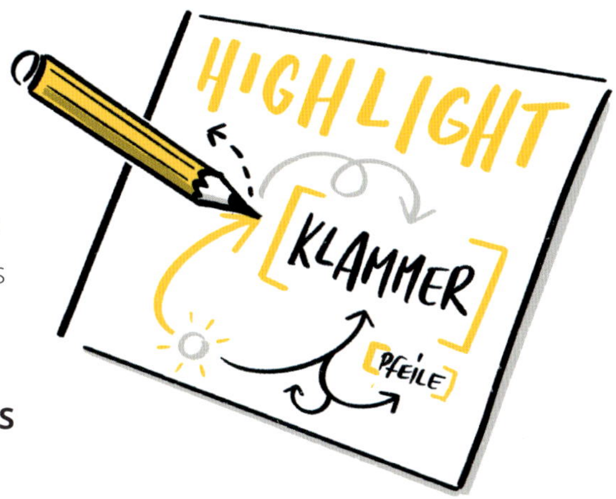


**Im nächsten Kapitel und Woche SECHS dreht sich alles um Bildideen.**

Woche SECHS

# Bildideen

## » Bilder im KOPF

Es ist eine große Kunst, die Informationen, die man in einer Sketchnote verarbeiten möchte, in eine passende Bildidee zu verpacken. Es gibt so viele Möglichkeiten, ein Wort oder eine Kernaussage darzustellen: ganz informell, abstrakt, emotional oder einfach witzig.

Wie gesagt, eine große Kunst, aber auch sehr reizvoll. Denn: So richtig Spaß machen Sketchnotes erst, wenn kreative, tolle Bildideen ins Spiel kommen. Das ist ein bisschen so, wie die geheime Zutat für den Zaubertrank. Es sorgt für die besondere Magie. Ich bin mir ziemlich sicher, dass man meine Sketchnotes anhand meiner Bildideen und meines Stils ziemlich schnell erkennt. Hierin liegt nämlich ein weiterer Reiz, eigene Bildwelten zu kreieren. Du entwickelst deine Sketchnote-Persönlichkeit und fängst an, deinen eigenen Stil zu formen.

Dabei muss die Bildidee nicht 1:1 zum Inhalt passen. Besser ist es, wenn Text die Bildidee ergänzt und beides zusammen die Bedeutung noch verstärkt – ein mächtiges Kreativduo mit hohem Wiedererkennungswert.

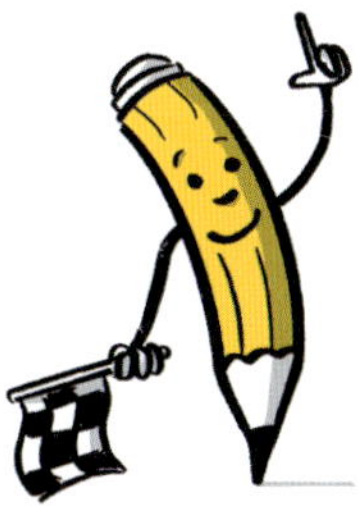

**Meine sechste Workshop-Woche – das erwartet mich**

Du lernst verschiedene Ansätze und Methoden kennen, um schnelle und individuelle Bildideen für deine Sketchnote zu entwickeln.

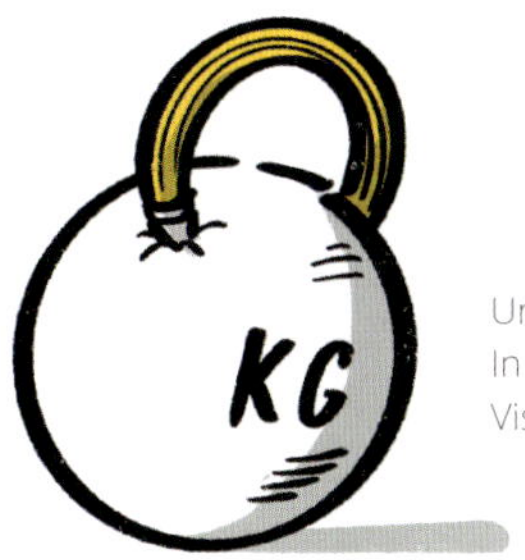


Und ein kleiner Hinweis in eigener Sache: In den letzten zwei Kapiteln lasse ich meine Visualisierungsmuskeln spielen.

# Warm-up INSPIRATION-MAP

Bevor wir loslegen, lockern wir unsere Bildideenmuskeln mit einem Warm-up. Schreibe deinen Namen in Druckbuchstaben mittig auf das Papier. Lasse genug Platz drum herum. Betrachte deinen Namen genau und versuche, jetzt Formen statt Buchstaben darin zu sehen. Jeder Buchstabe hat nämlich eine Form – und daraus entwickeln wir jetzt kleine Bilder. Aus einem M wird dann zum Beispiel ein Vogel, aus dem I eine Straßenlaterne und aus dem C wird Pacman.

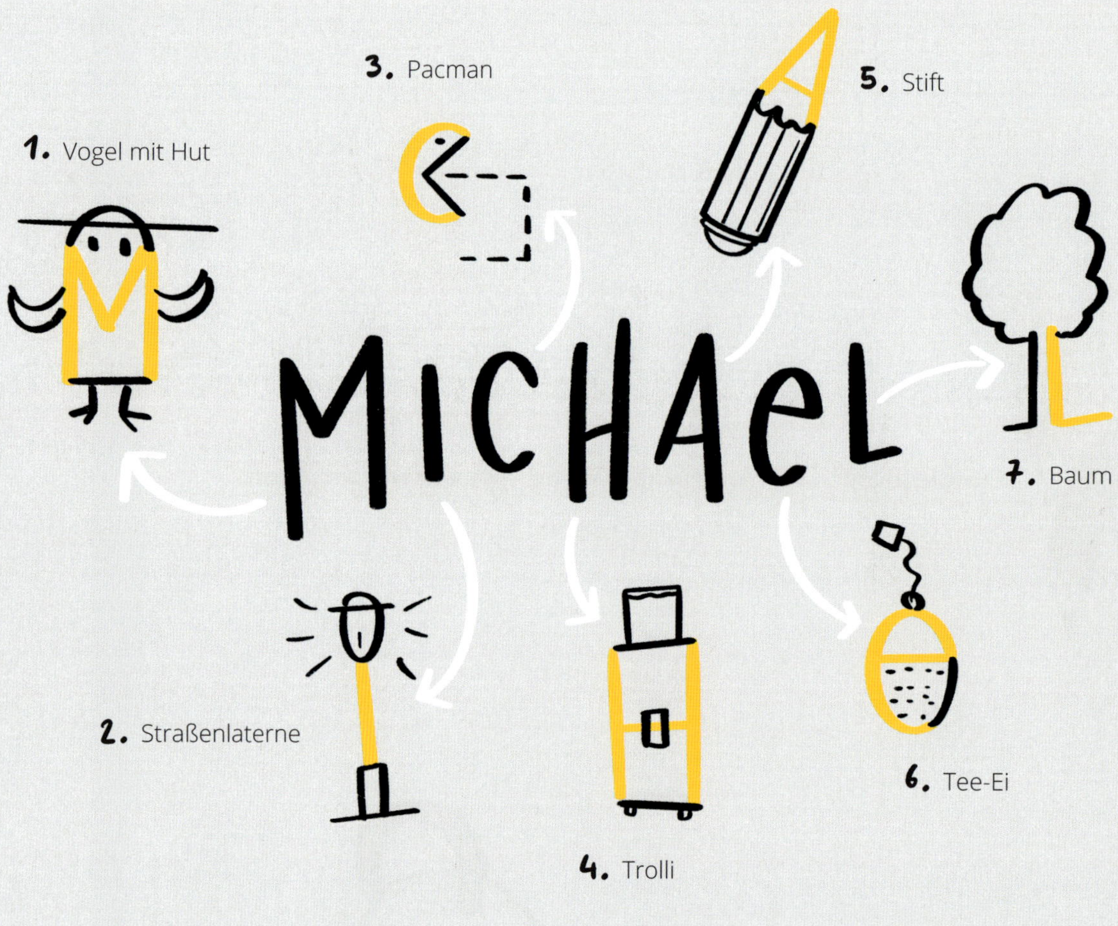

Wenn du magst, kannst du jetzt weitermachen und dich von den gezeichneten Bildern inspirieren lassen. Frei nach dem Motto: Alles ist erlaubt, was die Fantasie anregt und Zeichnungen produziert. Das ist einfaches Storytelling – du brauchst das oft für deine Bildideen. Aber pass auf, dich nicht in diesem Assoziationsspiel zu verlieren.

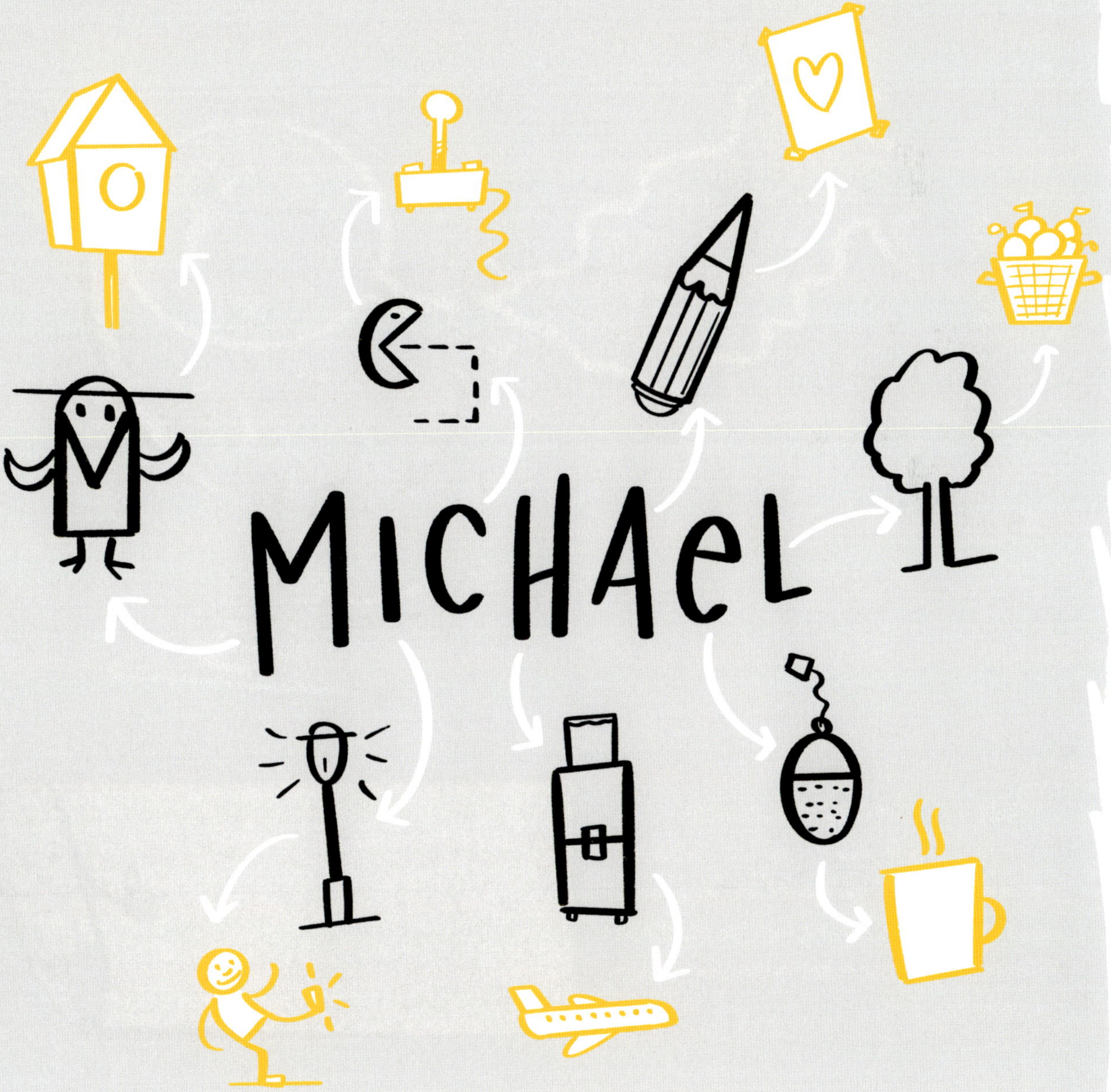

# » Bildhafte Sprache

Die einfachste Variante, Bilder zu entwickeln, ist diese: auf die Bilder im Text achten. Andere liefern dir die Idee zu deinen Bildern, zum Beispiel die Rednerin in einem Vortrag oder der Autor eines Textes – je mehr in sogenannten visuellen Metaphern geredet wird, desto einfacher lässt sich visuell ernten. Also, gut zuhören und auf visuelle Metaphern achten wie zum Beispiel: „Der Kessel steht mächtig unter Druck".

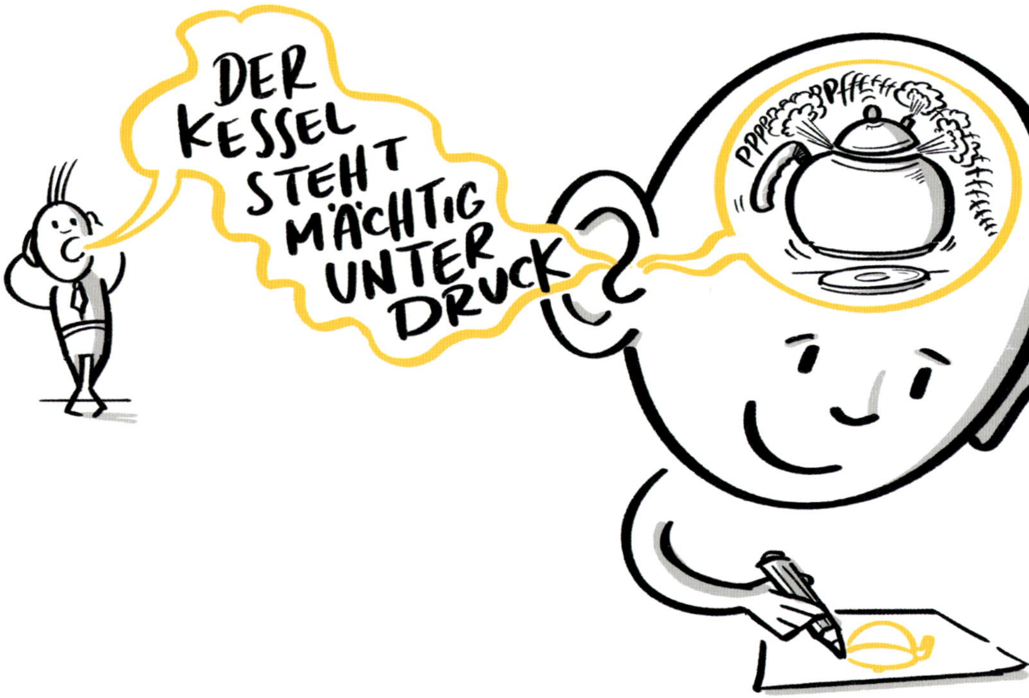


Mit der Zeit wirst du ein „visuelles" Gehör entwickeln, dann löst das Gesagte schon jede Menge Bilder im „Kopfkino" aus. Mit genug Übung kannst du dieses dann zeichnerisch festhalten und aufs Papier bringen.

**TIPP: Bildgeschenke annehmen**

***Oft spielen diese visuellen Metaphern keine große Rolle für den Inhalt. Sie sind aber immer ein guter Einstieg, um zeichnerisch loszulegen. Quasi ein Bild-Goodie zur Begrüßung.***

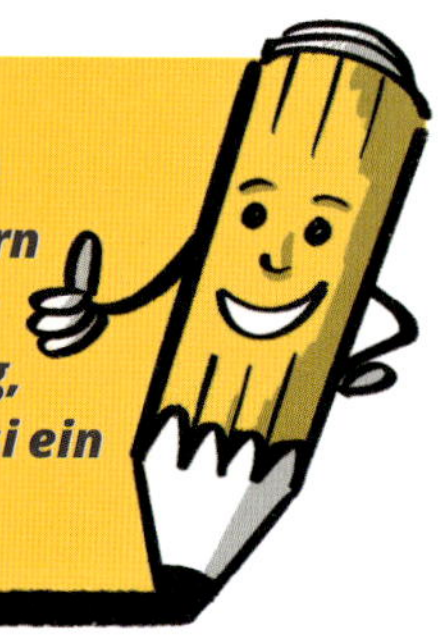

# ÜBUNG Bild-Metapher

Die folgenden Bild-Metaphern habe ich umgesetzt – kannst du alle erkennen und zuordnen? Wie würde das bei dir aussehen, probiere es doch mal aus!

- Ich bin aus allen Wolken gefallen
- Den Nagel auf den Kopf treffen
- Auch ein blindes Huhn findet mal ein Korn
- Auf großem Fuß leben
- Auf dem Schlauch stehen
- Geld aus dem Fenster werfen
- Das läuft im Kopfkino ab
- Jemandem geht ein Licht auf

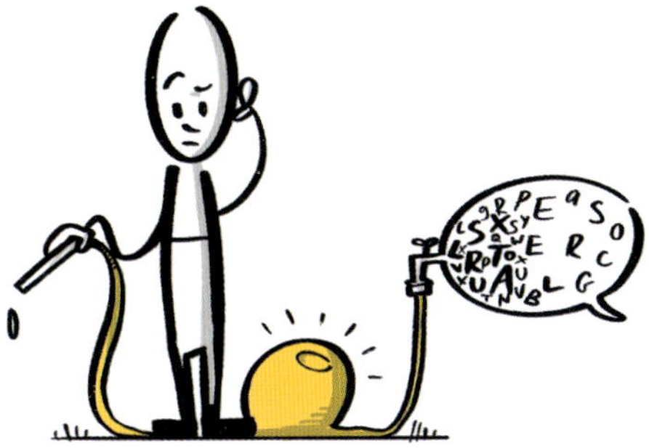

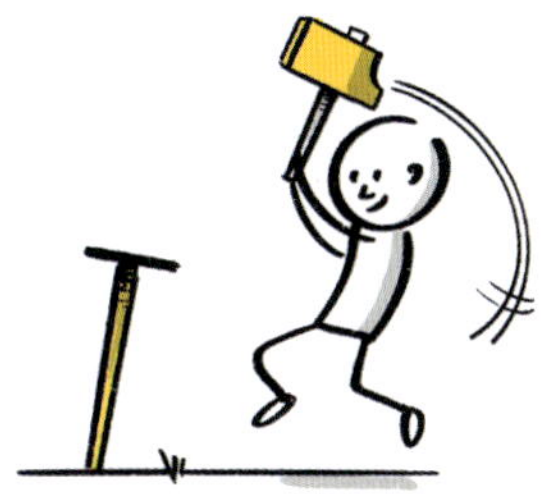

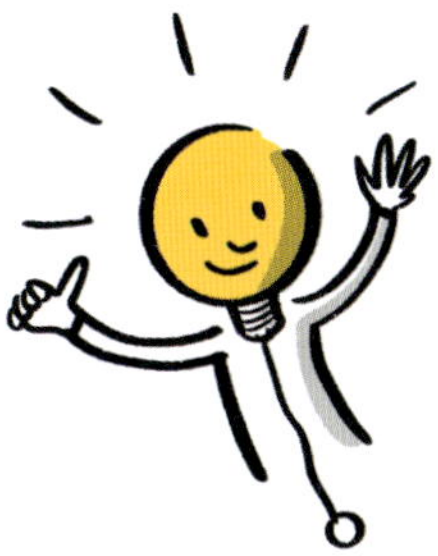

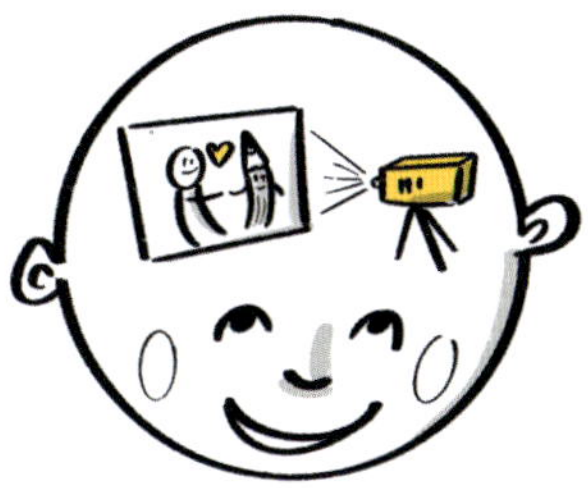

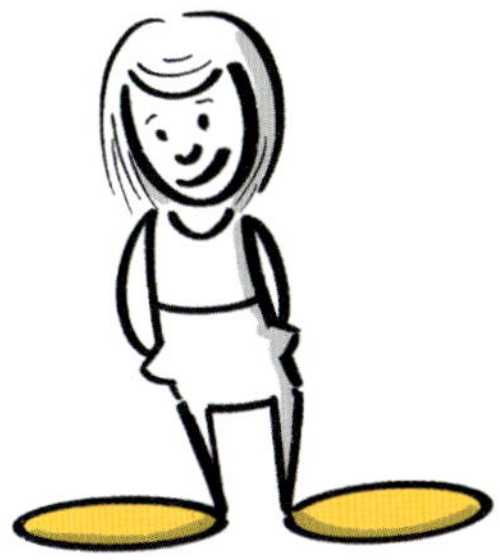

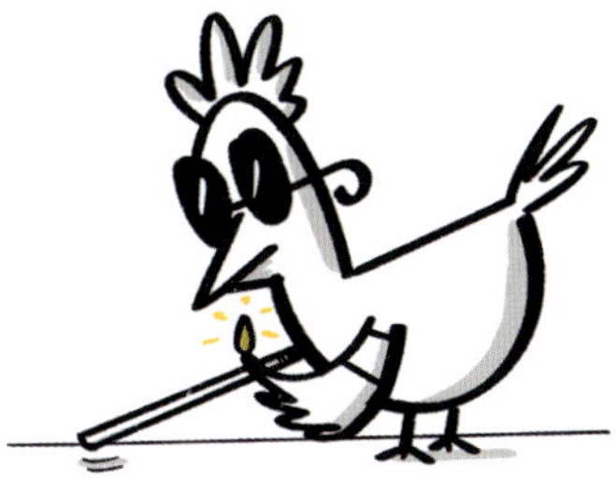

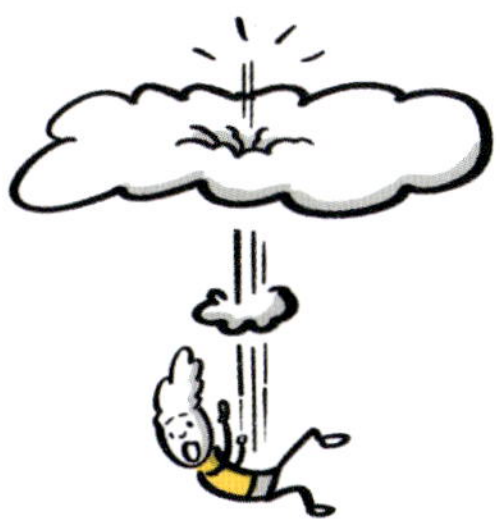

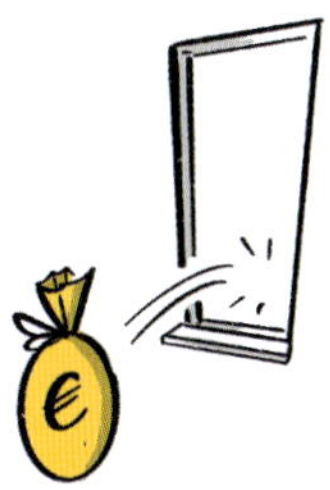

# ÜBUNG Die TIC-TAC-ICON-Matrix

Manchmal braucht man schnell eine einfache Bildidee. Ich greife dann gern auf die TIC-TAC-ICON-Methode zurück: Ich verknüpfe zwei Icons zu einer neuen Bildkombination. Wie das funktioniert? Erkläre ich dir gleich. Für mich hat es sich bewährt, da systematisch vorzugehen, zum Beispiel mit der unten gezeigten Matrix.

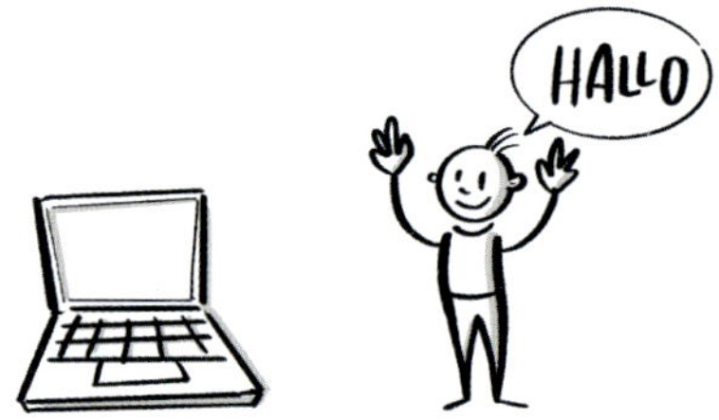


**1.** Das ist der Wunsch: ein Begrüßungsbild für ein Online-Event. Zuerst lege ich zwei Icons fest, zum Beispiel einen Laptop und eine Figur, die HALLO sagt.

**2.** Jetzt zeichne ich die Matrix und setze die Icons oben links und unten rechts ein.

**3.** Nun suche ich nach einfachen Kombinationen – tausche etwas gegeneinander aus, ergänze etwas und fülle die leeren Felder. Wenn sich Varianten ähneln oder nicht alle Felder gefüllt sind ist das okay – hier zählt die Einfachheit der Idee.

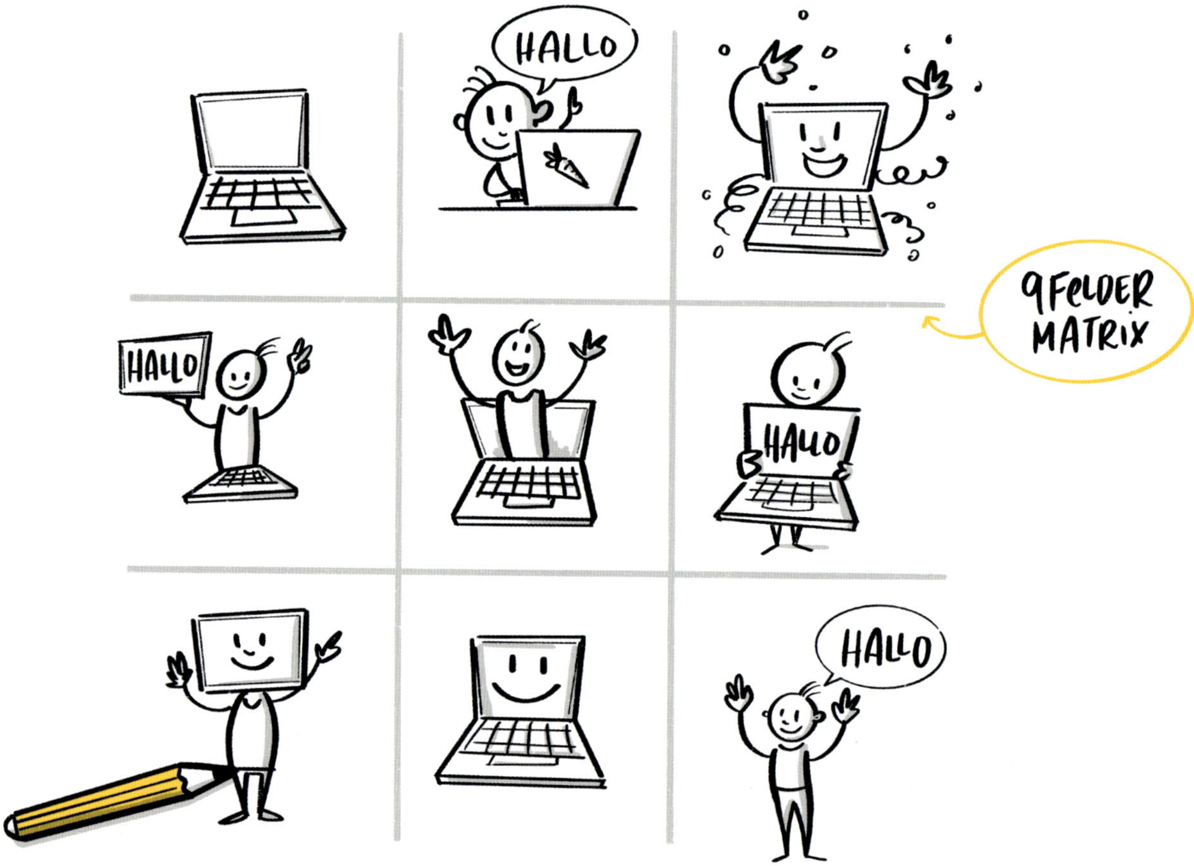

## ÜBUNG Personifikation

Ein Kniff, den ich total gerne anwende, ist das Personifizieren von Gegenständen oder Begriffen als „menschliche" Objekte mit Armen, Beinen und Gesicht. So kann ich ganz gezielt kleine, situative Geschichte erzählen. Hier zeige ich es dir anhand der Begriffe „Projekt" und „Zeit".

**1.** Suche zuerst passende Icons für die Begriffe. Für die Zeit zum Beispiel eine Uhr, und für das Projekt den Anfangsbuchstaben „P".

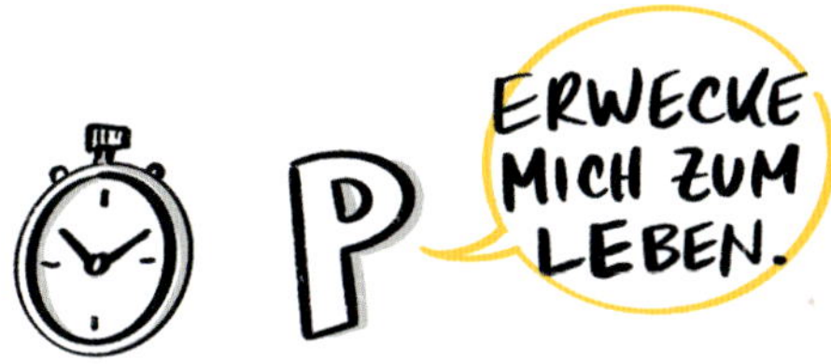


**2.** Mache jetzt kleine Figuren daraus.

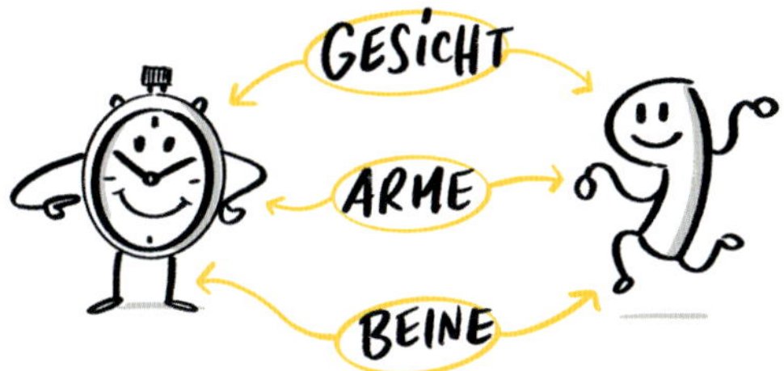


**3.** Und jetzt erzählst du Geschichten, indem du die beiden aufeinander loslässt.

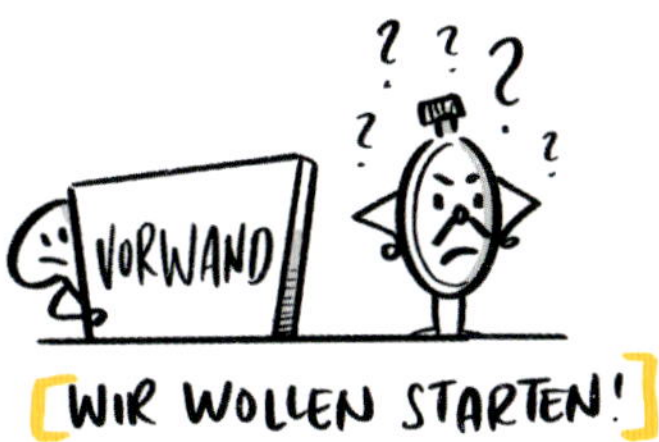


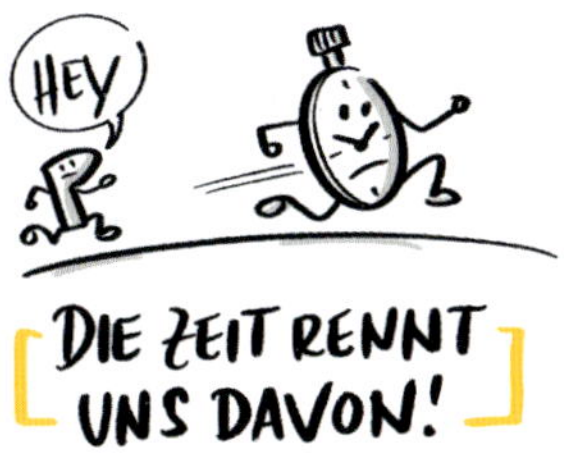


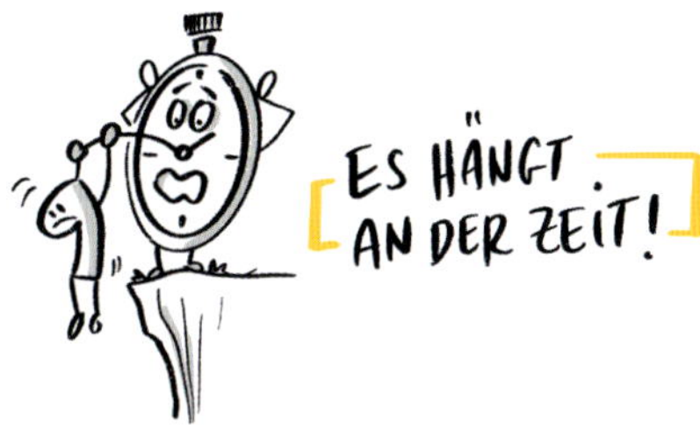


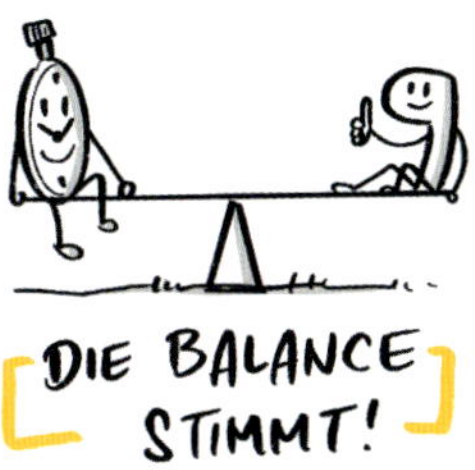


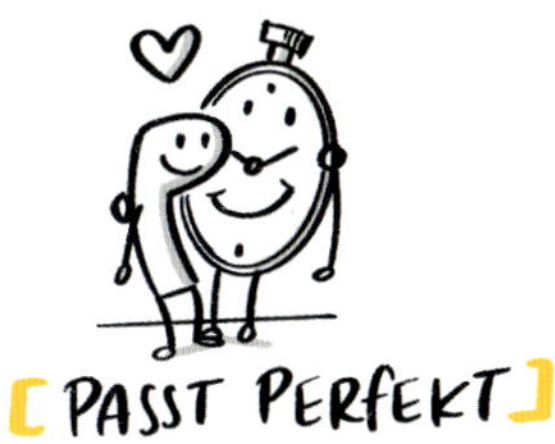


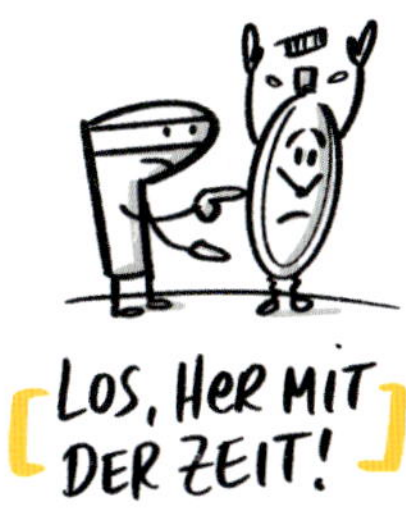

# ÜBUNG Das Bild-PLUS-Prinzip

Ein Begriff, den du hörst, erzeugt oft sofort ein Bild in dir. Dieses Wort dann 1:1 in ein Bild umzusetzen, kann sinnvoll sein. Wenn du allerdings auch den Kontext betrachtest, in dem das Wort gefallen ist, kann dies die Möglichkeiten erweitern, dein Bild noch anzureichern oder auszuschmücken. So entsteht oft eine erzählerische Szenerie.

**Ein Beispiel:**
Du liest oder hörst: XY hat sich ein Haus gekauft. Instinktiv würdest du jetzt einfach ein Haus zeichnen.

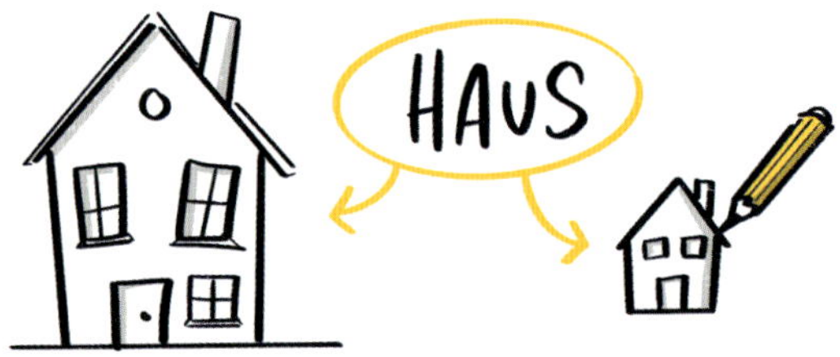


Aber da kommt noch mehr: Das Haus liegt in einem verschlafenen Nest.
Ah, hier finden sich noch zwei weitere Informationen. Nest ist dabei die Metapher für Dorf.

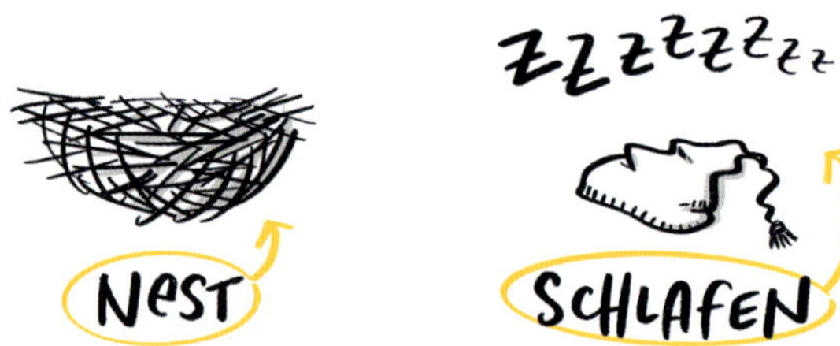


Und schon lassen sich die Informationen mit dem Haus-Bild zu einem eigenständigen Szenario kombinieren.

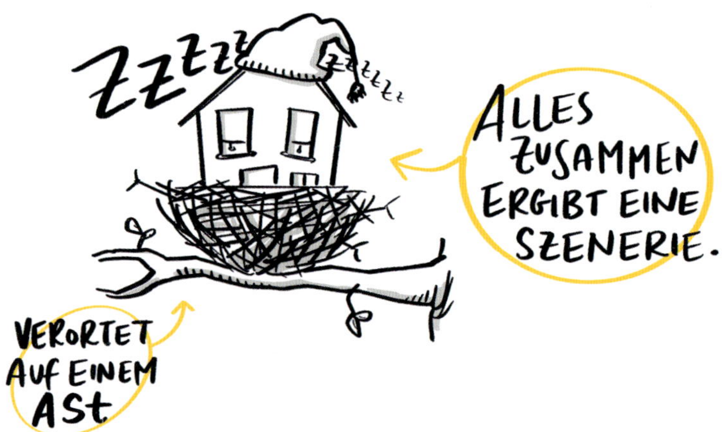

# » Bildaufbau - Wo steht wer?

Es ist beim szenischen Zeichnen wichtig, immer zu überlegen, was auf dem Bild dem Betrachter am nächsten liegt. Warum? Weil das am nächsten liegende Objekt dann als erstes gezeichnet werden soll. Wird diese Regel nicht beachtet, kann das zu Überschneidungen führen. Das irritiert unsere Sehgewohnheiten, denn das Entschlüsseln, was sich vorne und was hinten befindet, dauert dadurch länger.

**Hier siehst du ein Beispiel:**
Ist jetzt die Figur oder der Baum im Vordergrund?

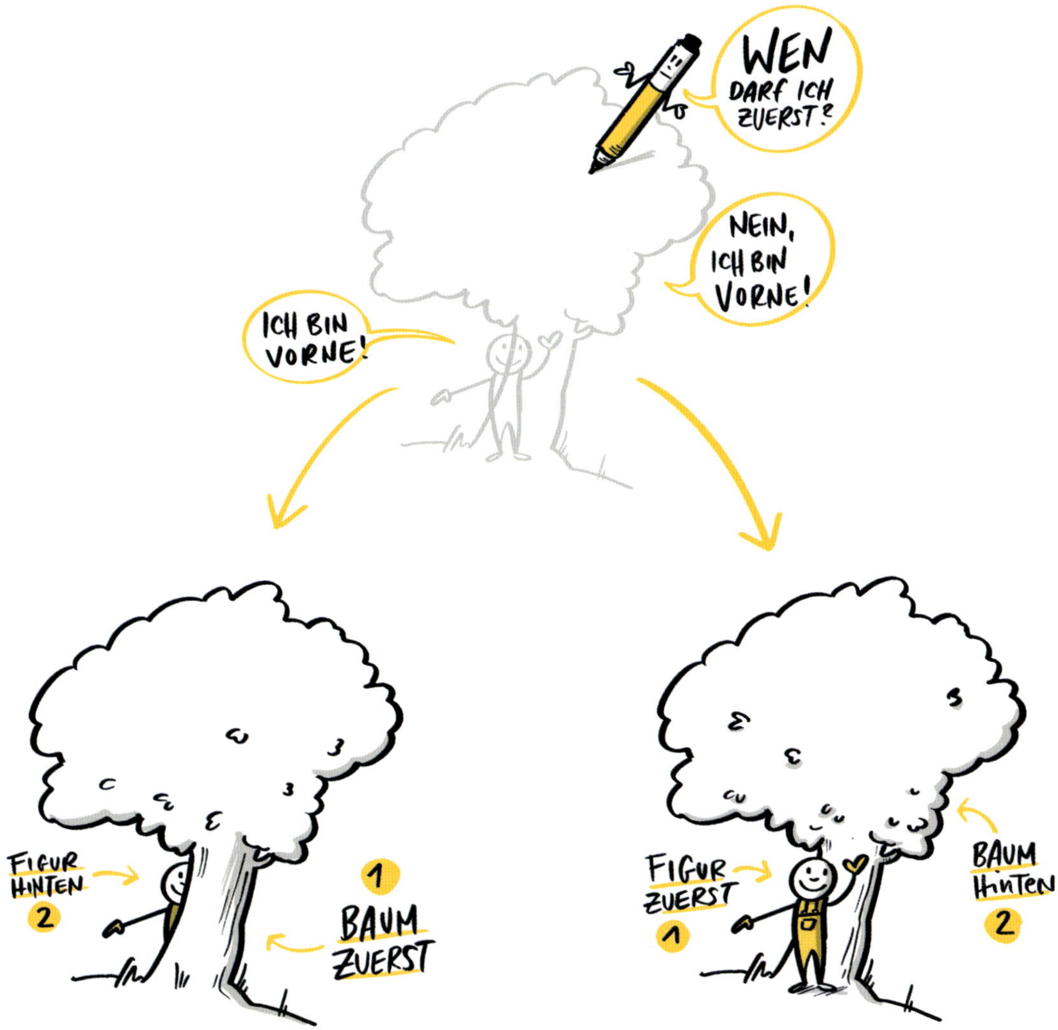

## ÜBUNG Der Bildmixer

Im Gegensatz zur Tic-Tac-Icon-Matrix (siehe S. 106) stellt der „Bildmixer" mehrere Bilder eines Begriffs zu neuen Bildkombinationen zusammen. Du kannst es hier gleich mit mir ausprobieren. Folgende Zutaten brauchst du dazu:

**1.** Einen Begriff oder eine Kernaussage – wenn der Begriff aus zwei Wörtern besteht, teilst du ihn auf. Lass uns zum Beispiel den Begriff **Goldsuche** nehmen.

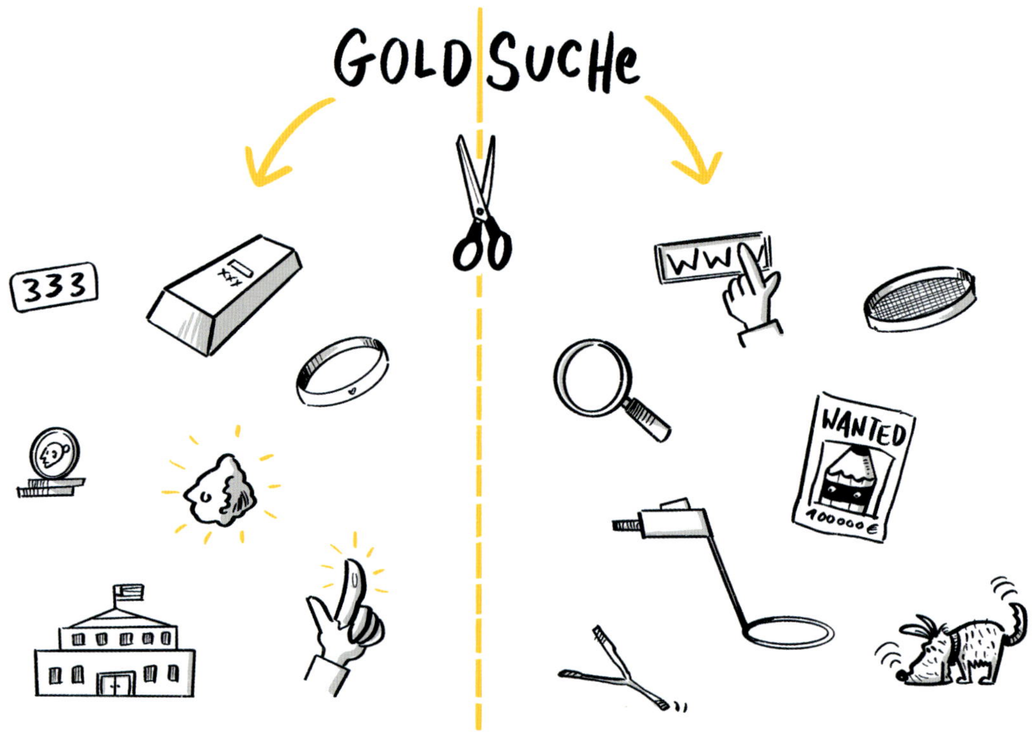


**2.** Suche jetzt Bilder zum Begriff – ruhig auch mal online. Für **Gold** könntest du finden: Goldbarren, Nuggets, Münzen, Fort Knox, Goldfinger, Ring und 333er Gold …
Für die **Suche**: Lupe, Metalldetektor, Sieb, Wünschelrute, Steckbrief, Suchmaschine und Hund …

**TIPP: Bildersuchen im WWW**
***Online Bildersuche klappt am besten mit dem Begriff z. B. GOLD plus dem Zusatz Icon, Bild, Piktogramm oder Grafik. Und dann auf Bildersuche gehen.***

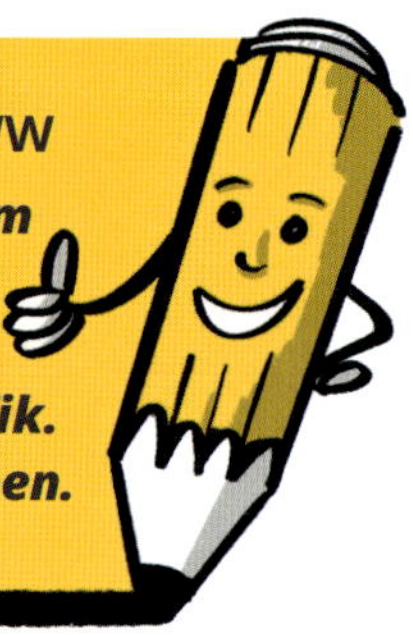

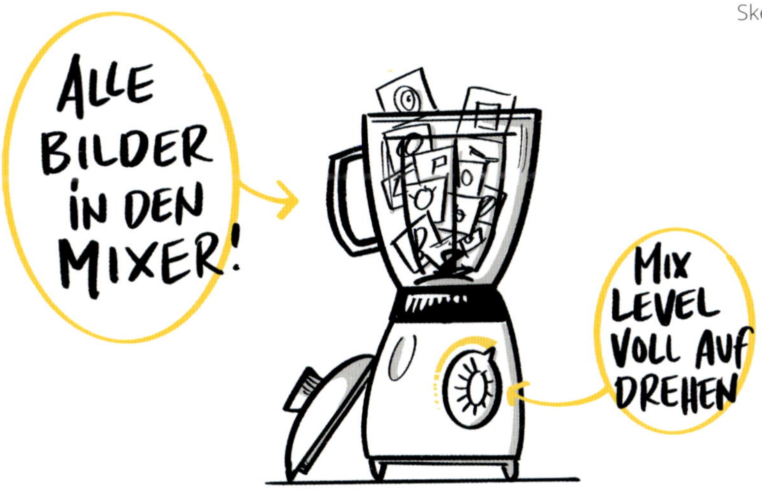


**3.** Jetzt kommt alles in den Mixer und dann geht es los.

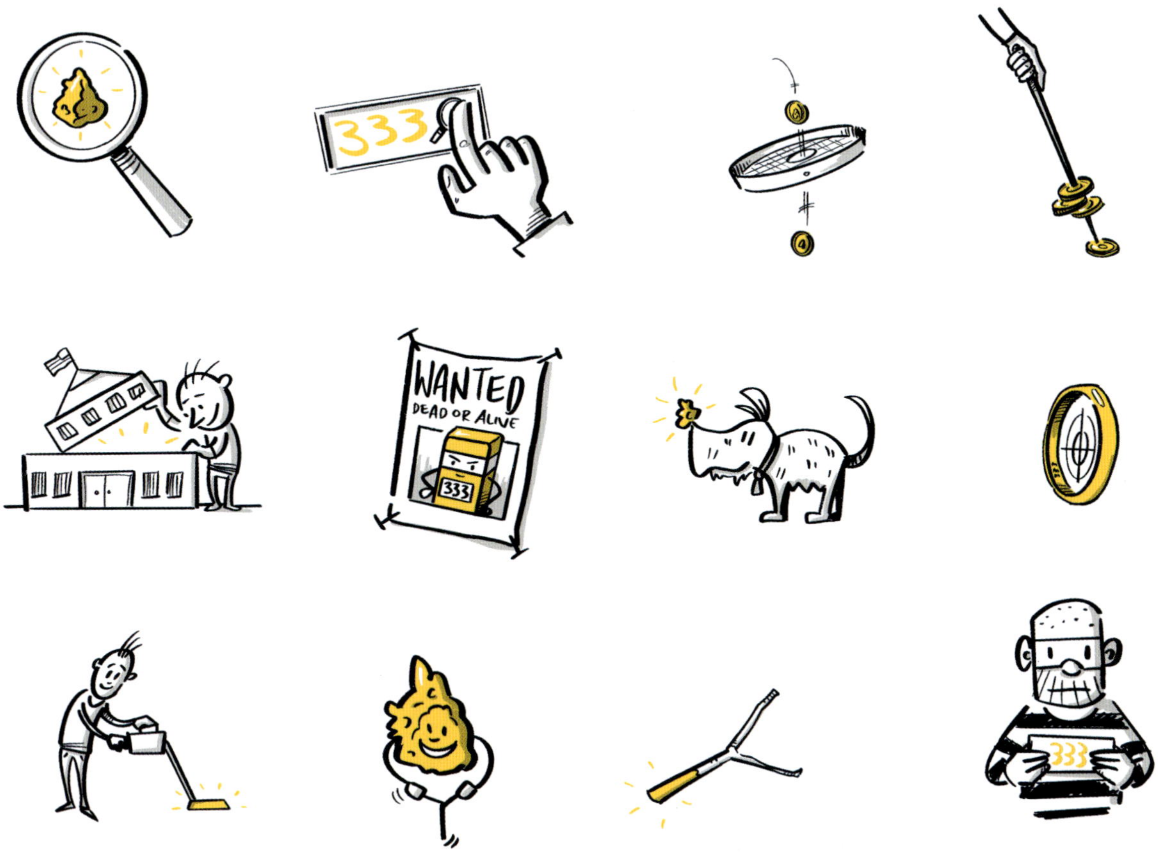


**4.** Jetzt zeichnest du, kombinierst und fügst alles zusammen, bis dir nichts mehr einfällt – denke mit dem Stift und zwar ganz laut. Kann sein, dass deine Ideen auch manchmal total weit weg vom Ursprung und völlig unnütz sind, aber mir dienen gerade diese dann oft als Inspiration, um Neues zu entdecken.

## ÜBUNG Ein Schlüsselbild entwerfen

Der Titel einer Sketchnote ist etwas, das sofort ins Auge fallen sollte. Meistens ist das ein Wort oder eine knackige Überschrift. Fügst du ein Bild hinzu, gibt das dem Titel mehr Power. Oft findet man neben der Überschrift ein Portrait des Redners oder der Rednerin. Damit ist klar – es handelt sich um einen Vortrag.
Du kannst aus dem Thema der Sketchnote auch ein sogenanntes „Schlüsselbild“ oder „Key Visual“ erzeugen. Dazu brauchst du eine Bildidee, die zum Thema passt.
Ein Schlüsselbild, das den Titel als Wort enthält, hat die größte Aussagekraft. Ich zeige dir das hier anhand des Themas „Visuelles Denken“.

**1.** Die Bildmixer-Methode ist immer eine gute Wahl, um tolle Bilder zu finden. Die Entscheidung sollte schließlich auf eines davon fallen.

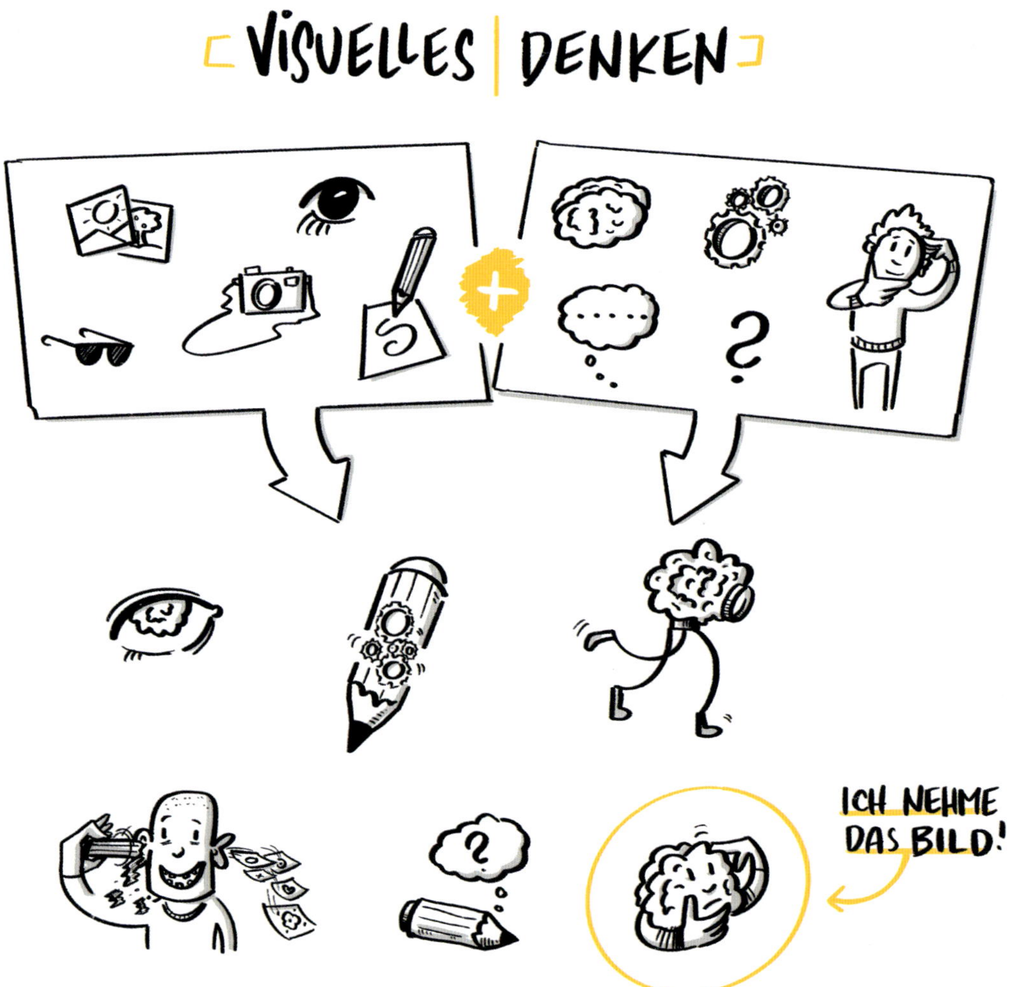

**2.** Der nächste Schritt sind ein paar Layout-Skizzen. Der Kreis steht für das Bild, das Rechteck für die Textfläche. Hier ist alles erlaubt und richtig. Ob es optimal funktioniert, siehst du bei der Umsetzung. Hier sind fünf Möglichkeiten für die Anordnung von Bild und Text:

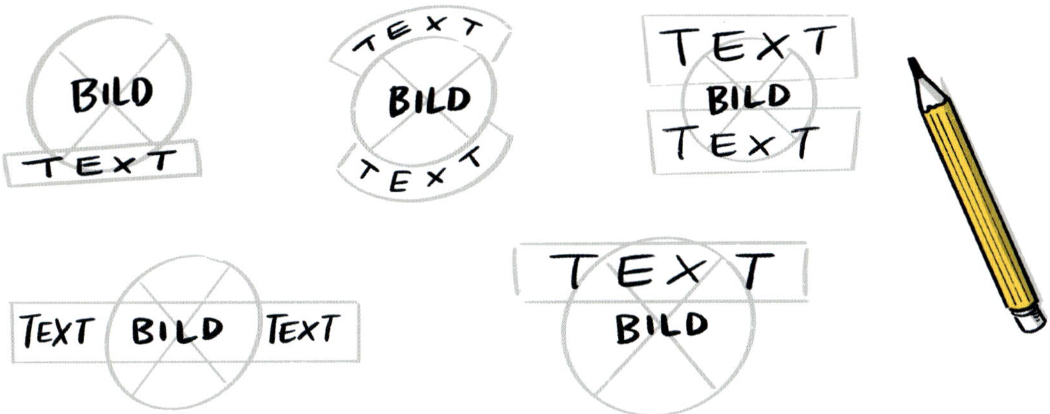


**3.** Nun heißt es überlegen: Was wird zuerst gezeichnet (siehe S. 109)? Hier kann eine grobe Vorskizze mit Bleistift sehr hilfreich sein. Bei der Umsetzung darf ruhig mit Farben, Effekten und der Schrift gespielt werden. Welches Schlüsselbild gefällt dir am besten?

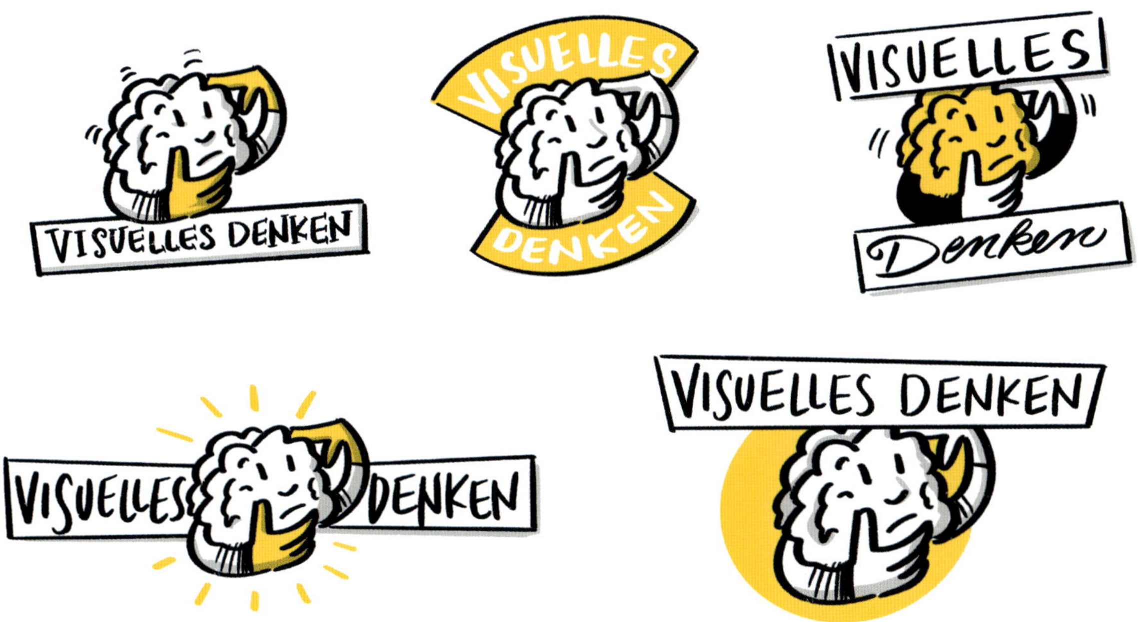

# » Tägliche Routine für Woche SECHS

Zum Abschluss der Workshop-Woche gibt es meine persönlichen Tipps für eine tägliche Routine in deiner Woche SECHS.

**Zum Warmwerden:**

1. Zeichne an jedem Tag der Woche einen der **Warm-ups** (S. 18-20, 34/35, 50/51, 68/69, 84/85 und 102/103) – wecke den Visualisierer oder die Visualisiererin in dir!

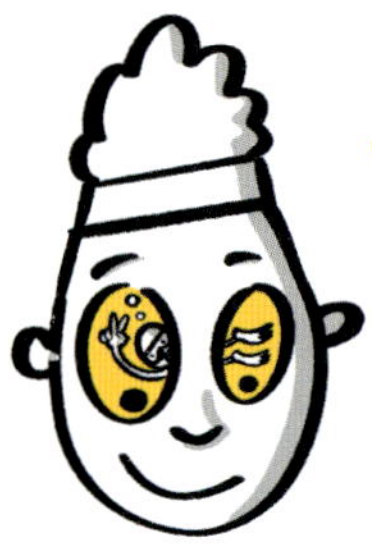

**Zum Vertiefen:**

2. Wende die **TIC-TAC-ICON-Matrix** (S. 106) mit Icons aus deiner Bibliothek an. Schau, was du kombinieren kannst. Vervollständige die Bilder dann mit Farbe und Effekten.

3. Suche fünf **Bild-Metaphern** und zeichne sie (S. 104/105).

4. Schmeiß deinen **Bildmixer** (S. 110) an, zum Beispiel mit folgenden Begriffen: Infogespräch, Brainstorming, Liebesrausch und Eismaschine. Du kannst natürlich auch eigene Begriffe nehmen.

5. Entwickle ein **Key-Visual** (S. 112) mit den Begriffen aus Punkt 4.

**Und jetzt viel Spaß bei deiner letzten Trainingswoche!**

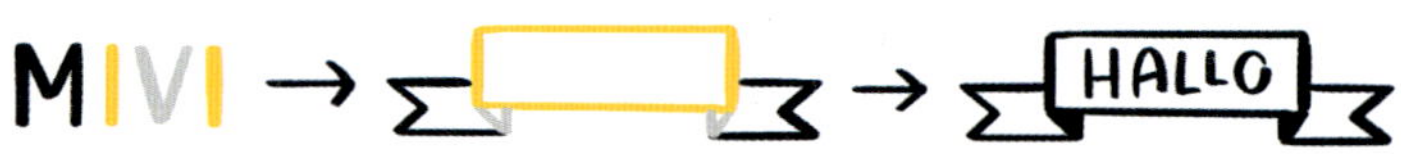

Der MIVI Banner.
Toller Container für den Titel

# » CHECK OUT

## Rückblick auf die Woche

Du hast in diesem Kapitel verschiedene Methoden an die Hand bekommen, um eigene Bildideen zu generieren. Das Spektrum reicht dabei von der schnellen Snack-Idee bis hin zum komplexeren Bildkonzept. Dabei gilt natürlich: Je ausgefallener oder komplexer die Bildidee, umso aufwändiger ist der kognitive Prozess dahinter. Aber auch hier kannst du dir durch tägliches Üben Automatismen antrainieren, die den schnellen Zugang zu den eigenen Bildern im Kopf ermöglichen. Und mit genug Zeichenübung lassen sich die Bildideen dann auch schnell mit dem Stift umsetzen.

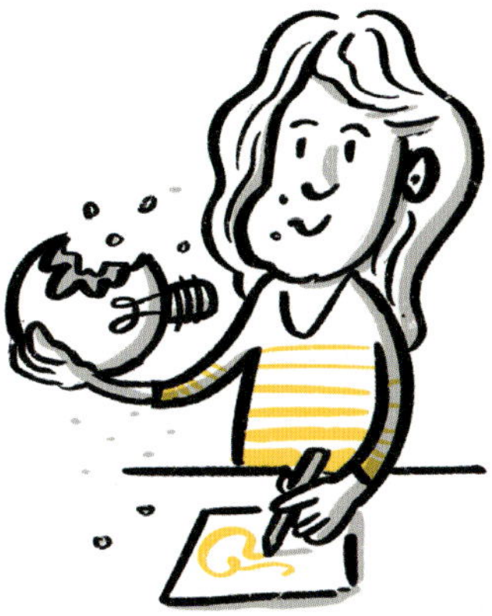

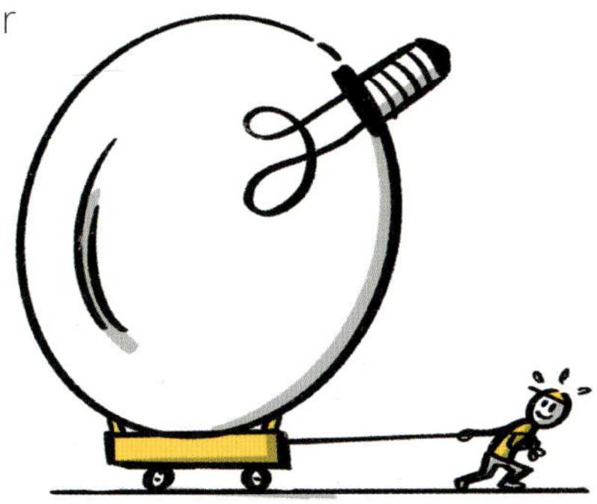

## Dein persönliches Highlight der sechsten Woche

Welche Bildidee-Methode sagt dir am ehesten für den Anfang zu? Ich persönlich bin total verrückt nach der Personifikation von Objekten. Warum? Mit dieser Methode kann ich meinen Humor wunderbar platzieren und viel erzählen. Hänge dein Highlight der Woche weiterhin gut sichtbar neben die anderen Highlights – mittlerweile sollten da sechs tolle Blätter hängen.

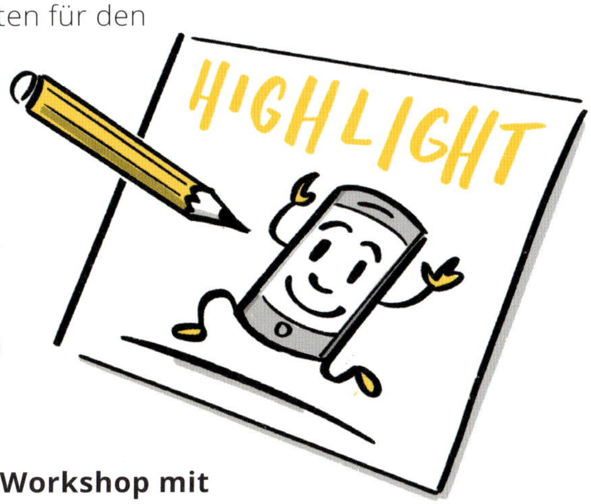


**Im nächsten Kapitel schließen wir den Workshop mit deiner ersten Sketchnote ab. Ich freue mich schon drauf!**

Deine erste

# SKETCHNOTE

# » Es fügt sich alles ZUSAMMEN

Das letzte Kapitel – und der rote Teppich für deine erste Sketchnote ist ausgerollt! Hier bringst du jetzt alle Elemente zusammen, mit denen du dich in den vergangenen Workshop-Wochen beschäftigt hast. Dank deines gesammelten Wissens und der vielen Übungen im Buch bist du jetzt für deine erste Sketchnote bestens präpariert.

Denk daran: Du befindest dich in Zone EINS (siehe S. 14). Du zeichnest für dich und in deinem eigenen Rhythmus. Es kann nichts schiefgehen. Dieser Schritt, in dem du alles Gelernte in eine Zeichnung bringst, gelingt – das zeigt die Erfahrung – meistens sehr gut.

Trotzdem gibt es möglicherweise noch genügend Optimierungspotenzial. Lasse dich nicht entmutigen, wenn nicht gleich alle Größenverhältnisse stimmen oder der Schatten noch nicht richtig sitzt. Hin und wieder klappt das mit der Platzverteilung nicht und eine Bildidee stellt sich auch nicht immer ein. Das ist alles ganz normal – du bist Einsteigerin oder Einsteiger – und die beginnen bekanntlich ganz am Anfang. Am besten machst du die nun folgende Übung nicht nur einmal, sondern zwei- oder sogar dreimal.

**Du wirst sehen – es lohnt sich!**

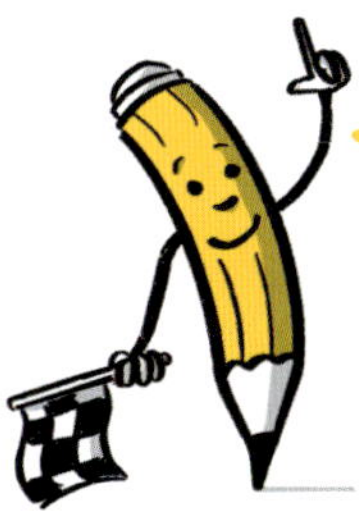

**Meine letzte Workshop-Einheit – das erwartet mich**

Du fertigst deine erste Sketchnote an und klopfst dir dann schön lange auf die Schulter. Versprochen!

# Warm-up aus dem Kopf

Das letzte Warm-up in diesem Buch wartet auf dich – es trainiert deine Vorstellungskraft und dein bewusstes Beobachten. Genau das brauchen wir für schnelle und einfache Zeichnungen, denn nur, wer gut beobachtet, kennt die entscheidenden Merkmale eines Objektes, wenn er es ad hoc abrufen möchte.

Alles, was du dafür brauchst, ist ein Gegenstand – nicht zu einfach, aber auch nicht zu komplex in der Form. Mein Beispiel sind meine Bluetooth-Kopfhörer.

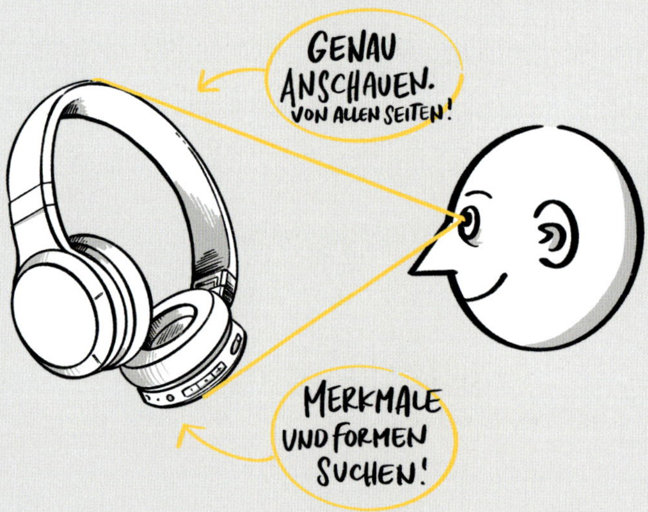


**1.** Schau dir den Gegenstand etwa zwei Minuten ganz intensiv an. Erfasse die Grundformen, die Merkmale und eventuell auch, wie das Ding funktioniert.

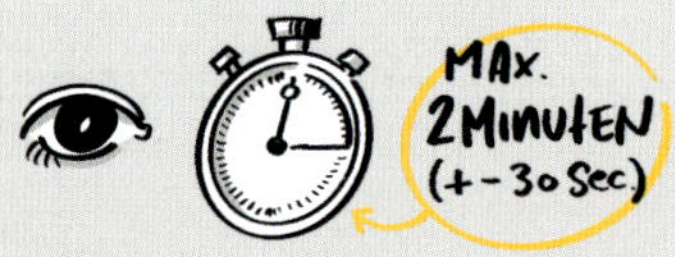


**2.** Lege den Gegenstand aus deinem Sichtfeld. Zeichne dann das Objekt aus dem Gedächtnis auf ein Blatt Papier. Zeichne alles, was dir wieder einfällt – gern auch einzelne Details oder wie man den Gegenstand anwendet.

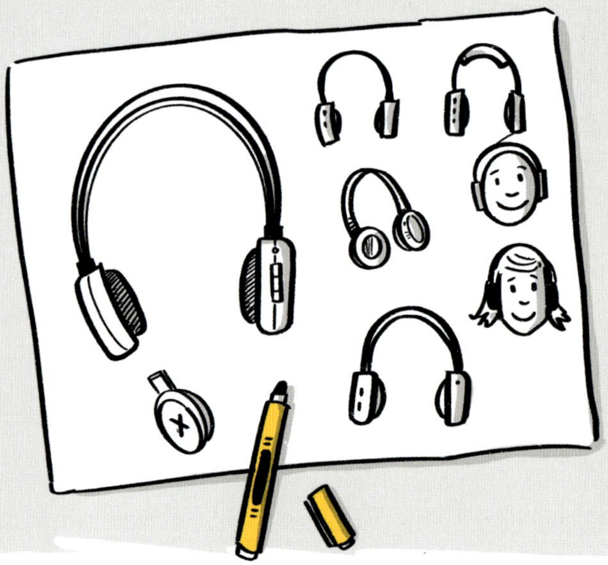

# ABSCHLUSSÜBUNG Dein Wunschtag

Die folgende Übung, die ich auch gern am Ende meiner Workshops von den Teilnehmenden ausführen lasse, heißt „Mein Wunschtag". Hier kannst du dich inhaltlich so richtig austoben – an deinem Wunschtag gibt es keine Grenzen. Es ist DEIN Tag und du kannst machen, was du willst: grenzenlos fliegen, im Ozean tauchen, endlos schlafen oder ein ausgiebiges Bad in heißer Lava nehmen.

**Lass uns loslegen:**

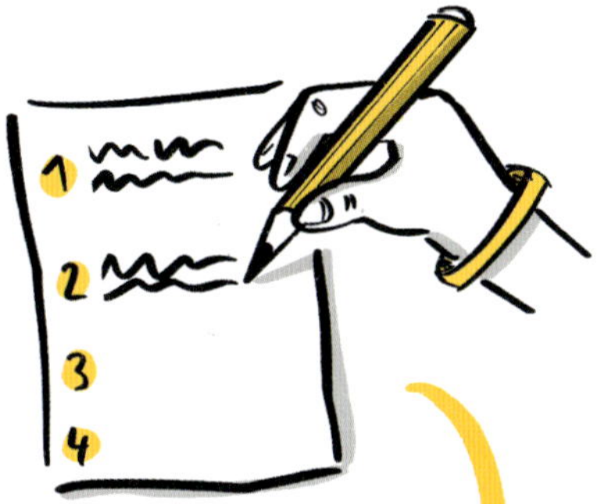


**1.** Schreibe dir vier Stationen deines Wunschtags auf. Was willst du unbedingt an diesem Tag erleben?

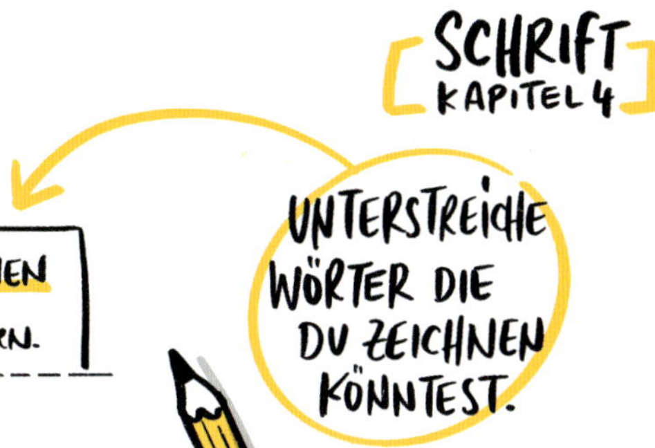


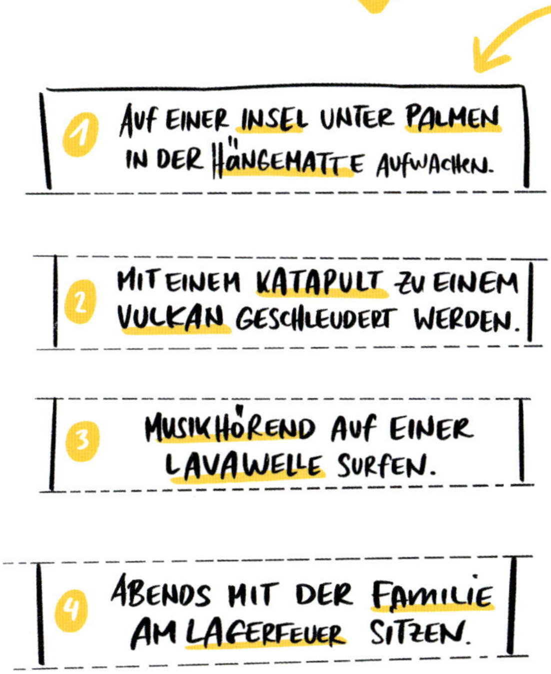


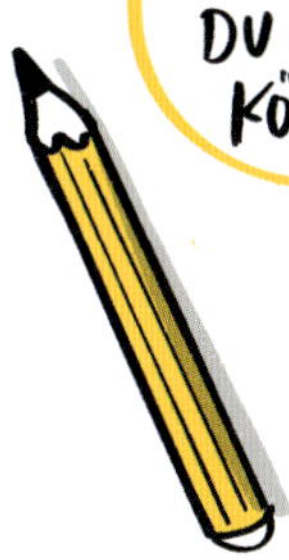

**2.** Wenn du die vier Stationen einzeln betrachtest, ergibt sich ein erster Anhaltspunkt für die Struktur.

**TIPP: Konzept - so geht's**

***Die Übung vermittelt dir eine Herangehensweise, wie du einKonzeptimKopfineine Visualisierungverwandelst. DasPrinziplässtsichmehroder weniger immer anwenden.***

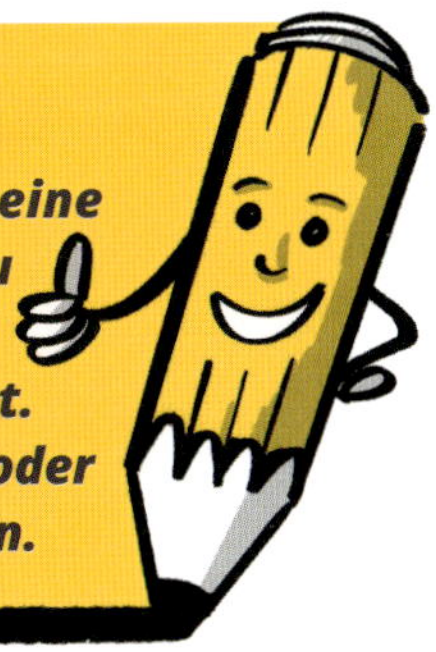

**Weiter geht es auf der nächsten Seite**

**3.** Überlege Bilder oder Icons zu deinen Stationen. Versuche, die Aktivität zeichnerisch zu erzählen. Noch probierst du aus und suchst nach Bildideen. Zeichne deine Ideen ruhig auf mehrere Blätter – probier dich aus. Das gibt Sicherheit beim Umsetzen.

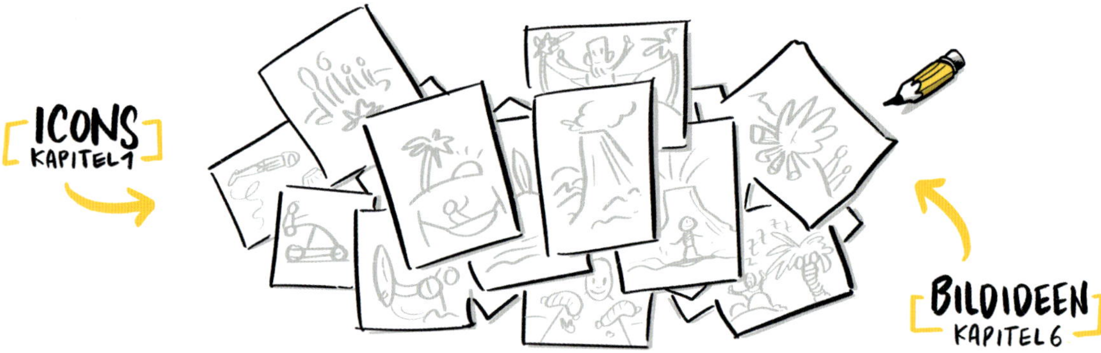


**4.** Entscheide dich dann für vier Bilder deiner Wahl. Ich habe als Beispiel einmal eine komplexe und eine einfache Lösung für die einzelnen Stationen gezeichnet. Wir gehen mit der komplexeren Lösung zum nächsten Schritt über.

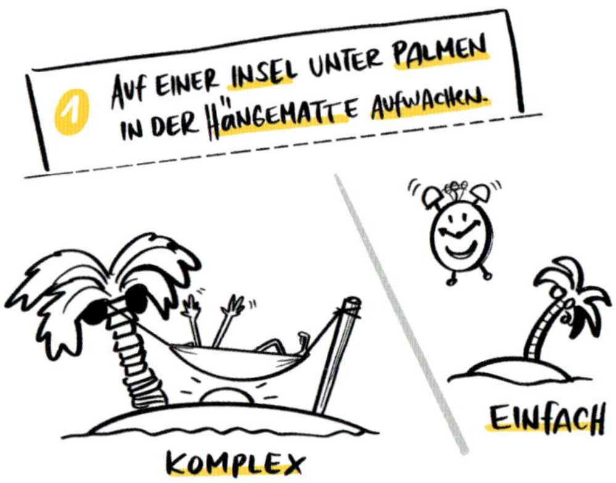


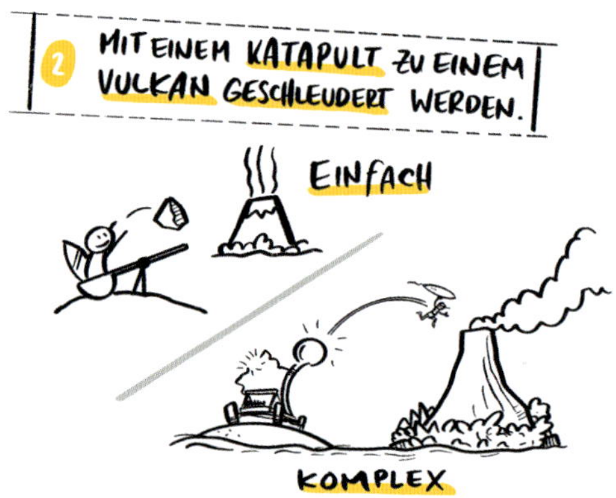


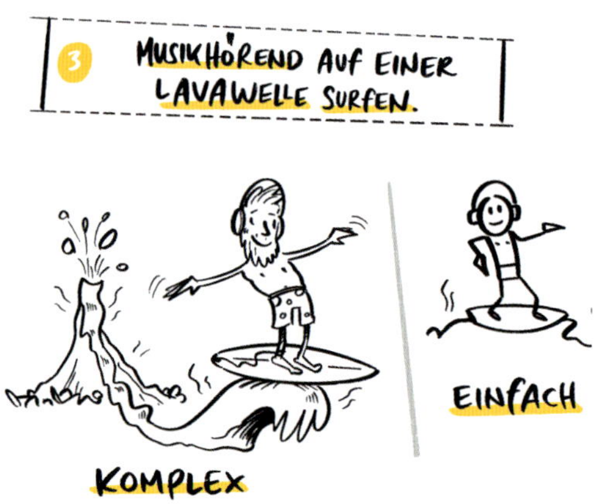


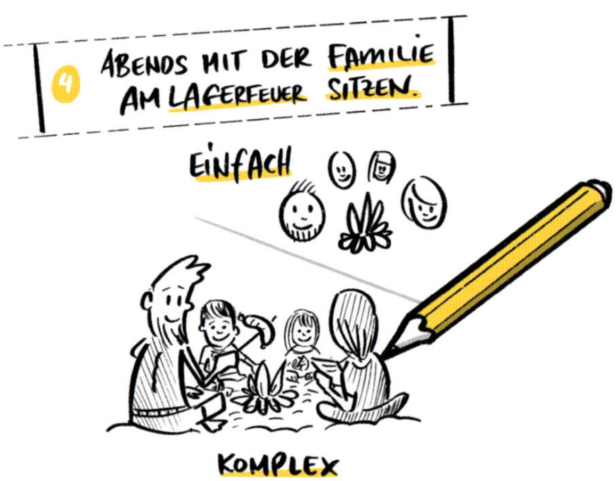

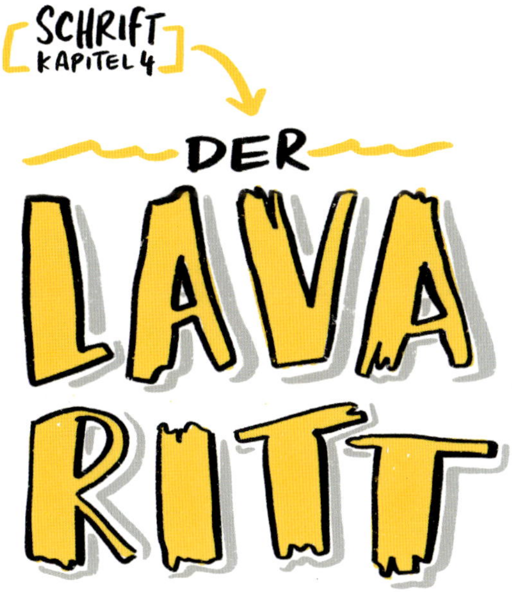


**5.** Finde eine Überschrift und überlege, wie du sie einsetzen möchtest. Ich nenne meinen Tag „Der LAVARITT“. Wir sind noch in der Entwurfsphase, deshalb verwende ich mehrere Blätter, um meinen Titel zu gestalten. So sieht dann der fertige Titel aus.

**6.** Jetzt überlegst du dir eine Struktur, um von deinem Wunschtag zu erzählen. Denk an Container, Cluster und Weißraum. Was gehört zusammen, was nicht? Stimmt die Reihenfolge?

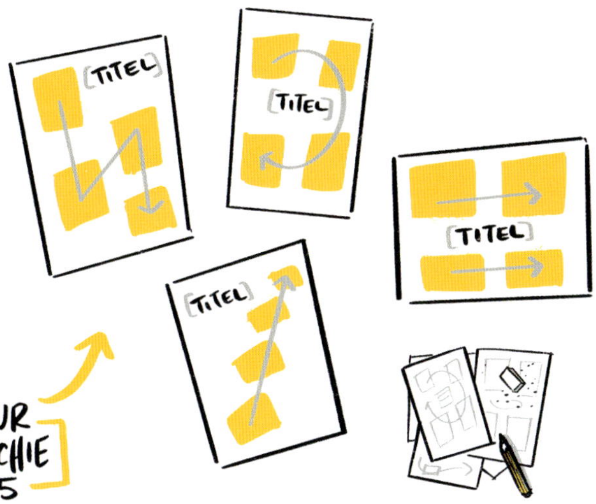


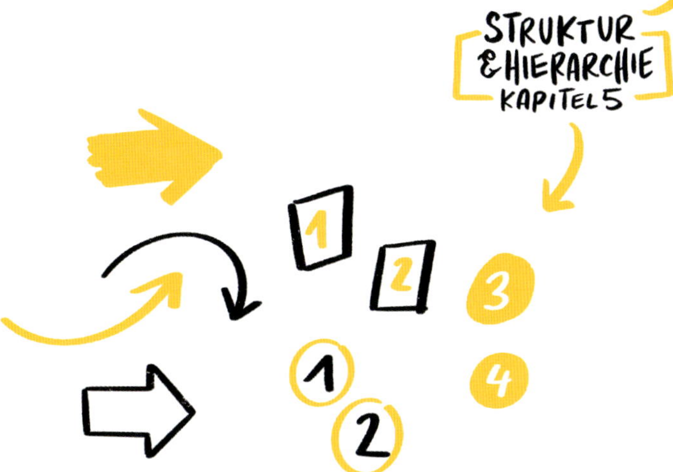


**7.** Und wie kannst du den Betrachtenden durch dein Bild führen? Stichwort: Verbindungen und Nummerierung. Hier macht es möglicherweise Sinn, die Struktur mit Bleistift leicht anzuskizzieren, um ein Gefühl dafür zu bekommen.

**Auf der nächsten Seite fügen wir die Überschrift, die Bilder und die Struktur auf einem Blatt zusammen. Dann kommen die letzten Schritte. Weiter geht's.**

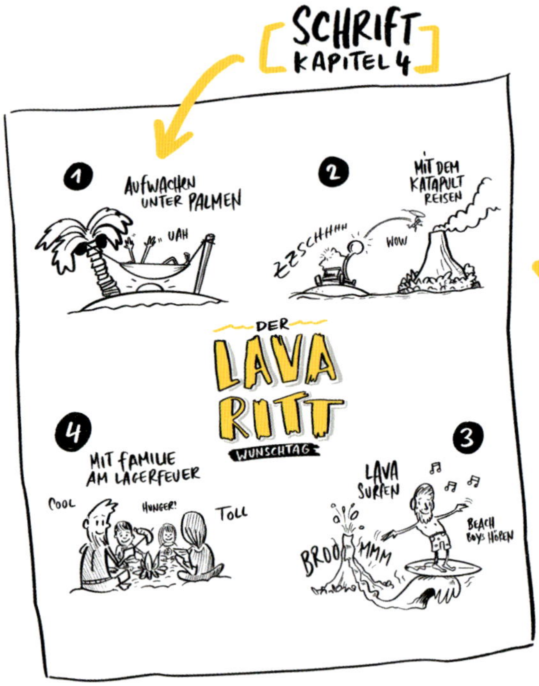


**8.** Platziere die Überschrift und die Bilder anhand deiner gewählten Struktur. Ergänze Stichwörter, vielleicht auch gesprochenen Text und eine Nummerierung, die den Ablauf klar macht.

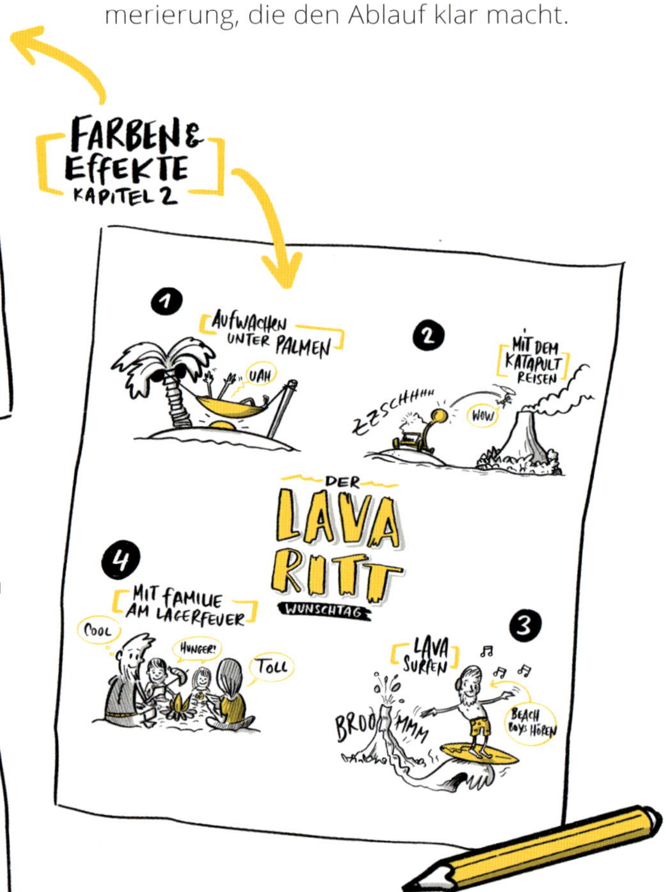


**9.** Setze nun Farbakzente und Schatten ein. Denke an die optische Führung durch Farbe. Setze den Text visuell in Szene.

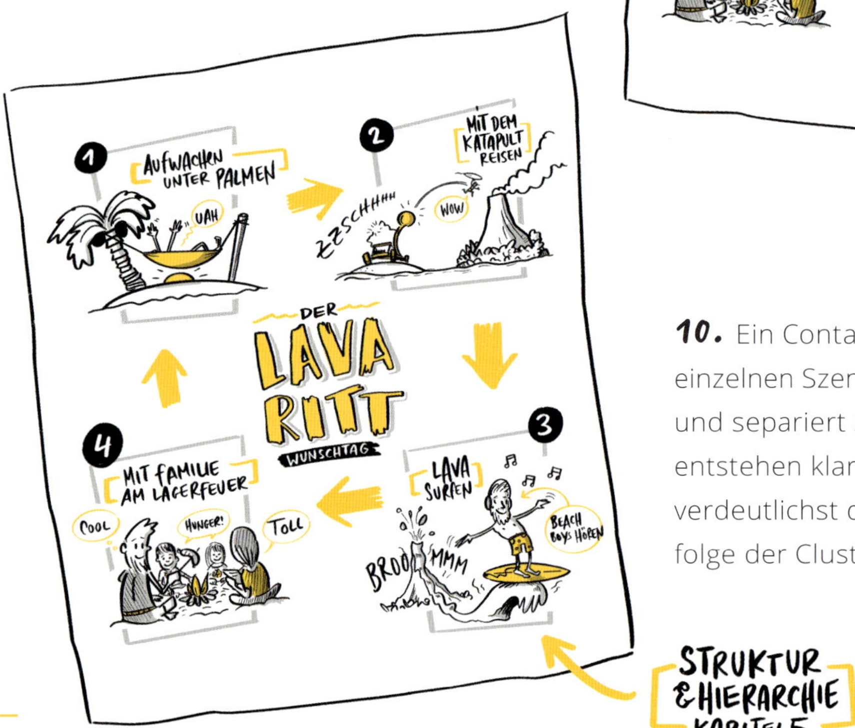


**10.** Ein Container in Grau fasst die einzelnen Szenen noch enger zusammen und separiert sie von den anderen. So entstehen klare Cluster. Mit den Pfeilen verdeutlichst du noch einmal die Reihenfolge der Cluster.

## » Tataa!!! Du hast es geschafft

Du hast deine erste EIGENE Sketchnote gezeichnet. Ich gratuliere zum Erfolg. Klopf dir doch jetzt mal auf die Schulter. Es sind alle sechs Kapitel in einer Sketchnote vereint!

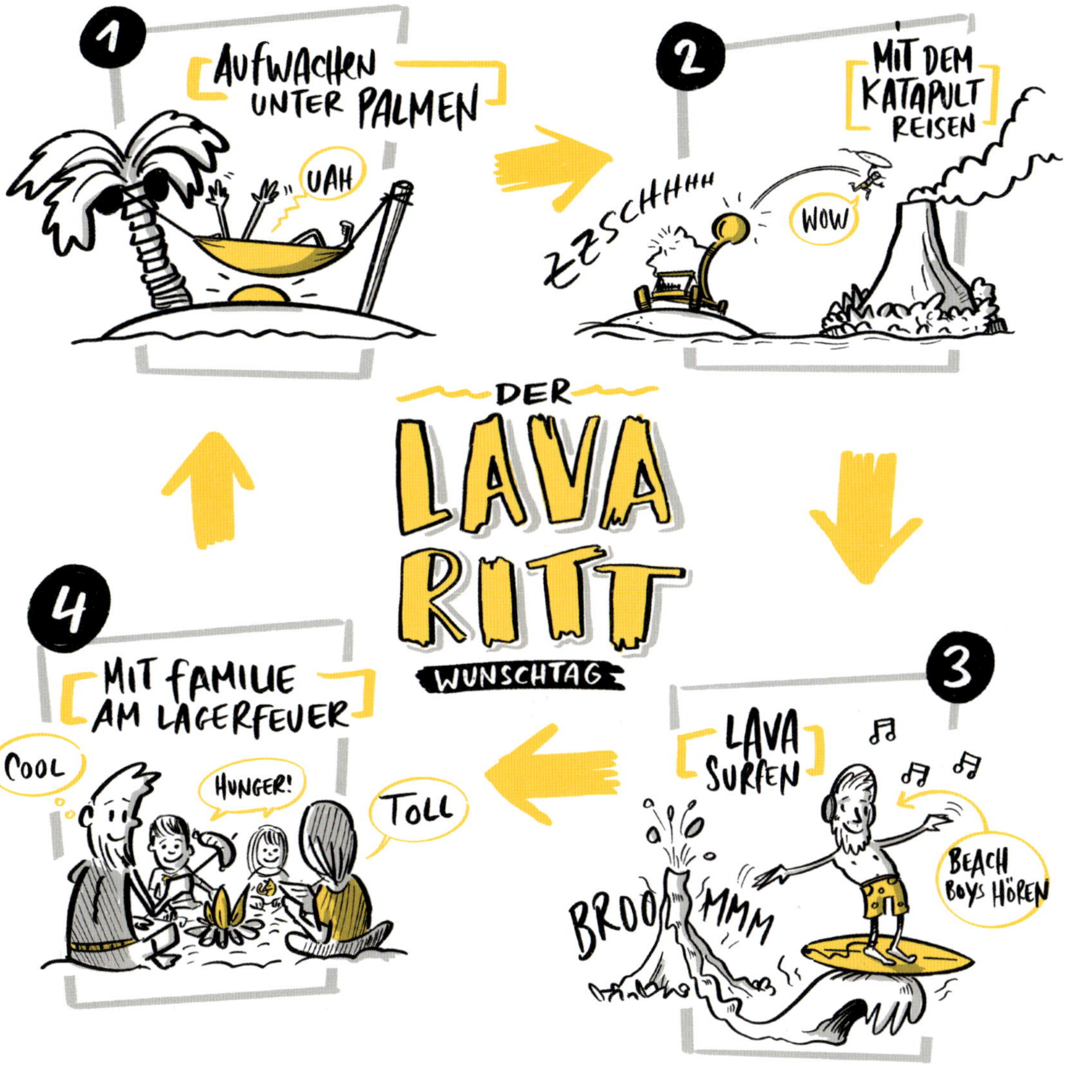


Alternativ: So sehen die vier Stationen mit den „einfachen" Bildideen aus.

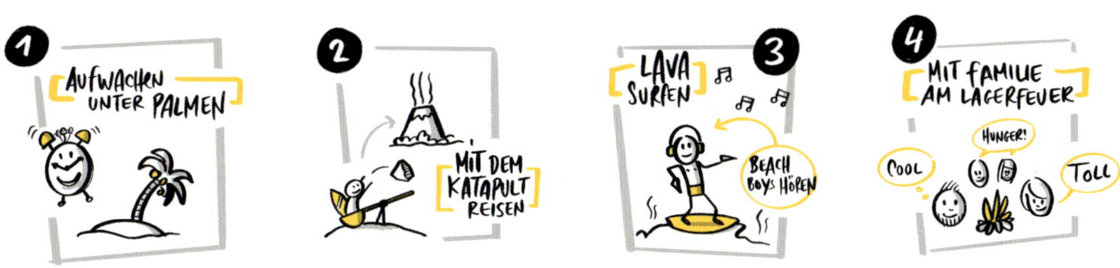

# » CHECK OUT

## Rückblick auf den Workshop

Das war's – du bist mit dem Workshop komplett durch. Du hast die sechs Kapitel und die Abschlussaufgabe erfolgreich gemeistert und hoffentlich jede Menge Spaß dabei gehabt. Hänge deine fertige Sketchnote doch jetzt neben deine Highlights. Tritt ein paar Schritte zurück und erfreue dich an deinem Erfolg! Eventuell blätterst du noch einmal durch deine ganzen Unterlagen und staunst darüber, wie viel du gezeichnet hast. Ob du das Buch in sechs Wochen, in einer Woche oder ob du nur für dich relevante Kapitel bearbeitet hast, spielt keine Rolle – wichtig ist, dass du es getan hast. Jetzt heißt es für dich ÜBEN, ÜBEN und noch mal ÜBEN. Denk daran: Es ist noch kein Meister vom Himmel gefallen.

Danke für deinen Besuch bei mir im Buch „Sketchnote – Dein Workshop."
Viel Erfolg beim weiteren „Sketchnoten"!

Dein **Mister Maikel**

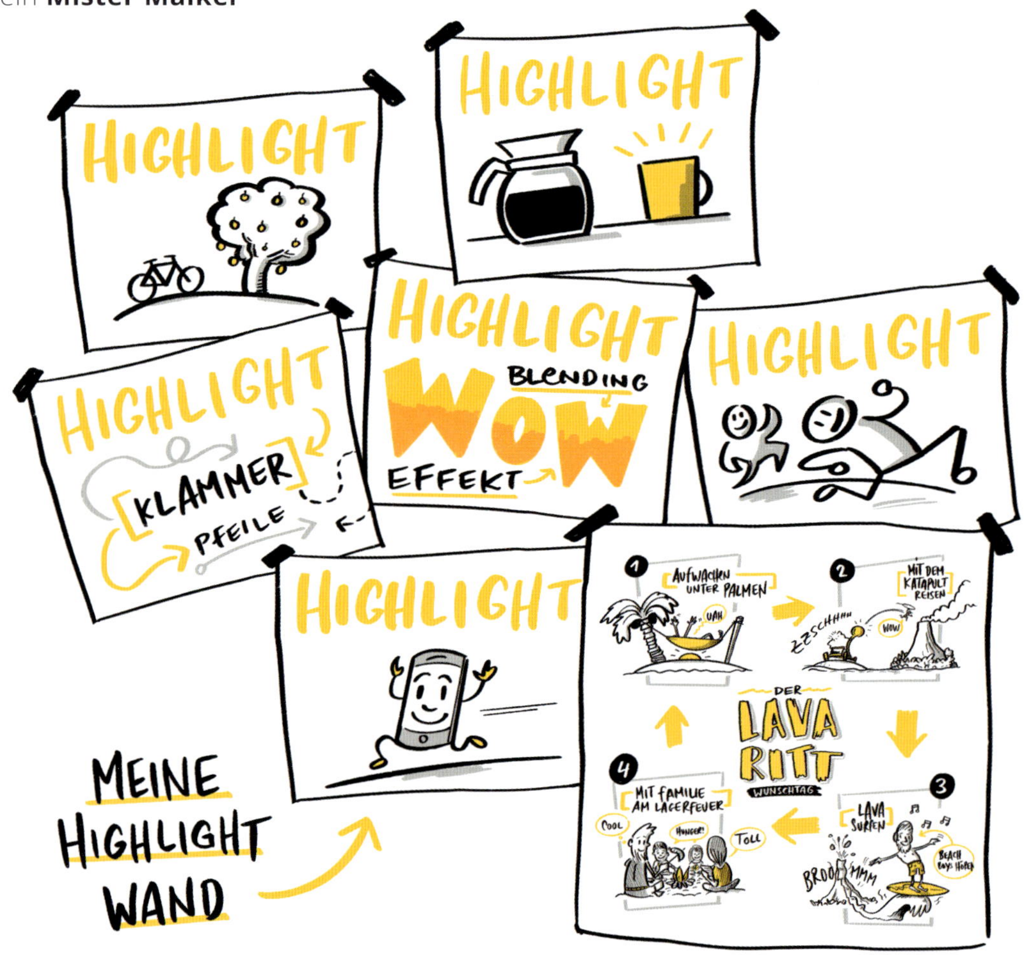

# » OUTTAKES – du bist raus!!!

Zeichnungen, die es nicht ins Buch geschafft haben

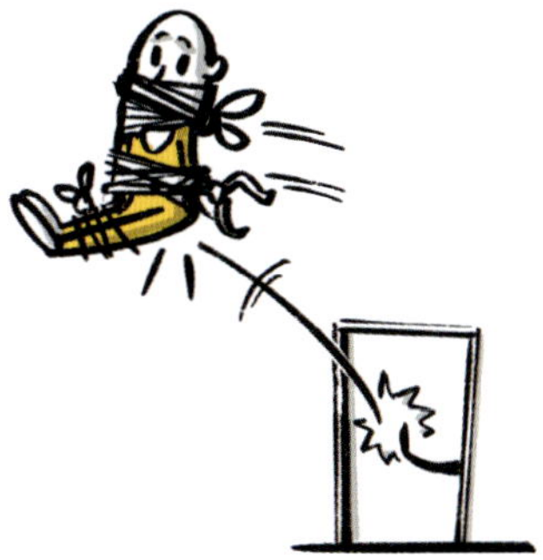

**Kick Ass Perfection (S. 7)**
Flog raus – Idee nicht eindeutig genug.

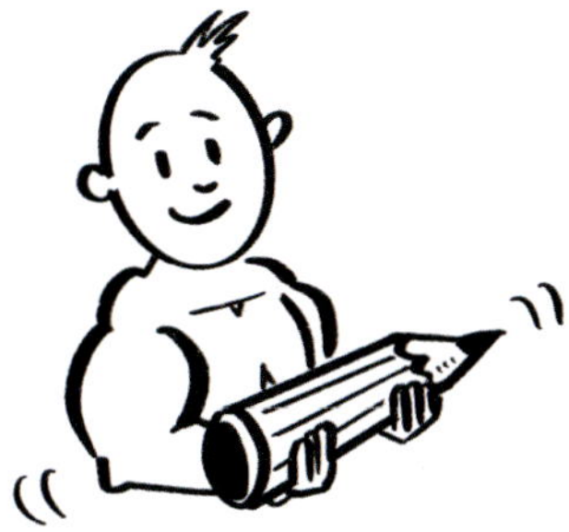

**Visualisierungsmuskel (S. 101)**
Flog raus – langweilige Bildidee.

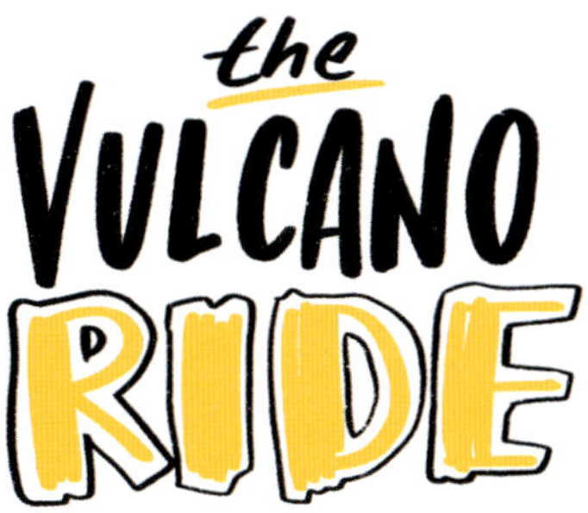


**Titel „Wunschtag" (S. 121)**
Flog raus – ein englischer Titel passt nicht. Gestalterisch dagegen sehr gefällig.

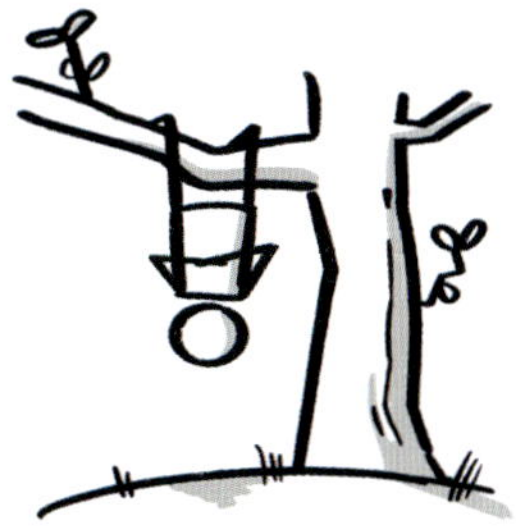

**Mr. Gum (S. 58)**
Flog raus – abhängen im Workshop geht einfach nicht.

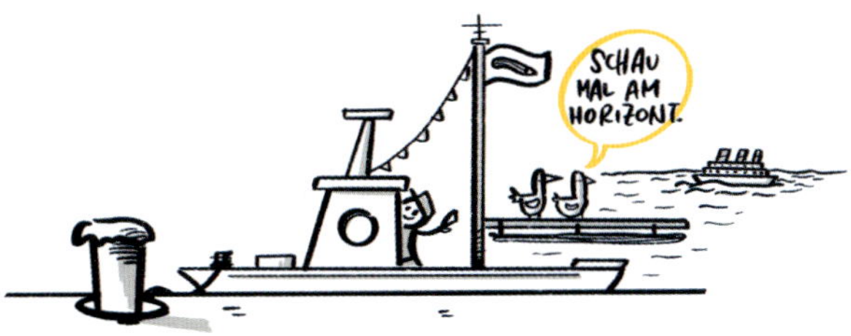


**Perspektive (S. 63)**
Flog raus – andere Idee.

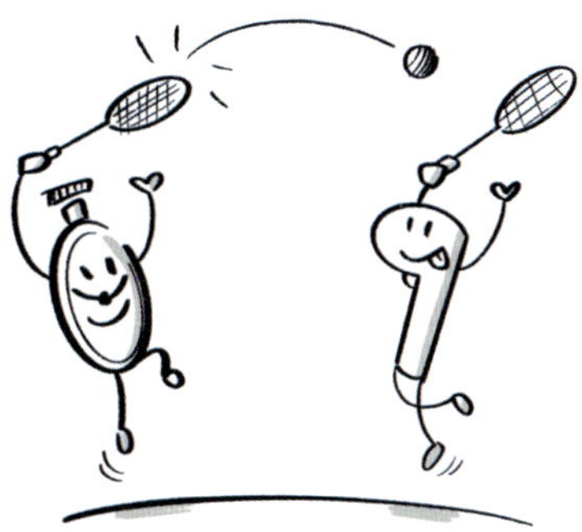

**Personifikation (S. 107)**
Flog raus – ähnliche Darstellung schon drin.

## » Buchempfehlungen für Sie

Noch mehr Kreativ-Bücher zum gleichen Thema gesucht?

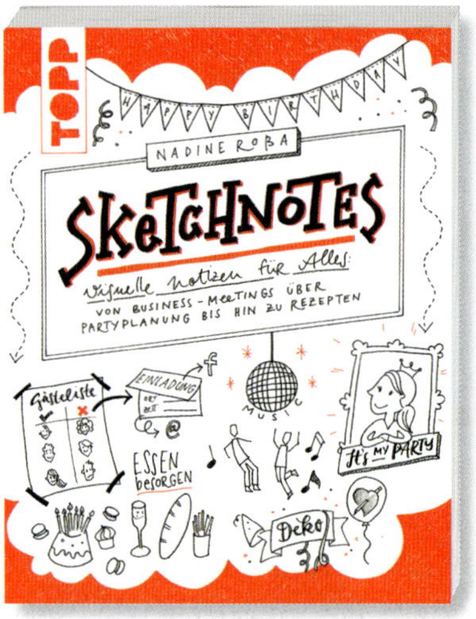


ISBN 978-3-7724-8240-3

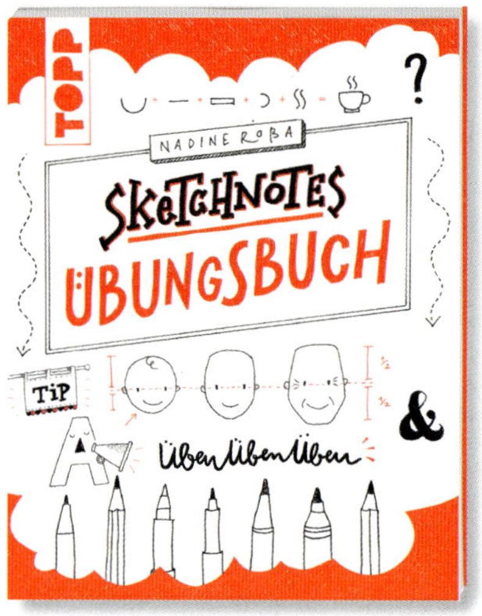


ISBN 978-3-7724-8246-5

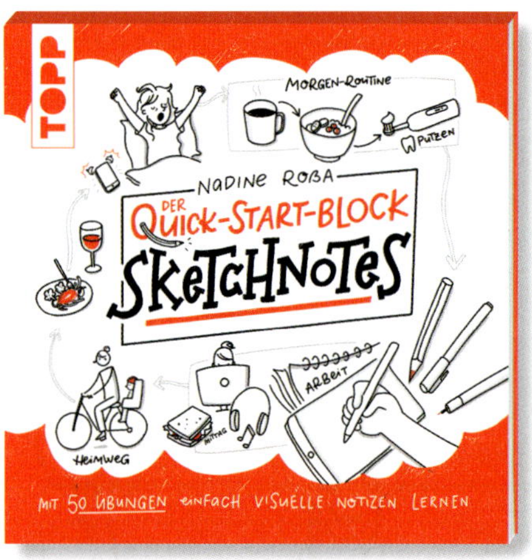


ISBN 978-3-7724-8358-5

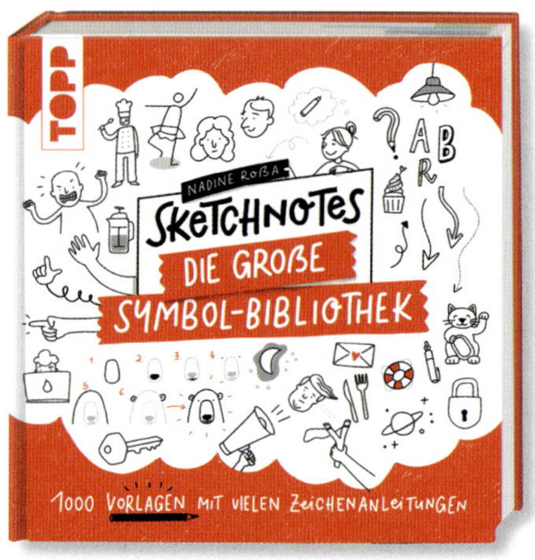


ISBN 978-3-7724-8389-9

Viele weitere Kreativ-Bücher finden Sie auf www.TOPP-kreativ.de

# #TOPPPROJEKT

**Die eigene Kreativität zeigen: TOPPprojekt mit anderen Kreativen teilen und Teil der Gemeinschaft werden.**

DIY-begeistert und auf Instagram? Dann unbedingt mitmachen! Hier gibt's Tipps und Feedback zu den eigenen Projekten. Außerdem verlosen wir jeden Monat ein Überraschungspaket. Um am Gewinnspiel teilzunehmen, einfach ein Bild vom Kreativ-Projekt aus unseren Büchern mit #TOPPprojekt posten und unserem Account @frechverlag folgen. Mehr Infos auf TOPP-kreativ.de/TOPPprojekt

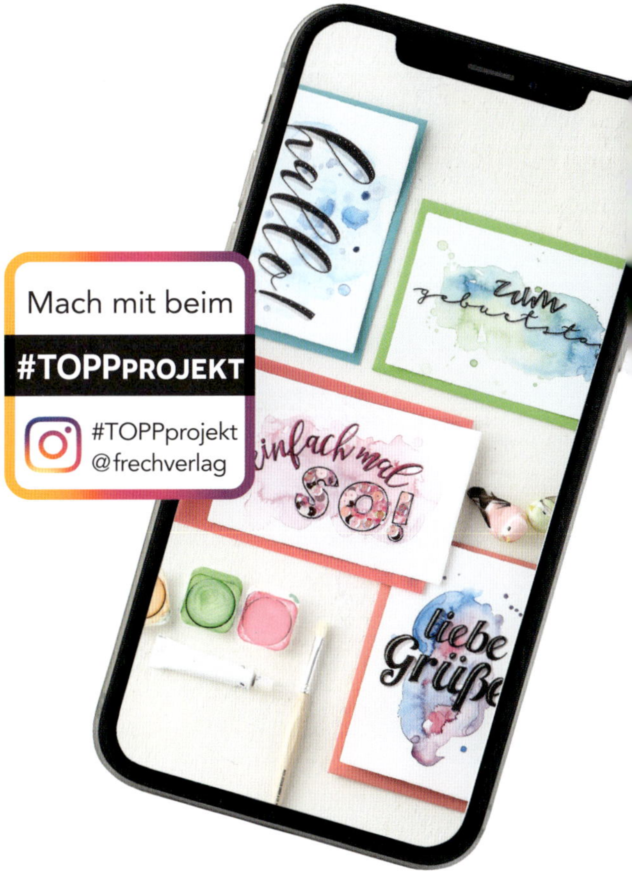


## Website
Auf TOPP-kreativ.de kannst du ein riesiges Angebot von über 1.000 Kreativbüchern, Sets & mehr entdecken.

## Newsletter
Gleich anmelden unter: TOPP-kreativ.de/newsletter und immer als Erstes von unseren Neuheiten und Sonderaktionen erfahren.

## Instagram
@frechverlag

## Pinterest
pinterest.com/frechverlag

## Facebook
facebook.com/frechverlag

## DigiBib
Hier findest du zusätzlich zu vielen unserer Bücher digitale Extras, wie Video-Tutorials, Plotter-Dateien, Vorlagen, Übungsblätter & vieles mehr. Einfach im Impressum deines TOPP-Buchs den Freischalte-Code nachschlagen und exklusive Inhalte freischalten. TOPP-kreativ.de/digibib

## Youtube
youtube.com/frechverlag

# » Über den Autor

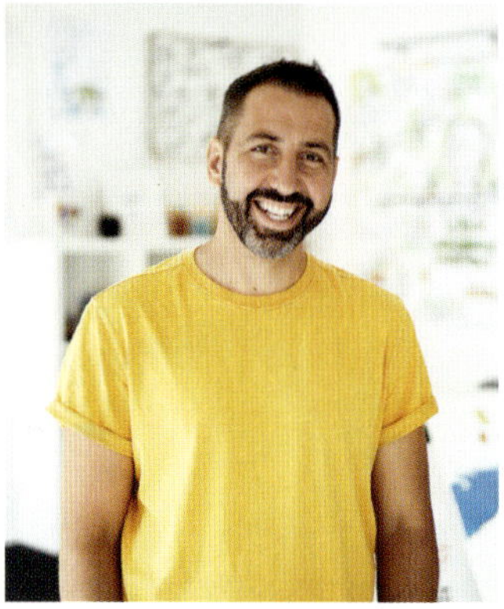

Hinter Mister Maikel steht Michael Geiß-Hein.
Ich bin Diplom Kommunikations-Designer mit Schwerpunkt Illustration und der Leidenschaft für Visualisierung, besonders im Bereich Sketchnote und Graphic Recording.
Mein Weg führte mich über das Design-Studium in Mainz und einigen Jahren in einer Werbeagentur zur Selbstständigkeit als Graphic-Recorder und Visual-Facilitator. Seit sieben Jahren begleite ich erfolgreich als Visualisierer Events, Kongresse und Workshops unterschiedlichster Unternehmen – von der regionalen Non-Profit-Organisation bis zum internationalen Konzern.

**Du findest mich unter:**

www.mistermaikel.de   @mister.maikel   @MisterMaikel

**Kreativ Hotline:**

Hilfestellung zu allen Fragen, die Materialien und Bücher zu kreativen Hobbys betreffen:
Frau **Erika Noll** berät Sie gerne.
Rufen Sie an oder schreiben Sie eine E-Mail!
Telefon: 07 11 / 12 37 57 20* (*normale Telefongebühren)
E-Mail: mail@kreativ-service.info

**Impressum**

Illustrationen, Layout, Satz und Texte: Michael Geiß-Hein
Fotos: Frauke Bönsch www.fash.de
Produktmanagement: Lisa-Marie Weigel
Lektorat: Betz Lektorat + Redaktion, Tübingen
Herstellung: Heike Köhl
Druck und Bindung: Livonia Print SIA, Lettland

Materialangaben und Arbeitsweisen in diesem Buch wurden von dem Autor und den Mitarbeitern des Verlags sorgfältig geprüft. Eine Garantie wird jedoch nicht übernommen. Autor und Verlag können für eventuell auftretende Fehler oder Schäden nicht haftbar gemacht werden. Das Werk und die darin gezeigten Modelle sind urheberrechtlich geschützt. Die Vervielfältigung und Verbreitung ist, außer für private, nicht kommerzielle Zwecke, untersagt und wird zivil- und strafrechtlich verfolgt. Dies gilt insbesondere für die Verbreitung des Werkes durch Fotokopien, Film, Funk und Fernsehen, elektronische Medien und Internet sowie für eine gewerbliche Nutzung der gezeigten Modelle. Bei Verwendung im Unterricht und in Kursen ist auf dieses Buch hinzuweisen.

2. Auflage 2021
© 2021 frechverlag GmbH, Turbinenstraße 7, 70499 Stuttgart
ISBN 978-3-7724-4788-4 • Best.-Nr. 4788